AUTISMO

Hermínio C. Miranda

# A U T I S M O

– Uma leitura espiritual –

LACHÃTRE

© 2011 by Herminio Correa de Miranda

Direitos de publicação cedidos pelo autor ao
Instituto Lachâtre
Rua Roque Leitão, 5, Vila Gustavo
São Paulo – SP
Telefone: 11 2277-1747
Site: www.lachatre.org.br
E-mail: editora@lachatre.org.br

PRODUÇÃO GRÁFICA DA CAPA
ANDREI POLESSI

A reprodução parcial ou total desta obra, por qualquer meio, somente será permitida com a autorização por escrito da Editora.
(Lei nº 9.610 de 19.02.1998)

Impresso no Brasil
*Presita en Brazilo*

---

CIP-Brasil. Catalogação na fonte

M642a Miranda, Herminio Correia de, 1920- .
    Autismo, uma leitura espiritual / Herminio C Miranda. – Bragança Paulista, SP : Instituto Lachâtre, 2024, 4.ª edição, 3.ª reimpressão.

248 p.
Bibliografia

1. Espiritismo. 2. Autismo. I.Título. II. Subtítulo.

CDD 133.9            CDU 133.7

# Sumário

À guisa de apresentação..., 7
Capítulo zero – Conversa inicial, 9
Capítulo um – Abordagem autística ao autismo?, 15
Capítulo dois – Problema de comunicação, 21
Capítulo três – Desordem cognitiva, 31
Capítulo quatro – Onde começa o eu?, 45
Capítulo cinco – Interface espiritual do autismo, 61
Capítulo seis – "Meu mundo" e "o mundo", 79
Capítulo sete – Pensar em imagens, 117
Capítulo oito – Os cáctus não respondem, 159
Capítulo nove – Tito Soto e seu 'Shangri-la', 179
Capítulo dez – Germano atravessa a ponte, 199
Capítulo onze – Ilhas de sabedoria e genialidade, 209
Capítulo doze – Ser e fazer, 225
Bibliografia, 245
Hermínio C. Miranda, 247

# À guisa de apresentação...

O autismo é uma desordem do desenvolvimento do funcionamento cerebral relativamente frequente, acometendo dois a cinco indivíduos em cada dez mil. O quadro clínico é marcado por um comprometimento grave da interação social e da linguagem verbal e não-verbal, além de um estreitamento do espectro de interesses e atividades, iniciando antes dos três anos de vida. O retardo mental, embora frequente, não é um aspecto obrigatório, havendo indivíduos que revelam capacidade prodigiosa para funções como memorização, cálculo e música, a despeito de conservarem suas características autísticas. Alguns casos de autismo são consequência de infecções no período intrauterino ou neonatal, de doenças genéticas ou malformações. A maioria, no entanto, tem causa desconhecida. No passado, os aspectos emocionais foram supervalorizados, sendo as mães dessas crianças injustamente acusadas de não fornecer o substrato afetivo necessário para o desenvolvimento da personalidade dos filhos. Com a continuidade dos estudos, no entanto, o autismo passou a ser compreendido como uma doença biológica com causa provavelmente genética.

Sejam quais forem os mecanismos materiais envolvidos na gênese do autismo, indubitavelmente, sua causa inicial está nas experiências pregressas e nas necessidades *cármicas* do espírito reencarnante. No presente livro, Hermínio Corrêa de Miranda aborda os ascendentes espirituais dessa doença. Em outra obra, *Alquimia da mente*, o autor expôs sua hipótese de que as estruturas do hemisfério cerebral direito de alguma forma são encarregadas de instalar no hemisfério esquerdo, durante o processo da reencarnação e na infância, os *programas* que permitirão o relacionamento com o mundo objetivo. Em *Autismo – uma leitura espiritual*, explica as manifestações características dessa desordem como resultado de um defeito no processo de instalação dos referidos programas no hemisfério esquerdo do cérebro.

O fato de o autor não ser um profissional da área da saúde não deve ser motivo de apreensão. Hermínio Corrêa de Miranda é conhecido por seus numerosos livros em que revela extraordinária capacidade de estudar os assuntos mais diversos, sempre com um caráter sério e profundidade. O leitor encontrará no livro que tem em mãos uma competente revisão de obras, algumas delas autobiográficas, sobre indivíduos autistas e que, pela sua excepcionalidade, contribuíram para uma melhor compreensão dessa síndrome. Não se trata de um trabalho apenas para especialistas, podendo e merecendo ser lido por todos.

Jano Alves de Souza
Médico neurologista

# Conversa inicial

Este é um momento mágico e, por isso, sagrado. Sentado diante da telinha do computador – outra coisa mágica –, dou início ao ritual de escrever um novo livro. Ainda não sei, ao certo, como ele será. Preparei-me durante vários anos para escrevê-lo, tenho um plano de trabalho, sei dos seus conteúdos, percebo os seus contornos, algo difusos, mas paradoxalmente concretos, quase palpáveis. Sinto um vulto grande que, embora não me assuste, parece-me desafiador. Tenho de escrevê-lo para saber o que estou pensando. E para isso, tenho de ir 'lá dentro' dele. Fico procurando entradas, pois se trata de uma obra que ainda não existe, senão nos escaninhos do inconsciente.

A busca de uma entrada faz parte do ritual. Mal comparando, me faz lembrar a pirâmide de Quéops, que durante tantos séculos desafiou a argúcia daqueles que queriam descobrir por onde se podia entrar nela para saber que segredos e mistérios ela guardava tão severamente na sua intimidade. Alguém menos paciente ou mais violento, não sei, resolveu arrombar a porta à força. Só mais tarde se descobriria, afinal, a engenhosa e dissimulada arquitetura do acesso, mas por esse tempo, já estava lá a feia cicatriz do insensato arrombamento. As riquezas tão ciosamente guardadas pela pirâmide eram coisas inúteis para os que disputam apenas a posse material: sabedoria, conhecimento, profecia, astronomia, matemática, geometria, filosofia e teologia.

Não tenho a pretensão de achar que a 'minha' pirâmide particular guarde tantos e tão relevantes segredos, mas o que lá dentro percebo pelas apalpadelas da intuição deve ter algum interesse para o leitor e a leitora, como certamente tem para mim. E é isso que me proponho a partilhar com quem me ler.

Nossa conversação aqui será sobre o autismo, a estranha síndrome de comportamento que compõe um aflitivo quadro de isolamento e alienação. Aliás, a metáfora da pirâmide serve também para caracterizar aspectos fundamentais do autismo. O autista nos faz imaginar uma pirâmide solitária, inabordável, inescrutável, fechada sobre si mesma, plantada no meio de desoladora paisagem de aridez e mistério. Bruno Bettelheim viu-a como "fortaleza vazia". Em torno dela, concentra-se pequena e inquieta multidão de pessoas interessadas na busca de acesso ao seu interior – mães, pais, irmãos, tios, avós, amigos, médicos, psiquiatras, psicólogos, professores e até meros curiosos. Querem entrar para ver se conseguem convencer a pessoa que mora lá dentro a aceitar o mundo em que vivemos "aqui fora".

Muitos têm tentado demolir as defesas do autista, no afã de libertá-lo de sua autoimposta carceragem. Inutilmente, aliás. Bettelheim entendia que a implosão, ainda que teoricamente possível, revelaria apenas um espaço vazio, silencioso, recoberto de destroços incongruentes, abandonados como cidade fantasma invadida após prolongado e sangrento sítio. Donna Williams, considerada uma das primeiras autistas que conseguiu evadir-se de sua própria fortaleza, fala no seu espantoso livro de estreia, de "ninguém, em lugar nenhum". (Tenho algumas reservas acerca do diagnóstico de autismo no caso dela. Veremos isso mais adiante.) Já no segundo, contudo, declara haver descoberto "alguém, em algum lugar". Temple Grandin, mais uma das raras pessoas que conseguiu construir uma ponte, discorre sobre o seu curioso mecanismo psíquico de "pensar em imagens". Mas foram Barry Neil Kaufman e sua incrível esposa Suzi os primeiros a descobrir o acesso ao interior de Raun, o filho autista, sem precisar dinamitar o caminho. A dramática história está contada em *Son-Rise*, um criativo jogo de palavras, que fala do filho como um sol que se levanta no horizonte e extingue a escuridão da noite, transformando-a no lusco-fusco da madrugada e, posteriormente, na claridade de um céu sem nuvens. Jane Taylor McDonnell é outra que descobriu a passagem secreta através da qual se esgueirou, penosa e obstinadamente, por um túnel escuro, estreito e longo, que foi dar no coração de seu filho Paul. Tinha 'gente' lá e luz também. O dr. Darold Treffert, mergulhando no enigma paralelo dos *idiot-savants*, deu com passagens ignoradas que o levaram ao entendimento, ainda imperfeito, limitado, mas revelador, da estranha síndrome daquelas geniais criaturas humanas cujos Q.Is. se revelam paradoxalmente tão baixos. Em *Vida de autista*, um dos poucos livros brasileiros sobre o assunto, Nilton Salvador narra "uma saga real e vitoriosa contra o desconhecido", vivida por ele e pela esposa, empenhados em disputarem, milímetro a milímetro, o áspero caminho que os levasse à intimidade de Germano, o filho autista.

Embora com aspectos já definidos com maior clareza, o autismo ainda constitui um enigma à espera de interpretações consensuais, ou, pelo menos, não-contraditórias. Ao escrevermos estas linhas, por exemplo, a abordagem ao problema do autismo é predominantemente orgânica, ou melhor genética. Barry Neil Kaufman (*A miracle to believe in*, p.15) lembra que o autismo tem sido "tradicionalmente considerado uma subcategoria da esquizofrenia infantil, a despeito de que mais recentemente tem sido visto como uma situação de avaria cerebral". Ao avaliar o resultado de suas extensas leituras, Donna Williams (in *Somebody somewhere*, p. 4-5) declara haver encontrado "um punhado de teorias conflitantes". As diversas hipóteses colocam o autismo como psicose, distúrbio emocional, retardamento mental, problemas de sono e "mais recentemente" (o livro é de 1994), como "distúrbio no desenvolvimento ocorrido antes ou pouco depois do nascimento e que afeta a maneira pela qual o cérebro utiliza as informações que recebe". Ela acha que pode haver nisso tudo um pouco de verdade, aqui e ali, mas que "a verdade total provavelmente não está em nenhuma delas". Temple Grandin, refletindo as opiniões predominantes, pensa de modo semelhante, ao caracterizar o autismo (*Thinking in pictures*, p. 50) como "desordem neurológica que revela claras anormalidades cerebrais". Acrescenta, logo a seguir, que, "a despeito do fato de que a maioria dos casos de autismo tenham uma forte base genética", não se descobriu nenhum gene especificamente responsável pela disfunção. Algumas páginas mais adiante (p. 58), lê-se no seu livro que o autismo é, numa ponta do espectro, "uma desordem cognitiva", e, na outra, uma "desordem no processamento sensorial".

A opinião do dr. Carl H. Delacato, em *The ultimate stranger*, pela sua relevância e criatividade inovadora, será discutida em capítulo especial, mais adiante neste livro.

O que parece mais bem definido a esta altura, ainda que não consensualmente, é o conjunto de características que constituem o comportamento autista. As teorias sobre a etiologia da desordem, tanto quanto acerca da terapia, ou melhor, das numerosas técnicas terapêuticas sugeridas, experimentadas e recomendadas, ainda estão longe do que se poderia considerar consenso.

Antecipo, neste ponto, uma pergunta do leitor e da leitora ao autor. Que credenciais tem você para falar do autismo, se os próprios cientistas interessados ainda esgrimem entre si com tantas hipóteses e teorias que até se chocam e se contradizem? A pergunta é honesta e exige resposta igualmente honesta. Credenciais? Nenhuma tenho a oferecer, se você está pensando em formação acadêmica na área específica da saúde mental. Sou um mero escriba. No território das ideias, o regime é democrático e eu quero participar do debate que se trava em escala mundial, em torno do autismo. O leitor e a leitora são meus convidados e estamos todos conversados.

A enigmática desordem de comportamento rotulada de autismo transcende, no meu entender, os limites da discussão científica. Suas implicações revelam-se muito amplas e profundas – sociais, econômicas, educacionais e, principalmente emocionais e, a meu ver, espirituais. O autismo é um nervo exposto em qualquer grupamento humano em que se instale. Mais doloroso se caracteriza porque a vítima é sempre uma criança, usualmente linda, aparentemente saudável. Elas começam a revelar a alienação a partir do ponto evolutivo em que os demais infantes alegram a família com seus primeiros passos, as primeiras palavras, as gracinhas, os sorrisos, o intercâmbio afetivo, a descoberta do mundo, afinal, em que vieram viver.

A criança autista vem, teoricamente, para viver conosco, mas traz seu próprio mundo interior, rejeita o nosso, isola-se, vive consigo mesma, sem tomar conhecimento do que se passa a sua volta. Não faz segredo algum de que não quer ninguém lá, metido com ela. Da mesma forma, não deseja cruzar as fronteiras que ela mesma traçou, a fim de vir ao encontro dos que estão do lado de cá da vida. Por isso, inventou-se o rótulo de autismo para a estranha síndrome para identificar aquele misterioso ser que optou por viver sozinho e não com os outros, um *auto*viver em vez de *con*viver.

Disse há pouco que a criança marcada pelo autismo traz seu próprio mundo interior. A observação, contudo, necessita de alguma qualificação que melhor a caracterize. Trazer o mundo interior, em verdade, todos trazemos. A diferença entre nós outros – tidos por 'normais' – e o autista está em que, numa espécie de anexo ao mundo interior, construímos o espaço mental e emocional em que vamos conviver com aqueles que irão interagir conosco enquanto durar a vida terrena. Esse local funciona como vestíbulo à nossa própria intimidade, sala de conversação onde recebemos as pessoas, estudamos, aprendemos, ensinamos e exercitamos o complicado ofício de viver em sociedade. O autista não constrói esse espaço, pois não se revela interessado em nada, nada mesmo, do que se passa além das fronteiras que traçou para seu território pessoal. Tais divisas são severamente patrulhadas por ele, dia e noite. Não admite invasões, nem se mostra através das frinchas ou seteiras de sua fortaleza. Que o deixem em paz é a mensagem não-verbal que se lê na bandeira que tremula na torre principal de seus domínios.

Como, porém, a participação, ainda que mínima, do lado de cá da vida, é rigorosamente inevitável, sua manifestação se reduz a algumas atitudes e movimentos repetitivos, automatizados, aparentemente inconscientes: rodar em torno de si mesmo, agitar as mãos, fazer girar indefinidamente um prato ou a roda de um brinquedo, acionar repetidamente um interruptor de luz, provocar descargas de água no aparelho sanitário, qualquer coisa, enfim, que mantenha a mente ocupada com rotinas irrelevantes que o distraiam da imposição de aprender coisas novas. (Estou chamando isso de mesmice.) Em outras palavras, a rejeição à vida no mundo começa pela rejeição a qualquer aspecto de aprendizado que o familiarize com a realidade da qual não deseja (ou não tem como) participar.

É por essas e tantas outras razões que o debate em torno do autismo tem, necessariamente, de envolver a todos nós. Mais do que um enigma que tenha sido confiado à ciência para que ela resolva para a gente, vejo no autismo um problema humano de sensíveis conotações emocionais que afetam até mesmo aqueles que não estejam diretamente envolvidos nele, como estão, inevitavelmente, pais, irmãos, parentes, amigos e todo o pessoal da saúde mental. Nada temos, é claro, a objetar a que a ciência continue a estudar as complexidades do autismo. Pelo contrário, que o faça, recorrendo a todo o seu instrumental de conhecimento, tecnologia e experiência, mas que, pelo menos, nos deixe participar do debate. Que tome conhecimento de nosso interesse e, quem sabe, de um ou outro palpite ou aparte com os quais a gente possa contribuir para ajudar a decifrar a esfinge do autismo.

Foi, certamente, por assim pensar que Nilton Salvador, jornalista e não profissional da saúde mental, escreveu *Vida de autista*. Ele entendeu – acertadamente, a meu ver – que, ao relatar a história de "Germano", estava oferecendo a sua parcela de colaboração ao eventual entendimento do autismo. Atitude semelhante podemos identificar nos livros de Barry Neil Kaufman, especialmente em *Son-Rise* e em *A miracle to believe in*. Ele também não é um profissional da saúde mental; apenas quis mostrar como conseguiu resgatar alguns seres – seu filho inclusive – do autoencarceramento. Depoimentos parecidos encontramos nos dramáticos escritos de Temple Grandin e de Donna Williams, duas autistas que conseguiram esgueirar-se para fora de suas respectivas fortalezas.

Quando escrevi *Condomínio espiritual*, obra na qual ofereço algumas reflexões acerca da síndrome da personalidade múltipla, declarei que não tinha – e continuo não tendo – o menor propósito petulante de ensinar psicologia a psicólogos, psiquiatria a psiquiatras ou psicanálise a psicanalistas. Muito menos ambicioso, meu projeto limitava-se a debater algumas ideias acerca do drama pessoal vivido pelos atormentados seres humanos que se veem envolvidos no drama da multiplicidade.

Tanto nesse livro quanto em *A memória e o tempo* – no qual examinamos os problemas da regressão de memória e algumas das ideias básicas do dr. Freud –, o propósito foi o mesmo – o de trazer para a mesa de debates aspectos ainda obscuros do comportamento humano para os quais, entendo eu, continua faltando o *input* da realidade espiritual. A motivação aqui, nesta discussão acerca do autismo, continua sendo a mesma. Penso que o modelo de abordagem ao autismo só terá a lucrar com a introdução de conceitos espirituais. Arrisco um passo à frente ao declarar que somente se poderá entender o autismo e dele cuidar eficazmente a partir da adoção de um modelo clínico que leve em conta o fato de que o ser humano é espírito imortal, preexistente, reencarnante e sobrevivente. Dentro dessa óptica, o autista não é criado autista – o autismo é a resultante de um processo anterior, além, retrospectivamente, dos inconsistentes limites da vida intrauterina. Como começam a dizer alguns estudiosos mais arrojados, há vida *antes* da vida, vida *depois* da vida e vida *entre* as vidas.

É sobre isto que desejamos conversar neste texto. Estou chamando o leitor e a leitora para participarem do debate.

Antes de passarmos adiante, há uma observação de caráter operacional a fazer e uma estratégia a ser combinada entre os/as que me lerem e eu.

A moderna técnica de comunicação recomenda textos politicamente corretos, ou seja, não-discriminatórios. Que tratem com o devido respeito as minorias. Sem racismo, sem machismo, sexismo, ou preconceitos de qualquer natureza. Mesmo porque o preconceito é uma coisa burra, que se torna ainda mais evidentemente tola quando posta no contexto da realidade espiritual. Somos espíritos imortais, sobreviventes e reencarnantes. Sexo, raça, cor, nacionalidade, posição social não passam de posições transitórias, por mais que durem nossas vidas na carne.

Convém que os textos que escrevemos reflitam essa convicção, em respeito às pessoas que nos irão ler.

Creio estarmos todos de acordo nesse ponto. O problema reside, no entanto, em que textos politicamente corretos nem sempre alcançam os desejados níveis de fluência e de estética literária. Alguém, no passado, teve a infeliz ideia de atribuir sexo às palavras, o que acabou criando uma confusão perfeitamente evitável. Até as diferentes línguas brigam entre si por causa disso. Nós, de língua portuguesa, por exemplo, entendemos que o mar é masculino; os franceses acham que *ele* é feminino, ou seja, *ela*; e os ingleses preferem, mais acertadamente, acho eu, que o mar seja neutro, nada tendo a ver com sexo.

O certo é que o jogo de palavras criadas para caracterizar o sexo das pessoas – ele, ela, dele, dela, seu, sua – acarreta àquele ou àquela que escreve (Olha aí uma redação politicamente correta!) inevitáveis tropeços.

O texto constitui estágio mais avançado do que antes foi um processo de comunicação oral, ou seja, é uma 'conversa gráfica', se assim posso me expressar, *entre aquele ou aquela* que lê e o *autor ou autora*. É verdade que no texto só se 'ouve' a palavra do *autor ou da autora*, mas a do *leitor ou da leitora*, embora ausentes, está implícita naquilo que *ele ou ela* pensam, à medida que leem. (Tudo politicamente correto, como se vê, mas o estilo tropeça a cada passo...)

Seja como for, o texto é também um diálogo. E para isso, os portugueses inventaram uma palavra genial – **você**, que tanto serve para mulher como homem, para gente importante como para a mais humilde na arbitrária escala social. Palavra elegante, aliás, que vem de *Vossa Mercê*, passando antes, pelo simpático *vosmecê*.

Em suma, não precisamos, aqui, de caminhar dando topada nos pronomes – sempre que eu, autor, me dirigir ao leitor ou à leitora, durante a nossa conversa, nos encontraremos no *você*. **Combinado?**

# Abordagem autística ao autismo?

Por definição que se caracterizou na escolha do termo incumbido de rotular a disfunção, o autista é aquele que vive *em si mesmo*, ou seja, isolado, sozinho, desligado do 'nosso mundo'. Aos vinte e dois anos de idade, Donna Williams visitou a casa onde fora criada. A nova moradora levou-a a ver o cômodo, no quintal, onde seu avô tinha uma pequena oficina. Havia lá uma frase que, aos seis anos, a menina garatujara na parede em letras garrafais: *"Donna is a nut"* (Donna é uma doida). Ela se lembrava perfeitamente da época em que documentara seu pungente autodiagnóstico – foi logo em seguida à morte do avô. "Estranho – comenta a seguir (p. 23) – que levei mais quatro anos para perceber que as crianças normais se referem a si mesmas como 'eu'. Para ela, não. Donna era Donna. Não funcionava nela o conceito de eu, ou seja, a consciência de si mesma.

Vivia numa zona fronteiriça, terra de ninguém entre um território que ela consideraria mais tarde, com melhor nível de lucidez, 'meu mundo' (*my world*) e o outro lado, onde ficava 'o mundo' (*the world*).

O conceito de isolamento é uma constante nos estudos acerca do autismo. Bruno Bettelheim levou para o título de seu livro a ideia dominante, ao chamá-lo – *A fortaleza vazia*. McDonnell escolheu para o seu dramático relato o título *News from the border* (*Notícias da fronteira*). Barry Neil Kaufman fala sobre a necessidade de "construir uma ponte", se é que pretendemos realmente chegar ao segregado mundo dos autistas. Eles não se mostram nada interessados em vir ao nosso encontro. Nosso mundo é rejeitado sumariamente, naquela atitude de quem não viu e não gostou. Parece que o autista não toma conhecimento do que se passa em torno dele. Costumam até ser tomados por surdos. Mas a audição é usualmente, boa e a curiosa visão periférica com a qual observam sub-repticiamente o ambiente em que se acham inseridos funciona satisfatoriamente para eles.

Uma senhora me falou, certa vez, ao telefone, de sua perplexidade ao verificar que o filho autista adolescente, assumidamente não-verbal, sem qualquer capacidade aparente de comunicação, despejava uma torrente de palavrões em cima do pessoal paramédico que o atendia numa de suas internações hospitalares. Onde aprendera aquilo? Como? E por que, passado o momento de exaltação, retombou no mutismo?

Há, pois, na mente do autista, nítida distinção – ainda que inconsciente – entre o 'meu' mundo e o 'dos outros'. Qualquer esforço para alcançá-los, levar-lhes uma mensagem, obter deles alguma reação, é recebido com estudada indiferença – às vezes, hostilidade explícita –, ditada por obstinada rejeição ao universo que fica além das bem fortificadas e atentamente patrulhadas fronteiras invisíveis.

Para a dra. Helen Wambach, PhD em psicologia, a atitude de não-envolvimento assumida pelo autista poderia ser atribuída a uma rejeição à sua própria reencarnação. Essa é das raras alusões sobre a realidade espiritual que encontrei em textos especializados e depoimentos pessoais acerca do autismo. Wambach não teve oportunidade de dedicar-se mais a fundo na exploração de sua promissora hipótese de trabalho. Chegou a experimentá-la, por algum tempo, com uma menina mas nada obteve de conclusivo, dado que a família da paciente mudou-se da região e a doutora perdeu contacto com ela. Voltaremos a esse aspecto alhures neste livro.

O não-envolvimento parece resultar de uma atitude consciente, deliberada, bem planejada e cuidadosamente executada. O que faz supor uma lúcida e objetiva inteligência a operar nos bastidores, no âmbito do que Williams define como 'meu mundo', em contraste com 'o mundo'.

O autista foge do relacionamento com pessoas, negando-lhes até mesmo o simples contacto visual. Sua atenção é dirigida para objetos, especialmente os que podem ser movimentados indefinidamente, ou acionados repetitivamente. Uma vez estabelecida uma rotina, agarra-se a ela, evitando inovações. Detesta mudanças, nos poucos hábitos, no ambiente, no grupo pessoal que o cerca. Há, portanto, um plano de vida em execução, uma inteligência e uma consciência subjacentes que monitoram a atividade autística. O objetivo consiste em não se envolver naquilo a que costumo chamar de "o ofício de viver". Quanto menos contactos com a vida no mundo, melhor. A pessoa que ali está, naquele corpo físico, recusa-se a executar qualquer programação que a leve a ser aprisionada pelas rotinas da vida material. Se a gente tem qualquer dificuldade com a aceitação da proposta da dra. Wambach – rejeição à reencarnação –, não há como deixar de admitir-se que a rejeição é à vida em si, ou, mais especificamente, ao tipo de vida que se espera de uma pessoa dita normal.

Cabe então, uma pergunta – o que é ser normal? O que é normalidade de comportamento? Aqui no 'nosso' mundo, montamos um sistema consensual que nos permite viver confortavelmente dentro de uma faixa razoável de aceitabilidade social. Fizemos do sistema um padrão, não apenas para uso pessoal, mas para aferir o comportamento alheio. Quem quer que se revele fora dos limites de tolerância arbitrariamente estabelecidos corre o risco de ser considerado anormal, ou, no mínimo, atípico. Se a criança evita o contacto visual com as pessoas que a cercam, consome horas a fio rodando um prato no chão, sacudindo as mãos em torno da cabeça, se reage sistematicamente a qualquer tentativa de contacto físico, comporta-se como surda, não aprende a falar no tempo esperado, é posta na categoria dos anormais e dos retardados, e tida por incurável, irrecuperável. Em suma, o autista rejeita a vida e o mundo, ao passo que nós, através dos padrões estabelecidos, rejeitamos o autista e, usualmente, o entregamos para o resto da vida a uma instituição que opera como depósito de gente que não chegou a ser gente.

Acho que alguns desses aspectos, senão todos, devem ser questionados. Nossos padrões de aferição comportamental são os únicos possíveis e desejáveis? O que está o autista tentando nos dizer com atitudes que não se ajustam aos nossos padrões? Como funciona o mundo em que ele vive? É tudo fantasia e alucinação, como se supõe? Que razões o levam a agir daquela maneira? Por que a fuga, a alienação, o isolamento? Onde está a inteligência consciente que planeja e dirige seu comportamento e suas reações? Como funciona o seu processo de tomada de decisão? Qual, enfim, a sua lógica, em que, onde, como e por que ela difere da nossa (Se é que difere)?

Podemos colher em Donna Williams um episódio ilustrativo entre muitos outros. A mãe, uma criatura extremamente difícil e emocionalmente desequilibrada, comprou-lhe, certa vez, um belíssimo prato de louça de cor madrepérola, com uma tampa na qual havia sido desenhado um anjo de olhar perdido no espaço. Era a coisa mais linda que Donna havia visto até então. E era dela, presente de sua mãe.

> Aventurei-me fora de meu quarto com ele – depõe ela (p. 39) – arrastando-o repetitivamente para cima e para baixo na escada, sem muito interesse no que eu estava fazendo. Estava agindo normalmente, não estava? – pergunta-se.

Não era o que a mãe pensava. Disparou pela escada acima, tomou a tampa da peça e a esmagou contra o piso, espalhando o anjo espatifado por toda parte. Vencidos o terror e a perplexidade, Donna apanhou um dos cacos de louça e, "através de uma névoa de lágrimas", começou a retalhar o próprio rosto. Tinha nove anos. Certa de que se tratava de uma doida varrida, a família estava considerando a opção de despachá-la para uma instituição especializada, ou seja, um almoxarifado de gente inservível. Sem entender que a automutilação poderia ser um protesto, uma incontida manifestação de horror e de raiva.

> Dentro da minha cabeça – comenta Williams (p. 40) –, o que eu estava fazendo era perfeitamente sensato. Eu não sabia como chorar em busca de compreensão. Me sentia perdida e apanhada numa armadilha; estava apenas declarando alguma coisa.

Donna conseguiria, anos e anos mais tarde, senão livrar-se de todo da armadilha, pelo menos criar para si mesma a instrumentação intelectual necessária para contar o que se passou com ela. Mas e os milhares de outros seres que continuam prisioneiros dentro de si mesmos? Que estariam querendo dizer com o que fazem e com as estranhas atitudes que tomam pela vida afora? Já que é tão difícil construir uma ponte que proporcione acesso ao mundo em que vivem, não seria possível decodificar a linguagem não-verbal, os símbolos, as imagens, os gestos que produzem, para tentar levar até eles algum tipo de ajuda ou, no mínimo, de compreensão?

Em lugar de um procedimento educativo ou reeducativo que procure estabelecer um sistema de comunicação mesmo precário, adotar uma atitude de aceitação, de não-julgamento, de compreensão, busca-se 'corrigir', às vezes de modo drástico e agressivo, o comportamento considerado inaceitável do autista. Ele tem de aceitar os padrões vigentes em 'nosso mundo', mas não nos esforçamos o suficiente para aceitar os dele. Em lugar de tentar viver segundo os seus padrões, a sua lógica, a sua maneira de viver, ou, pelo menos entendê-los, queremos impor-lhe o nosso modo de ser, a nossa 'normalidade'.

Carol, uma das devotadas colaboradoras de Barry Neil Kaufman no caso Robertito, visitou uma das tais instituições. Saiu o quanto antes, assustada com o que lá presenciou – a frieza, o comportamento maquinal, a severidade e até a crueldade explícita por parte do pessoal incumbido de cuidar daquelas criaturas. Elas estavam, obviamente perdidas, não no mundo em que viviam, mas no nosso. No mundo deles impera outro conjunto de normas. Sensatez, normalidade, lógica são avaliadas sob critérios diferentes. *Diferentes*, não melhores ou piores, bons ou maus, certos ou errados.

É necessário ressalvar, claro, que não se pode generalizar e avaliar por baixo o nível das numerosas instituições incumbidas de cuidar dos autistas – crianças e adultos – pelos inaceitáveis padrões praticados na casa visitada por Carol, mas o simples fato de se saber que existe aquele tipo de atendimento (?) é suficiente para sinalizar que alguma coisa de muito grave está errada no modelo de abordagem ao autismo.

Se o terapeuta, no qual se presume normalidade mental e conhecimento de técnicas adequadas de assistência ao autista, não sabe como abordá-lo e interpretar com um mínimo de acuidade os sinais não-verbais que lhe chegam, acaba comportando-se de modo tão autístico quanto seu paciente, no sentido de que ele também, ou ela, como terapeutas, estão fechados em seus próprios mundos, aprisionados em suas próprias armadilhas e clichês, desinteressados ou sem saber como andar metade do caminho, na direção do paciente.

Mesmo admitindo-se a extrema complexidade do autismo, da dificuldade quase intransponível de conseguir a cura, pelo menos que se faça um esforço honesto de conseguir que os autistas concordem em visitar ocasionalmente o nosso mundo. Se isto acontecer, que seja bem recebido, com aceitação, com amor. Se, em lugar disso, na sua interface com o 'nosso mundo', o autista é pressionado a conformar-se às nossas regras de viver e até agredido, verbalmente e fisicamente, não há como atribuir-lhe qualquer parcela de culpa pela obstinada rejeição a tudo quanto temos a oferecer-lhe do nosso lado.

Com um esforço de empatia de nossa parte, é possível imaginar que, para esses enigmáticos seres humanos, nós, os 'normais' é que somos estranhos. É o nosso comportamento que precisaria ser modificado, pelo menos para que funcionasse entre eles e nós um sistema mínimo de intercâmbio. Não há palavras no dicionário deles, mas a linguagem universal do amor também é não-verbal. Para se expressar através dela, há os gestos, a expressão corporal, a vibração sutil, invisível da emoção, da solidariedade, da paciência, da aceitação da pessoa como ela é, não como queremos que ela seja. Se a gente estivesse do outro lado, lá naquele mundo à parte, com um pé neste, aqui, como gostaríamos de ser tratados? Como assinala Barry Neil Kaufman, é de se presumir que eles estejam fazendo tudo que lhes seja possível, dentro de suas limitações. Com um pouco de boa vontade de nossa parte, talvez concordem em tocar a mão que lhe estejamos oferecendo a fim de saltarem o abismo que nos separa.

# Problema de comunicação

Não tem sido nada fácil uma abordagem metodológica ao autismo. São muitas, complexas e, frequentemente, contraditórias as teorias que vêm sendo formuladas e as terapias experimentadas desde que Kanner publicou, em 1943, seu famoso estudo intitulado *Distúrbios autísticos de contato afetivo*. Pela primeira vez se reconhecia o autismo como algo identificável na massa maior dos distúrbios ditos mentais. Não se tratava, pois, de uma desordem nova, mas de um rótulo que servia para personalizar antigo distúrbio.

Como assinala Francesca Happé (p. 10-11), "a história do autismo é algo parecido com a espera de um ônibus – nada, durante anos e, de repente, dois deles chegam juntos!" Isso porque, em 1944, um ano após o estudo de Kanner, Hans Asperger, médico austríaco, publicou seu estudo sobre a "psicopatia autística", abordando o mesmo assunto e propondo o mesmo termo para caracterizar a disfunção. Seu trabalho, contudo, somente seria traduzido para o inglês, língua na qual teria mais ampla difusão, cerca de meio século depois. Aliás, ambos os "ônibus" levaram um tempo considerável para chegar ao destino, a fim de despertar o interesse pelo problema.

Ao escrevermos estas linhas, em 1997, ampliou-se consideravelmente a literatura especializada sobre o assunto. Seria injusto concluir-se que temos hoje a mesma visão que se tinha na década de 40 no século vinte. É certo, contudo, que o autismo continua sendo um pacote de enigmas, especialmente na sua etiologia, ainda que novas técnicas terapêuticas justifiquem moderadas esperanças.

Para montar um quadro teórico tanto quanto possível atualizado da problemática do autismo decidi recorrer à reconhecida autoridade de Francesca Happé, pesquisadora e cientista do Medical Research Council's Cognitive Development Unit, de Londres. Seu livro, *Autism – an introduction to psychological theory*, é de 1994 e a edição em meu poder é a terceira, de 1995.

A autora não minimiza as dificuldades de abordagem ao problema, e nem as exagera. Ao perguntar-se "Que é autismo?", ela declara que nenhuma das respostas seria "a resposta, de vez que cada resposta é apropriada para um diferente aspecto da questão" (p. 1).

Ao mergulhar na ampla literatura sobre o autismo – encontrei mais de 180 títulos sobre a matéria numa livraria virtual na internet – a gente fica com a impressão de que não há propriamente autismo, mas autistas, em diferentes estágios, graus e níveis de distúrbios mentais e emocionais. O máximo que se poderia fazer em termos de consenso seria dizer-se que, dentre os sintomas básicos atribuídos à síndrome, cada autista apresenta diferentes ênfases sobre esta ou aquela característica.

A questão poderá ficar mais clara se examinarmos a compacta classificação proposta pela dra. Happé, ao procurar, na abordagem ao autismo, separar fatos para um lado e ficção para outro. Aliás, ela prefere concentrar-se no que o autismo *não é*, fazendo emergir, por contraste, o que ele pode ser.

O primeiro *não* (pp. 5-6) vai para a injusta e superada teoria (Bettelheim e outros) da 'mãe-geladeira', ou, mais genericamente em Happé, pai e mãe frios, indiferentes, rejeitadores da criança. Ela entende autismo como "desordem de base biológica". Ensina, mais, que o autismo não é apenas distúrbio infantil, que nem sempre ocorrem nos autistas as características dos *idiot-savants* – os sábios idiotas – e que também não é uma "concha, dentro da qual existiria uma criança 'normal' pronta para sair". Considera do lado *sim*, que o autismo "é uma desordem do desenvolvimento que dura a vida toda", que pode "ocorrer em qualquer nível de Q.I., mas costuma estar ligado a dificuldades de aprendizado (deficiência mental)", e que se trata, finalmente, de uma "desordem de comunicação, socialização e imaginação".

Ao examinar o competente estudo da dra. Happé, somos levados à tentação de um aprofundamento maior, que, evidentemente, não é de nosso interesse nesta breve notícia. Seu livro dirige-se preferencialmente aos profissionais da saúde mental. Nós, leigos, desejamos apenas algumas informações, mera visão panorâmica, sem complicações teóricas.

A abordagem da autora é tríplice, ao estudar paralelamente os aspectos biológicos, os cognitivos e os de comportamento. Segundo ela, a evidência acumulada até o momento em que escreve seu livro (1994) é "esmagadoramente em favor de uma causa biológica para o autismo" (p. 3). Pouco adiante, na mesma página, procurando caracterizar a diferença entre autistas e não-autistas, ela acrescenta que "algo na anatomia ou neurofisiologia do cérebro (dos autistas) é responsável pelas suas limitações". De certa maneira, ela chega a admitir que todos nós "somos um tantinho autísticos" no comportamento, no sentido de que o autista procede de modo muito semelhante ao de uma pessoa tímida ou reservada. O que nos leva, podemos acrescentar, à classificação psicológica que coloca as pessoas numa escala que vai de um extremo de *extroversão* a outro de *introversão*.

Seja como for, o autismo, para Happé, é um distúrbio de natureza biológica. Ela acredita mesmo que haja nesse contexto, um componente genético (p. 24), o que implicaria a existência de um "gene responsável pelo autismo" (p. 30). É possível isso, mesmo porque, no estudo da enigmática desordem, nenhuma pista deve ser sumariamente abandonada.

Em apoio de sua posição, a autora menciona algumas moléstias que, ao danificar o sistema neurológico, disparam o mecanismo gerador do autismo, algumas delas claramente genéticas, outras não. A propósito, ressalva Happé, citando Aitken, que o desencadeamento do autismo pode não decorrer especificamente das doenças mencionadas, em si mesmas, mas do fato de ocorrerem na fase crítica em que o sistema neurológico está em formação.

A dra. Maria Júlia Kovács lista como "fatores predisponentes (...) rubéola materna, cegueira e surdez congênitas, fenilcetonúria, encefalite, meningite e esclerose tuberosa". Mas acrescenta, logo a seguir, não haver "consenso sobre a etiologia do autismo". "Quanto às causas psicogênicas" – informa adiante –, "considerando-se o autismo não como psicose, mas como distúrbio global do desenvolvimento, não foi encontrada qualquer evidência."

Percutindo, como tantos autores, a tecla dos enigmas que cercam o autismo, Happé lamenta – infelizmente, diz ela – que "nenhum acordo ainda emergiu acerca da área crítica ou do circuito cerebral afetados pelo autismo". (p. 30) Por outro lado, as anormalidades reveladas em autopsias não são, no dizer dessa especialista, ligadas à problemática do autismo em si, mas "à deficiência mental". Nesse mesmo passo, especula a autora sobre a possibilidade de estarem os lobos frontais implicados no autismo, mas adverte, adiante (p. 31), que "pessoas com autismo e indivíduos com lesões no lobo frontal falham nas tarefas pelas mesmas razões".

A opinião da dra. Happé quanto a este aspecto do problema é iluminativa e me parece bastante promissora. Depois de reconhecer que a ciência ainda está longe de identificar a área danificada no "*cérebro* autístico", talvez possa "especificar que função se perde na *mente* autística" (p. 32).

Do que se depreende que, a despeito de sua clara postura de que o autismo é uma desordem com base biológica, Happé propõe uma abordagem que se poderia considerar holística ao problema, ou seja, uma interação de aspectos biológicos e psicológicos. De minha parte, acrescentaria os aspectos espirituais. Veremos isso mais adiante, neste livro.

De qualquer modo, mesmo uma sondagem amadorística e introdutória, como a que estamos tentando aqui, revela o vulto do desafio que o autismo propõe a todos quantos se envolvam com ele. Isto é válido não apenas para os profissionais da saúde mental, como familiares, amigos, colegas de escola e trabalho de crianças e adultos autistas. Creio, porém, que, numa visão simplificada – simplista, dirão os entendidos –, o autismo se resume, basicamente, num problema de comunicação. O autista isola-se no seu mundo, não desenvolve adequadamente o mecanismo da comunicação verbal, foge ao contacto físico com as pessoas que o cercam e até ao contacto visual. Mesmo quando o olhar do autista se dirige acidentalmente em nossa direção, ele parece ver *através* da gente, como se fôssemos transparentes, invisíveis.

Marion Leboyer reproduz os quatro pontos da sintomatologia do autismo definidos por Rutter (1978), Orniz e Ritvo (1976), e, finalmente, no D.S.M. III (1980) e que assim se alinham: 1. incapacidade de desenvolver relações sociais; 2. déficit no desenvolvimento da linguagem; 3. respostas anormais ao meio ambiente, em particular, estereotipias gestuais e resistência à mudança; 4. o fato de que os sinais aparecem antes da idade de trinta meses.

Como se pode observar, os três primeiros sintomas são, nitidamente, de comunicação; o quarto e último, ainda que, aparentemente não relacionado com o processo da comunicação, em si, é da sua própria essência. Precisarei, aqui, da hipótese proposta em meu livro *Alquimia da mente*, para explicar como vejo esse aspecto. Veremos isso, logo adiante. Antes, porém, precisamos estar convencidos de que o autismo tem muito a ver com a ausência de um mecanismo adequado de comunicação.

Leboyer informa (p. 16) que "cerca de metade dos autistas nunca fala". Mesmo quando alguma forma de linguagem é desenvolvida, ela "não tem nenhum valor de comunicação", limitando-se à ecolalia – repetição do que acaba de ouvir – ou a frases e expressões padronizadas. Na sua linguagem limitada – quando a tem –, o autista refere-se a si mesmo empregando a segunda ou a terceira pessoas pronominais – tu ou você – e não a primeira – eu. Além disso, observa-se nele – ensina Leboyer, recorrendo também a De Hirsh, 1967 – "modulação patológica da linguagem: volume, altura do som, qualidade da voz, ritmo, entonação e inflexão" o que resulta numa fala "inexpressiva, atonal e desprovida de emoção".

Em outras palavras, o autista não dispõe, ou melhor, não desenvolveu um mecanismo adequado de comunicação verbal. A comunicação não-verbal é, também, deficiente. No caso dos *idiot-savants*, tanto quanto em alguns autistas, há o que Treffert e outros consideram "ilhotas de brilhantismo", ou seja, surpreendentes capacidades intelectivas e prodigiosos feitos de memória, num contexto intelectual que poderíamos chamar de desértico.

É preciso acrescentar que, dentre as divergências de opinião que se debatem em torno do autismo, há dúvidas em considerar o *idiot-savant* como autista ou de se tomar o autista dotado de certas faculdades 'extraordinárias', segundo Treffert, como *idiot-savant*. Eles têm, contudo, algumas características em comum e outras tantas diferenças. Veremos isso ao examinar mais detidamente o livro do dr. Treffert.

Seja como for, o problema central continua sendo o da comunicação e, na raiz deste, o da linguagem verbal, faculdade – da mente, convém destacar – que implanta seus apoios no hemisfério cerebral esquerdo, nos primeiros 24/30 meses de vida.

Anthony Smith informa (p. 120) que, ao escrever seu livro (em 1984), acumulava-se a evidência de que os bebês humanos têm o cérebro separado em duas metades, como que independentes uma da outra. "Parece – comenta – que as estruturas de ligação entre os hemisférios não se comportam normalmente ao nascimento ou até mesmo por um bom tempo após." Anatomicamente, o corpo caloso – que une os hemisférios – não tem o desenvolvimento que era de esperar-se e nem se parece com o de um adulto. É como se ainda não houvesse assumido as funções para as quais foi criado, entre elas, a de servir de instrumento a um sistema operacional de comunicação entre os dois lobos. Em vista disso, o cérebro ainda imaturo, na criança, age simultaneamente nas duas metades. Por essa razão – é ainda Smith quem explica – os mecanismos da linguagem desenvolvem-se "igualmente em ambos os hemisférios". E prossegue: "Aí pelos dois anos de idade, há indícios de que a metade esquerda começa a assumir (sozinha a responsabilidade de desenvolver) a linguagem." (As palavras entre parênteses foram acrescentadas por mim para melhor explicitação do texto original.)

Por esse tempo, o hemisfério direito parece retirar-se gradativamente para os bastidores, recolhendo-se a uma inexplicável posição secundária, como se não fosse mais necessária sua presença na tarefa vital de pensar. Sem explicações a oferecer, Smith limita-se a manifestar sua perplexidade perante a grave questão que se impõe: "Por que" – questiona-se (p. 121) – "é metade do cérebro (o hemisfério direito) relegada a uma condição assim subalterna?"

Mesmo ao risco de suscitar a ira dos entendidos com as minhas ignaras especulações, penso que não é secundária a posição do hemisfério direito. Ao contrário, ele continua sendo, do ponto de vista espiritual, a área mais importante, como procurei demonstrar em *Alquimia da mente*. Coloca-se, aqui, a meu ver, a necessidade de uma clara distinção entre *importante* e *dominante*. Embora exercendo tarefas do maior relevo na economia mental e espiritual do ser, o hemisfério direito optou pelo que se chama, em inglês, um "*low profile*", ou seja, certo anonimato, como se deixasse, deliberadamente, a cena para o hemisfério esquerdo. Suas funções não seriam, portanto, menos importantes – talvez sejam até mais relevantes –, apenas mais discretas, como se desinteressadas de ocupar o centro do cenário mental.

Com isto parece tão irrelevante o direito, que sua destruição não resulta em prejuízo de monta para a personalidade do indivíduo afetado. Smith aponta ainda para a curta lista das faculdades atribuídas ao hemisfério direito – "escasso envolvimento com a linguagem (reação a alguns substantivos, mas não aos verbos), mas uma participação maior em relação à música, percepção espacial e atributos como o de reconhecer as feições das pessoas".

O autor lembra que essa modesta lista poderá até crescer com o tempo, à medida em que o cérebro for desvendando seus segredos ao cerco da pesquisa científica, mas, ao mesmo tempo, estranha que "a gigantesca quantidade de tecido neuronial nesse lado (direito) permaneça relativamente ociosa, em comparação com o lado esquerdo".

Eis por que o hemisfério esquerdo continua sendo considerado o dominante e o direito o "lado silencioso" do cérebro, inútil ou, no mínimo, dispensável, como um "pneu sobressalente", no dizer de alguns. Algum "erro" da natureza? Um desvio no processo evolutivo? Sistema que teria caído em desuso no correr dos milênios? Ou, quem sabe, uma instrumentação que está sendo conservada de reserva para futura utilização?

Eu responderia negativamente a todas essas questões. Para mim, o hemisfério direito incumbe-se de tarefas de elevada prioridade e relevância que ainda não foram adequadamente mapeadas pela ciência. Trabalhar em silêncio nada tem com ociosidade.

Em *Alquimia da mente* propus a hipótese – necessariamente apoiada na realidade espiritual – de que, ao reencarnar-se, a entidade instala-se à direita do cérebro e, nos primeiros tempos – cerca de dois anos, como vimos –, incumbe-se de passar ao hemisfério esquerdo a programação de que a personalidade irá necessitar para suas negociações com a vida na Terra, enquanto estiver acoplada ao corpo físico. É este, aliás, o procedimento padrão da informática. Ao ligar seu computador, você põe imediatamente na memória operacional os comandos necessários ao funcionamento do sistema.

Por essa razão, ainda no meu modo de ver, o corpo caloso não desempenha, logo de início, as funções que lhe serão atribuídas a partir do terceiro ano de vida da criança, ou seja, a de unir, mas, ao mesmo tempo, separar, as faculdades e potencialidades de ambos os hemisférios, pois tudo que une, também separa, porque distingue, identifica e individualiza.

Durante dois ou três anos de vida, portanto, o hemisfério esquerdo da criança conta com a supervisão direta do hemisfério direito – trabalham conjugados, simultaneamente. É nesse período que se cria o mecanismo da linguagem, instrumentação indispensável ao intercâmbio com o meio ambiente em que o ser passa a viver.

Entender totalmente a linguagem – escreve Smith (p. 120) –, montar corretamente suas estruturas e expressá-la adequadamente constitui tarefa sem paralelo no conjunto das capacidades humanas.

Sem a instrumentação da linguagem, reduz-se drasticamente a níveis primitivos o recurso da comunicação, indispensável ao intercâmbio do ser humano com o ambiente em que vive. A ausência da linguagem, por si só, constitui poderoso fator de isolamento, empurrando a criança – e, mais tarde, o adulto – para dentro de si mesma, ou mantendo-a lá, a contemplar, à distância, o mundo "dos outros", separada por um abismo que não tem como cruzar por falta de ponte que ligue uma à outra margem.

Coloca-se, portanto, neste ponto, um aspecto relevante ao melhor entendimento do autismo. A partir do momento em que as faculdades sediadas no hemisfério direito – as conhecidas e, muito além e acima destas, as ainda desconhecidas – recolhem-se ao 'silêncio' mental que as caracteriza, parece ocorrer uma paralisação no processo de aprendizado e desenvolvimento das faculdades próprias ao esquerdo. Sem o estímulo mental – eu diria espiritual –, os dispositivos cerebrais correspondentes ficam atrofiados ou mesmo lesados e, portanto, operacionalmente incapacitados.

O observador desinteressado de motivações de ordem espiritual tende a concluir que as deficiências mentais resultam de insuficiência cerebral. A conclusão pode até parecer lógica e tem sua razão de ser; ocorre, no entanto, que a insuficiência cerebral proveniente de danos à sua estrutura é efeito de outras causas que ainda não mereceram atenção da pesquisa especializada. Em outras palavras, a pessoa é autista não porque tem o cérebro danificado, mas tem o cérebro danificado porque não quis ou não conseguiu transmitir a ele, no período crítico da formação, os comandos mentais necessários ao seu correto desenvolvimento. Devo acrescentar que, a meu ver, tais comandos não são gerados pelo cérebro – eles apenas transitam pelos seus circuitos. Os impulsos que os suscitam provêm do espírito acoplado àquele corpo físico. Há, nos bastidores, uma vontade específica, da qual o corpo não é mais do que a instrumentação executiva.

Em que razões se apoiaria, contudo, a entidade espiritual – admitida sua presença no sistema – para provocar distúrbios estruturais e, consequentemente, operacionais no seu complexo biológico? Ou para impedir que tal complexo siga o curso normal de seu desenvolvimento? Poderia, ademais, evitar que desarranjos orgânicos tão graves reduzissem a um mínimo ou extinguissem de todo sua possibilidade de uma existência normal? E mais: tais impulsos de vontade, num sentido ou noutro, seriam conscientes, responsáveis, propositais, ou apenas provindos inconscientemente de uma vontade espiritual deformada, desajustada, incapaz de gerir suas próprias tarefas formadoras?

E já que invocamos conceitos de vontade e realidade espiritual, existiriam por trás de tudo isso aspectos éticos ou – para usar terminologia específica daquela realidade – implicações cármicas?

Para as primeiras perguntas, as respostas seriam ainda especulativas até que pesquisas mais aprofundadas e menos descompromissadas com a visão materialista do ser humano começassem a ser conduzidas com imparcialidade e humildade por gente disposta a aprender com os fatos, em vez de impor-lhes enquadramento preconcebido gerado por cristalizações dogmáticas. Para a última pergunta, no entanto, a 'minha' reposta é, positivamente, sim – há implicações cármicas no processo. Para dizer a mesma coisa de outra maneira, atua sobre o sistema o mecanismo de ação e reação, que também opera no âmbito da física.

Você tem todo o direito de pensar que estou sendo contraditório ao enquadrar os fatos observados num modelo particular preconcebido – o de que o ser humano é um espírito sobrevivente e reencarnante. Estou pronto a considerar provisoriamente válidas tais objeções, enquanto aguardamos a época em que a realidade espiritual seja considerada, como deve e precisa ser, na reformulação do próprio modelo de abordagem à problemática do ser humano, autismo inclusive. Antes disso, estaremos, na melhor hipótese, distraídos com os efeitos, mas ainda ignorando as causas primárias geradoras do autismo e de outros distúrbios mentais, psicológicos e emocionais e até orgânicos do ser humano. Nada tenho a objetar – claro – a que se considere a reencarnação, por exemplo, como hipótese de trabalho, mas que seja examinada com seriedade e, repito, com o desejo honesto de aprender com os fatos e a disposição não menos honesta de aceitar o resultado revelado, seja ele qual for.

Talvez tenhamos de esperar um longo tempo para que isso comece a acontecer. A palavra *espírito* ainda nem figura nos numerosos textos que tenho consultado a respeito do problema que estamos aqui a debater. Para os entendidos – com todo o respeito que merecem e a que têm direito – o ser humano é um complexo celular muito bem 'bolado' e funcional, nascido sem passado e descartado, sem futuro, pela morte. As religiões ainda se ocupam do que poderá acontecer após a morte, mas a ciência como um todo não se mostra interessada nesse aspecto da questão. Convém ressalvar que um número considerável e crescente de cientistas e pesquisadores, enfrentando individualmente o sistema, está convencido da realidade espiritual. Ainda não conseguiram, contudo, agregar peso específico suficiente para influir no modelo de abordagem ao psiquismo humano levando-se em conta o conceito catalisador da realidade espiritual.

Voltaremos ao assunto, neste estudo, sempre que necessário e oportuno. Você poderá continuar considerando minha abordagem fantasiosa ou inaceitável. Tudo bem. De minha parte, continuarei tendo como válida a minha proposta, até que me provem o contrário. Gente educada é isso aí – concordando em discordar civilizadamente, com elegância e dignidade. O que não impede que a gente continue a conversar.

Proponho, nesse clima de amenidades, que a gente examine a seguir o problema específico das deficiências cerebrais que, como temos visto, são responsabilizadas como causas geradoras do autismo ou, pelo menos, uma das mais prováveis.

Sugiro, nesse sentido, que examinemos juntos o que tem a dizer o dr. Carl H. Delacato.

Faremos isso logo que concluir o estudo que vínhamos fazendo com a dra. Francesca Happé, mesmo porque ela tem algo importante a dizer acerca do papel dos hemisférios cerebrais no autismo.

Recorre, para isso, a pesquisas de Weintraub e Mesulam, que encontraram em quatorze crianças problemas sociais, visoespaciais e indícios de danos no *hemisfério direito*. Destaco a referência ao lobo direito porque a informação me encoraja em insistir na hipótese de que cabe a esse hemisfério a tarefa inicial de comandar a instalação do *software*, com o qual vai operar o esquerdo, nisso incluído o vital mecanismo da linguagem. Se, por qualquer razão, o hemisfério direito apresentar deficiências operacionais, o esquerdo sofrerá, necessariamente, as consequências na sua própria formação e funcionalidade.

Happé (p. 106) passa no seu texto a conclusão daqueles autores, que está assim redigida:

> Há uma síndrome inicial de disfunção no hemisfério direito que pode ser geneticamente determinada e que está ligada à introversão, à deficiente percepção social, a crônicas dificuldades emocionais, à incapacidade para expressar afeto e à deficiência na representação visoespacial.

Anteriormente, à página 92 de seu competente estudo, Happé mencionara a opinião de Van Krevelen , que, no dizer da autora inglesa, destacou com maior ênfase do que Asperger os problemas visoespaciais, a incapacidade matemática e a falta de jeito, que costumam ser identificados com "distúrbios de aprendizagem do hemisfério direito". Encontro, ainda em Happé (p. 127), mais uma indicação a apontar para o hemisfério direito, no ponto em que ela manifesta sua opinião de que "a fraca coerência central autística caracteriza-se muito claramente como (não-consciente) preferência processual". Na tese oferecida em *Alquimia da mente*, sugiro que o processo consciente de pensar localiza-se no hemisfério esquerdo, ao passo que o inconsciente encontra-se instalado à direita. Já disse de outras vezes e repito aqui – não tenho muito entusiasmo pelo termo *inconsciente*. Para mim, o inconsciente não passa de um modo de pensar tão consciente quanto 'o outro', apenas que (usualmente) fora do alcance da consciência de vigília.

Antes de mencionar a teoria da coerência central, eu deveria tê-la trazido para a nossa discussão. Ainda há tempo. Segundo Happé (p. 116),

> (...) motivada pela convicção de que tanto os aspectos positivos quanto as deficiências do autismo provêm de uma única causa no campo cognitivo, Frith propôs que o autismo se caracteriza por um desequilíbrio na integração da informação em diferentes níveis.

Quer isso dizer que, normalmente, as informações recolhidas tendem a integrar-se harmonicamente num contexto por um mecanismo que Frith intitulou de "coerência central". Você pode, por exemplo, esquecer os detalhes de uma história ou de um episódio, mas conservará integrado ao seu sistema a essência de seu conteúdo, uma impressão geral. No autista não funciona satisfatoriamente o mecanismo da coerência central.

Happé propõe, contudo, certas cautelas no trato da teoria da coerência, que está sujeita ao risco de ser tomada como abrangente demais, pois ainda não estão definida com clareza suas possíveis limitações. Futuras pesquisas estarão, abordando esse aspecto, especialmente, como sugere a autora, na determinação do nível de fraqueza da coerência no autismo. Estou apenas mencionando o problema, que escapa aos nossos propósitos nesta dissertação de leigo para leigos. A palavra está com os profissionais da saúde mental.

Que a síndrome mencionada por Weintraub e Mesulam seja geneticamente produzida, não há como contestar; o meu questionamento vai, contudo, além disso, de vez que, na minha visão, o distúrbio genético atua como causa numa ponta do sistema, mas é também efeito, na outra ponta. Proponho que seja efeito de um impulso ou comando de origem espiritual, suscitado, por sua vez, por um problema de natureza cármica. Rastreando, ainda mais longe, de causa em causa, chegaremos, com toda certeza, a um sentimento de culpa não resolvido, suscitado por um desvio de comportamento, que a teologia tradicional considera pecado. Nessa leitura, a gênese do autismo teria de ser buscada, nas suas origens mais remotas, como problema ético e o distúrbio em si, não um castigo, mas um instrumento de correção e ajuste da consciência ética fustigada pelo arrependimento ou remorso e desejosa de se pacificar.

Não vejo como ignorar tais conotações no quadro geral da natureza humana. Nossos atos, palavras e até pensamentos são sempre responsáveis e geram consequências de ordem moral que podem ser ignoradas no contexto terreno, mas nunca no ambiente das posturas cósmicas ordenadoras da vida.

Dito isto, creio que podemos passar, a seguir, para o exame das ideias do dr. Carl H. Delacato.

# Desordem cognitiva

Carl H. Delacato tem doutorado em educação. Seu livro *The ultimate stranger*, que estudaremos a seguir, é de 1974 e menciona cinco outros títulos do autor, quatro dos quais interessados em problemas relacionados com dificuldades no aprendizado da leitura, e um deles – *The elementary school of the future* – sobre suas propostas para reformulação do ensino primário.

Sua abordagem ao autismo é neurológica e sensorial e ele tem resultados encorajadores para demonstrar que suas teorias e experimentações merecem, no mínimo, a atenção daqueles que lidam com esses distúrbios. Com o objetivo de concentrar-se no problema específico do autismo, em contraste "com outras crianças portadoras de lesão cerebral", ele resolveu trabalhar apenas com autistas já diagnosticados como tal por especialistas da saúde mental. Até a data da publicação de seu livro, estudara 166 pacientes, de dois e meio a 32 anos de idade, em cinco países diferentes.

Não encontrou, entre eles, defeitos patológicos graves na estrutura do cérebro. O EEG revelou casos de disritmia, mas não em todos os pacientes. Todos, no entanto, sinalizavam leves problemas neurológicos:

> (...) falta de coordenação, atraso no desenvolvimento, estrabismo, disfunções de lateralidade, hábito de caminhar na ponta dos pés, escoliose, problemas de equilíbrio, aberrações nos reflexos, hiperatividade, escassa competência manual, distorções sensoriais, aberrações atencionais e significativa inaptidão para o aprendizado.

(Esta informação consta de um texto atualizador escrito em 1984 e incluído em páginas não-numeradas, no início do livro)

Destaco dois aspectos nesse inventário de deficiências: *primeiro*, as disfunções detectadas não são de natureza grave, exceto a inaptidão para o aprendizado, que o autor considera 'significativa'; *segundo*, ocorrência de vários sinais simultâneos a apontarem convergentemente para desajustes mais ou menos severos na interação dos hemisférios cerebrais: lateralidade, falta de coordenação motora, problemas de equilíbrio e destreza manual. De consulta a uma enciclopédia, deduzo que o estrabismo pode resultar de coordenação defeituosa entre cérebro e olho. O problema, contudo, escapa à minha competência. De qualquer modo, vários dos sinais encontrados pelo dr. Delacato no autista identificam certo "desentendimento" entre hemisfério direito e esquerdo. Pergunto-me se isso teria algo a ver com a hipótese proposta em *Alquimia da mente*, segundo a qual cabe ao direito instalar no esquerdo a programação necessária ao gerenciamento da vida terrena e assisti-lo na estruturação inicial dos mecanismos da linguagem e, consequentemente, do aprendizado.

Na etapa seguinte de suas pesquisas, o dr. Delacato estudou os aspectos sensoriais de seus pacientes e encontrou elevados índices de deficiências em três deles. Vejamos seu quadro:

1. Problemas tácteis: 96 a 100%
2. Problemas de audição: 86 a 90 %
3. Problemas visuais: 65 a 70%
4. Problemas de paladar e olfato: 24 a 28%

Convém acrescentar que pesquisas feitas posteriormente, pelo dr. Delacato e sua equipe, na Alemanha, na Itália e na Espanha, encontraram resultados praticamente idênticos.

Entre os pacientes com dificuldades táteis, dois terços apresentavam pouca sensibilidade, em contraste com um terço de hipersensíveis. A grande maioria destes últimos manifestava alergias ou forte reação a corantes, conservantes, drogas e a certos alimentos.

Examinaremos, mais adiante, as técnicas terapêuticas praticadas pelo autor, cabendo assinalar, por enquanto, que os "resultados mais rápidos e mais bem sucedidos" foram obtidos com pacientes da faixa hiper, em, pelo menos, dois dos sentidos, exceto paladar e olfato. Em outras palavras: autistas com hipersensibilidade visual, auditiva ou táctil ofereceram melhores perspectivas de progresso.

Obviamente, esse não seria o único fator a considerar na estratégia terapêutica. O autor enfatiza a importância do profundo envolvimento, principalmente amoroso, de todos aqueles que convivem com o autista; não apenas os familiares, mas colaboradores remunerados ou voluntários. Projetando sua pesquisa e suas técnicas internacionalmente, ele encontrou melhores condições desse tipo no Japão e nos *kibtuzim*, em Israel, do que nos Estados Unidos. "Em culturas onde há uma extensão da família" – declara enfático, ainda no texto introdutório de seu livro – "ou onde o voluntarismo constitui um modo de vida, as crianças (afetadas) realizam maiores progressos."

Dentro dessas premissas, o dr. Delacato elaborou um modelo clínico que praticamente abandona a teoria psicogênica – segundo a qual o autismo resultaria de fatores puramente psíquicos – em favor de uma conceituação neurológica do autismo e, consequentemente, uma terapia sensorial.

Em outras palavras: o autor prioriza uma abordagem direta à disfunção dos sentidos, empenhando-se em corrigir os desvios de hiper ou hipossensibilidade por ele detectados nos autistas. Figura em sua técnica a expectativa de que, trabalhando com os sentidos, desenvolvam-se os circuitos neurológicos correspondentes. Com o que estaríamos – penso eu – soprando um pouco de alento na esquecida teoria lamarkiana segundo a qual a função cria o órgão, no caso, o dispositivo neurológico. *"Mind is the builder"* – costumava afirmar Edgar Cayce. É a mente que constrói. Podemos acrescentar que ela também destrói ou deixa de construir o que precisava sê-lo. Como, no entanto, a palavra *mente* me parece um tanto vaga e abrangente demais, devo confessar que prefiro ir direto à essência da criatura humana, ou seja, o espírito, ser consciente, responsável, regido por severas posturas cósmicas de claro conteúdo e propósitos éticos.

O desolador quadro do autismo é aflitivo demais para que a gente se deixe ficar à margem, lamentando-o e encarando-o como um problema meramente fisiológico. Ele tem implicações primárias de ordem espiritual e, portanto, de comportamento.

Delacato esboça com dramáticas pinceladas esse quadro. Mais de seiscentos mil desses solitários sofredores têm sido simplesmente internados para o resto de suas vidas em instituições que, em muitos casos, se reduzem, como sabemos, a meros depósitos de gente. Acha o autor que esses milhares de seres humanos lá estão, nas instituições, "ostensivamente porque nós os assustamos, mas, em verdade, porque eles nos assustam".

Contemplando esse quadro com olhar menos profissional e mais compassivo, o dr. Delacato formula a si mesmo uma inquietante indagação. Será que o estranho comportamento do autista não teria "algum sentido oculto – uma mensagem para a qual estamos cegos? Será possível" – prossegue (p. 2) – "que essas crianças não estão tentando desesperadamente comunicar-se conosco, os surdos?"

Ele acha que a resposta a tais indagações é, positivamente: – Sim! Também eu penso dessa maneira, como temos visto e ainda veremos neste livro.

Anos de observação, pesquisa e experimentação, a partir de 1963, levaram o autor e os demais componentes de sua equipe a interessantes achados e à confirmação de outros. Partiu-se daí para uma reformulação na teoria do autismo e, obviamente, para nova estratégia terapêutica. Verificou-se, por exemplo, que, se a criança deixa escapar um estágio de seu processo de desenvolvimento, não consegue alcançar todo o seu potencial. Nesse caso, torna-se necessário voltar e recompor o elo perdido. Uma premissa fundamental contribuiu para os bons resultados da terapia – batizada de Doman-Delacato –, a de que o cérebro se desenvolve com o uso. Observou-se, ainda, que crianças com moderadas lesões cerebrais apresentavam graves problemas de comportamento. A hiperatividade não deveria mais ser considerada resultante da falta de disciplina e sim de uma disfunção do sistema nervoso.

Mesmo ao risco de uma cansativa repetição, julgo oportuno lembrar as cinco características básicas propostas para o autista pelo dr. Leo Kanner, em 1943: 1. incapacidade de relacionar-se ou interagir com as pessoas, desde o início da vida; 2. incapacidade de comunicar-se com os outros por meio da linguagem; 3. obsessiva postura em manter a mesmice e resistir à mudança; 4. interesse por objetos e não por pessoas e, 5. evidência ocasional de um bom potencial de inteligência.

Como se percebe – e nisso também estou insistindo –, o autismo apresenta-se, basicamente, como problema de comunicação, uma espécie de exacerbada introversão.

Delacato lista, a seguir, os indicadores que, segundo a publicação *Medical World News*, ajudariam os médicos na diagnose do autismo. São eles: crianças excessivamente ansiosas sem razão aparente, sem consciência de sua própria identidade, geralmente ocupadas com um objeto em particular, hábitos de rodopiar, de caminhar na ponta dos pés, rigidez corporal por longos períodos de tempo, resistência à mudança, deficiência de linguagem compatível para a idade, ou que não fala de todo, e, finalmente, a que parece seriamente retardada, mas demonstra, ocasionalmente, surtos de inteligência normal e até excepcional.

Além desses, o dr. Delacato menciona mais alguns indicadores, colhidos em outras fontes: hábito de balançar o corpo e bater com a cabeça em portas, paredes e móveis; interesse obsessivo por alguns brinquedos, brincadeiras repetitivas, insistência em ser deixado só, falta de cooperação ou de antecipação de movimentos quando apanhado por um adulto (estender os braços, por exemplo).

Delacato descarta, convincentemente, a teoria inicialmente sugerida por Kanner e, mais tarde, por Bruno Bettelheim, segundo os quais o autismo resultaria do comportamento indiferente ou frio dos pais, especialmente da mãe, na abordagem severamente psicanalítica de Bettelheim. Daí a pesada expressão "mãe-geladeira", que atormentou injustamente toda uma geração de mães. Desenvolveu-se até o que se poderia denominar uma teoria do bico do seio, discutida a sério, como se a dificuldade do bebê com o aleitamento materno fosse a principal responsável pela eclosão ao autismo. Acontece, como assinala Delacato (p. 23), que mães carimbadas como 'geladeiras' emocionais e portadoras de seios considerados inadequados também nutriram filhos não--autistas. Sem meias palavras, Delacato conclui sua discordância com essas teorias, acrescentando que as mulheres eram apenas bodes expiatórios.

A próxima polêmica desenvolveu-se em torno de duas das principais teorias sobre o autismo – se as causas disparadoras do distúrbio seriam psicológicas ou orgânicas.

De certa forma, o debate continua, ainda que mais nitidamente definido em favor de causas puramente físicas. Como opinar não é ofensa, eu não ficaria nem com uma nem com outra das abordagens, mas com ambas. O ser humano é espírito acoplado a um complexo celular – seus problemas funcionais têm de ser encarados dentro da dicotomia matéria/espírito ou mente, se você preferir.

De certa forma, o dr. Delacato não se põe radicalmente contra esta última concepção, ainda que consideravelmente distanciado, ao que se depreende, da visão espiritual do autismo. Digo isso porque, embora sua estratégia tenha sido montada a partir das lesões cerebrais e dos mecanismos sensoriais, ele se concentra num processo de reeducação, visando a uma consequente expansão dos recursos neurológicos.

É certo, contudo, como assegurou o dr. Rimland (*apud* Delacato, p.37), em 1964, "não se sabe de nenhuma forma de tratamento psiquiátrico que tenha alterado o curso do autismo".

Igualmente inadequadas têm sido "as tentativas de se mudar o comportamento autístico por meio de regimes dietéticos e vitaminas" (Delacato, p.37).

Em suma, nenhum tipo de abordagem unilateral foi bem sucedido no tratamento do autismo. Nem fisiológica, nem psicológica, isoladamente.

Delacato observou, contudo, que pessoas normais – crianças e adultos – assumem, após lesões cerebrais produzidas em acidentes, alguns dos comportamentos tipicamente autistas, tais como resistência a mudanças temporais ou espaciais, modificações no ambiente ou alterações de horários, e até o hábito de caminhar na ponta dos pés. Tais pacientes, observa o autor, não são rotulados de autistas – são simplesmente pessoas acometidas de lesões cerebrais. À medida em que melhoram, em vista de terapias específicas, os distúrbios de comportamento diminuem e tendem a desaparecer.

A hiperatividade é outro aspecto que, por si só, não caracteriza a pessoa como autista, sendo hoje considerada, segundo Delacato (p. 41), "um dos mais universalmente aceitos sinais de ligeira lesão cerebral".

Nessa mesma categoria de sinalizadores de comportamento autista, estariam o hábito de andar na ponta dos pés, o procedimento 'ritualístico' e o repetitivo, igualmente decorrentes de lesões cerebrais.

Foi pensando nesses 'autismos' em pessoas que, antes, comportavam-se dentro de aceitável faixa de normalidade, que o dr. Delacato observou que, significativamente, os pais de crianças autistas entendiam que, se fosse possível acabar com tais 'autismos', elas seriam curadas. Caso típico de intuição criativa.

Como especialista em educação em geral e não especificamente em educação de autistas, o autor sentia-se ainda despreparado para lidar com o problema. Quem sabe, no entanto – pensou ele –, não teria sido melhor, como foi, partir do quilômetro zero, sem a sobrecarga de conhecimentos teóricos que talvez bloqueassem nele uma releitura na terapia do autismo? Ele queria aprender sobre autismo com os próprios autistas e, por isso, passou a observá-los compassivamente, tentando entender por que agiam de maneira tão estranha.

Aquelas crianças viviam num mundo especial, delas próprias e, por estranho que pudesse parecer, pareciam felizes em tal 'dimensão'. Qual seria a razão do hábito de girarem incessantemente sobre si mesmas?

Eu, HCM, penso que a tonteira produzida pela rotação provoca um passageiro desdobramento entre corpo espiritual e corpo físico, livrando a criança, momentaneamente, da prisão celular e, consequentemente, levando-a de volta à dimensão de onde ela veio ao nascer, aliás, renascer. Delacato não rejeitaria de todo essa hipótese, se lhe fosse possível aceitar, no seu contexto científico-cultural, a realidade espiritual. Digo isso porque vejo-o citando um artigo de Fay – The other side of a fit –, segundo o qual as crises convulsivas em animais que vivem na água constituem esforços no sentido de voltarem o quanto antes para a água, se e quando forem projetados para fora, ao ar livre. Desse modo, o debater violento do peixe fora d'água não constitui nenhuma anomalia, mas um recurso da natureza a fim de levá-lo de volta ao ambiente fora do qual ele não pode sobreviver.

Curiosamente, foi nas margens do rio Araguaia, no Brasil, com os pés descalços mergulhados na água, que o dr. Delacato testemunhou, ao vivo, o fenômeno da luta pela sobrevivência através de espasmódicos movimentos convulsivos. Perseguido por uma criatura parecida com uma enguia (alguma serpente?), um peixinho deu um salto tão grande que foi cair lá fora, no chão. Lá ficou a se debater desesperadamente, até que conseguiu cair de volta na água salvadora. (Descubro-me torcendo inconscientemente pelo peixinho, ao supor que, a esse tempo, a sinistra enguia já estivesse ocupada em perseguir *outro* peixinho, não o *nosso*, coitado!)

Nesse esquema da natureza, deduziu o dr. Delacato, a mensagem da convulsão constituiria um mecanismo de sobrevivência. Será que os 'autismos' nas crianças não pertenceriam ao mesmo sistema contextual? Em outras palavras: não estaríamos interpretando equivocadamente a 'mensagem' contida nos autismos? Não seriam eles a expressão de apelos, pedidos de socorro, tentativas de comunicação com o mundo lá fora?

Foi nessa fase formadora de seus conceitos acerca do autismo que o autor visitou uma escola especializada para crianças cegas. Com sentimento de "desconforto" – a palavra é dele –, observou várias crianças balançando o corpo, para frente e para trás, agitando as mãos diante do rosto, ou batendo de leve com os dedos nos próprios olhos. "*Aquelas crianças*" – escreve Delacato, em itálicos (p. 49) – "*não eram autistas, eram cegas!*"

Observações semelhantes ele fez com crianças surdas, que exibiam comportamento autista, como balançar interminavelmente a cabeça, movimentar a mão ou um objeto diante do rosto, girar algo nas mãos ou tocar a cabeça ao lado de um dos olhos.

Delacato concluiu trocando *autismos*, por *sensorismos*, termo genérico e, portanto, mais abrangente. O certo é que os comportamentos autistas das crianças não-autistas tinham a ver com o sistema neurológico – cérebro/olhos, cérebro/ouvidos, cérebro/olfato, cérebro/paladar, cérebro/tato.

Nesse caso, então, concluiu Delacato (p. 51), não seria o estranho comportamento dos autistas "uma tentativa de se curarem a si mesmos? Não estariam tentando abrir ou normalizar um ou mais dos cinco canais (de comunicação) entre o mundo e seus cérebros?"

Daí os neologismos criados para especificar melhor o comportamento autista em crianças não-autistas: surdismos, ceguismos, paladarismos, odorismos e tactismos.

Crianças com esses distúrbios, portanto:

> (...) não eram psicóticas. Elas eram portadoras de lesões cerebrais e apresentavam sérios problemas sensoriais. Não tinham como lidar com o estímulo que chegam do mundo exterior aos seus cérebros. (...) Não eram autistas devido a razões psicológicas, mas procediam daquela maneira em virtude de razões neurológicas. Eram portadoras de lesões cerebrais. (p. 54)

Punha-se, aqui, a grande incógnita – seria possível eliminar os sensorismos por meio de tratamento adequado e dirigido?

O caminho para se chegar a esse objetivo – se é que havia por ali um caminho ainda que por abrir-se –, pensou Delacato, tinha de passar pelos verdadeiros 'especialistas', ou seja, as mães de crianças autistas. O pesquisador estava disposto a aprender com elas. Passou a entrevistá-las meticulosamente, de preferência em seus próprios lares. Depõe, mais uma vez, e de modo eloquente, contra a fantasiosa teoria da "mãe-geladeira", declarando que "em lugar nenhum encontrou o menor indício de rejeição, profundos problemas psicológicos ou ausência de amor" (p. 58).

Eu não diria que ocorrências de desamor e até de rejeição ou desequilíbrio emocional jamais sejam detectados em pais de crianças com graves distúrbios mentais. As leituras mais extensas a que me entreguei revelam casos assim. Creio que o de Donna Williams deva ser assim considerado. Os pais dela – especialmente a mãe – eram bastante perturbados emocionalmente. Em estudos sobre casos de múltipla personalidade também encontrei exemplos dramáticos de severos desvios de comportamento de pais e mães de crianças afetadas. No caso Sybil, por exemplo, a mãe exibia comportamento francamente alienado, enquanto o pai acomodava-se à situação, tentando ignorar o drama vivido pela filha. Em Billy Milligan, a personalidade desequilibrada no contexto familiar era a do padrasto, enquanto a mãe parecia desconhecer o problema. Em Henry Hawksworth também é o pai o principal responsável pelas aflições de sua infância atormentada. A norma, contudo, parece ser a de casais extremamente devotados aos filhos com distúrbios mentais, especialmente a mãe. Vemos convincentes exemplos disso, já de volta à temática específica do autismo, em *Fragile success*, em *News from the border*, bem como nos dois livros de Temple Grandin e *A miracle to believe in*, bem como em *Vida de autista*, de Nilton Salvador, que examinaremos mais adiante neste estudo. Em todos esses casos e mais o caso pessoal do casal Kaufman – Suzi e Barry – com Raun, seu próprio filho, ficamos expostos a comovedores exemplos de devotamento de pais – destacadamente de mães – por filhos e filhas autistas. A lenda da "mãe-geladeira" durou mais do que deveria.

Em suma, Carl H. Delacato estava convencido de que os problemas dos autistas eram neurológicos e não psicológicos como vinham sendo considerados. Tinha, contudo, um grande trabalho pela frente. Precisava estudar mais o fenômeno, pesquisar, experimentar e documentar-se, a fim de "refinar sua ideia" conforme lhe sugeriu o eminente dr. Raymond Dart. Em etapa mais avançada, "quando estivesse pronto" para isso, desincumbir-se-ia de sua "responsabilidade de contar ao mundo" aquilo que descobrira.

Ele se confessa temeroso, pois antecipava o tiroteio da crítica e da resistência à mudança na maneira de conceituar o autismo. Lembrou-se de Max Planck, que escrevera certa vez que "uma nova verdade científica não triunfa convencendo seus oponentes e levando-os a verem a luz; ela vence porque os oponentes acabam por morrer, deixando uma nova geração familiarizada com a nova ideia".

Nesse ínterim, teve o autor o privilégio de estar pessoalmente com Konrad Lorenz, o gênio do Instituto Max Planck. Expôs-lhe cautelosamente seu ponto de vista. O sábio não o rejeitou sumariamente, como ele temia. Seu comentário foi acolhedor. "É uma ideia interessante" – disse Lorenz, pensativo. "Estarei interessado em suas futuras descobertas."

Com esses apoios, ainda que algo cautelosos, Delacato sentiu novo alento para continuar pesquisando. Observando-lhes o comportamento, descobriu que alguns autistas manifestavam hipersensibilidade, ou seja, eram demasiado sensíveis e aguçados neles os sentidos do tato, do paladar, da audição e da visão. Como se a lesão cerebral – imaginou ele – tivesse provocado um curto-circuito no sistema sensorial deles. Mesmo os estímulos considerados normais do ambiente em que vivem provocam uma sobrecarga insuportável. Os 'sensorismos' seriam, na opinião do doutor, um esforço sobre-humano para 'desligarem-se' dos estímulos ambientais, a fim de conseguirem sobreviver num mundo de superestímulos sensoriais.

No outro extremo do espectro, Delacato encontrou os autistas hipossensíveis. Para estes, o sistema sensorial é inadequado para levar ao cérebro o volume necessário de informação.

Num terceiro grupo, o doutor identificou autistas afetados pelo que ele chama de "*white noise*" – literariamente, ruído *branco*. Nestes, o ruído produzido pela batidas do coração, pelo processamento da digestão, pela circulação sanguínea, interferem com os sons ambientais.

Para resumir, Delacato entende que os hipersensoriais recebem uma carga excessiva de mensagens no cérebro; nos hipossensoriais, a mensagem é insuficiente; ao passo que, no caso dos da categoria "ruído branco", o próprio funcionamento do sistema sensorial cria interferências e certo nível de estática.

Cada uma dessas categorias necessita de abordagem específica. Os hipersensoriais auditivos, por exemplo – ou seja, crianças que ouvem bem demais – precisam ser cuidados em ambientes nos quais não haja reverberações sonoras, protegidos por tapetes, cortinas, bem como tetos, paredes e pisos revestidos de material acústico apropriado, que reduza a um mínimo possível ruídos externos de tráfego e até mesmo os ruídos normais de uma casa, onde vivem outras pessoas. É preciso falar-lhes em voz baixa, quase sussurrante, pausadamente, concedendo tempo para que a mensagem transmitida seja recebida e processada por eles.

Cuidados semelhantes devem ser adotados com os que demonstram excessiva sensibilidade táctil. A essas crianças, qualquer contacto direto, pessoal, incomoda.

Para os de exaltado poder olfativo, a aproximação é rejeitada porque as pessoas têm odores peculiares que, imperceptíveis aos demais, tornam-se ofensivos aos hipersensíveis.

Reversamente, para os dotados de escassa sensibilidade auditiva, o ruído é necessário, em elevados níveis, a fim de romper as resistências dos canais sensoriais e produzirem impressão suficiente no cérebro. Os que experimentam dificuldades em processar a luz, necessitam de muita luminosidade, de preferência a do sol. Os que têm problemas com pouca sensibilidade ao odor, procuram deliberadamente coisas que desprendam forte cheiro. Os afetados por reduzida sensibilidade táctil tendem à prática de automutilação, provocando ferimentos graves em seus próprios corpos.

O estranho comportamento dos autistas, segundo o dr. Delacato, constitui, portanto, um sistema de sinalização, um código até aqui não corretamente interpretado, um esforço desesperado de se comunicar com o mundo "lá fora", e até de pedir socorro.

Ensina Delacato (p. 83) que, livres da obrigação de prestar atenção aos seus estranhos problemas sensoriais, essas crianças começam a prestar atenção naquilo que seus instrutores desejam ensinar-lhes. A abordagem básica proposta por ele está no "conceito do condicionamento estímulo-resposta" (p. 143). Afirma, logo a seguir, que "o processo de condicionamento físico *modifica o sistema nervoso*" (O destaque é meu).

Acrescenta mais adiante (p. 150), que houve tempo em que se acreditava que o cérebro se desenvolvesse até certo ponto e aí estacionasse irreversivelmente, pois assim estava determinado geneticamente. Se bem entendi, as descobertas e propostas do dr. Delacato, bem como a sua metodologia terapêutica, ficariam razoavelmente à vontade dentro do esquema sugerido por mim em *Alquimia da mente*. Vamos ver por que me arrisco a dizer isto.

Sugiro naquele livro que, ao encarnar-se – ou melhor, reencarnar-se –, a entidade espiritual instala-se inicialmente no hemisfério cerebral direito, comanda a formação do corpo físico ao qual ficará acoplada e começa a programar o hemisfério esquerdo a fim de habilitá-lo para gerenciamento da vida terrena. Um dos mais importantes aspectos dessa programação é a que vai gerar o mecanismo da linguagem, elemento de vital importância em todo o processo de intercâmbio com o ambiente em que a pessoa passa a viver.

Vimos que a consciência – paradoxalmente inconsciente – localizada à direita empenha-se tão diligentemente nessa tarefa que, durante os primeiros dois anos a dois anos e meio de vida do infante, praticamente se confundem as atividades e capacidades dos dois hemisférios, sendo a linguagem instrumentação comum a ambos. Findo esse prazo, a consciência localizada à direita retira-se discretamente para os bastidores e assume características de inconsciente. Não que se apague, mas se torna de acesso mais difícil à consciência de vigília, que permanece à esquerda. Costumo dizer que a individualidade fica instalada à direita, enquanto a personalidade, dotada de relativa liberdade de ação, permanece à esquerda, nas suas experimentações com a vida terrena.

De qualquer modo, ocorre no ser humano, explica o autor (p. 152), "um desenvolvimento lateral, segundo o qual um hemisfério do córtex torna-se a linguagem ou hemisfério dominante do cérebro".

Devo causar, aqui, ligeira interrupção para dizer, com o devido respeito pelos entendidos, que não vejo o hemisfério esquerdo como dominante. O que acontece é que o direito é 'silencioso' e cabine de comando daquilo a que habituamos a considerar inconsciente. Cada hemisfério tem suas tarefas específicas e, se algum deles tiver de ser identificado como dominante, não será, certamente, o esquerdo.

Se, portanto, algum distúrbio operacional ocorre no período durante o qual a individualidade transcreve para personalidade, à esquerda, os *softwares* necessários à operação do sistema, o dano pode tornar-se praticamente irreversível. Ou será que não é de todo irreversível? O dr. Delacato acha que não, ou seja, ele entende possível introduzir práticas que levem a uma correção pelo menos parcial no sistema de interação entre o cérebro (lesado ou subdesenvolvido) e os instrumentos sensoriais – visão, audição, olfato, paladar e tato.

Para o autor, os circuitos neurológicos podem ser estimulados a se desenvolver, tanto quanto músculos se desenvolvem com exercícios físicos, da mesma forma que pessoas que vivem em locais de mais elevada altitude desenvolvem maior capacidade pulmonar. O mesmo acontece, segundo ele, com o cérebro. "Usado com maior intensidade" – ensina Delacato (p. 153) –, "ele se desenvolve tanto em organização como na estrutura; com o desuso, ele não se organiza adequadamente e não desenvolve todo o seu potencial."

De qualquer modo, o ser humano é a única criatura – ainda no dizer do autor (p. 152) – "completamente unilateral", ou seja, aquela que opera seletivamente com a mão direita, o olho direito, o ouvido direito e o pé direito ou, reversamente, com o lado esquerdo, se for canhoto.

Acrescenta o autor que, se, no período formativo, alguma fase de desenvolvimento for omitida, o sistema sofrerá as consequências, criando uma disfunção no ponto afetado. A correção do desarranjo terá que ser buscada numa espécie de regressão da criança ao momento biológico da falha, a fim de, na palavra do doutor, "praticar as funções motoras" que produzem estímulo necessário à criação do elo faltante no processo do desenvolvimento.

Nesse ponto da sua dissertação (p. 153), Delacato escreve algo que me capturou instantaneamente a atenção. Uma vez que a criança consegue recuperar-se nos estágios onde ocorreu a omissão, procede-se a uma 'lateralização' dela, fazendo-a totalmente voltada para o hemisfério direito ou para o esquerdo, conforme suas características pessoais.

Gostaria que a técnica terapêutica do doutor fosse explicitada. Depreendo, contudo, que, uma vez constada a insuficiência de um dos hemisférios, habitualmente o esquerdo – que, no dizer de Kaufman seria uma "cidade fantasma" –, convoca-se, através dos estímulos motores, o direito para exercer as funções para as quais o esquerdo não se preparou devidamente durante o período formativo. Ou, vice-versa, estimula-se no esquerdo do canhoto os circuitos que não chegaram a desenvolver-se à direita.

O autismo, na opinião de Delacato (p. 162-163), vem sendo crescentemente reconhecido como uma desordem cognitiva, ou seja, um problema de linguagem. Eu diria, de comunicação, em última instância. Só não me sinto encorajado a concordar com o competente autor em que, com isto, o problema se desloca da área "psicogênica para aproximar-se da posição sensorial e da lesão cerebral". Continuo achando que isto são efeitos e não causas. A causa primária seria uma disfunção comportamental em algum ponto da trajetória da entidade espiritual, no passado recente ou mais distante, a projetar-se como elemento perturbador no processo de elaboração do corpo físico para um novo ciclo de experiências terrenas. Sou o primeiro a reconhecer, contudo, que uma postura como essa ainda é radical demais para ser admitida pela ciência contemporânea. Isso porque as premissas fundamentais da realidade espiritual continuam sendo explícita e implicitamente rejeitadas no contexto acadêmico. O que, é necessário ressalvar logo, não invalida a hipótese formulada pelo dr. Delacato ao contrário, ela se encaixa perfeitamente no esquema daquela realidade, ainda que não reconhecida oficialmente.

Com exemplar honestidade profissional e até humildade intelectual, o dr. Delacato adverte que sua teoria não é proposta como uma panaceia, capaz de curar o autismo. É preciso assinalar, contudo, que ele tem importantes êxitos a exibir nas suas diversas clínicas espalhadas pelo mundo. Como também alguns insucessos, provavelmente não porque sua técnica tenha falhado, mas porque os casos tratados não se abriram suficientemente aos esforços dele e de sua equipe.

Volto, aqui, a invocar o aspecto espiritual ou, mais especificamente, o problema cármico decorrente da responsabilidade em face do rigoroso funcionamento da lei de causa e efeito. Qualquer ação que atropele o delicado mecanismo ético universal exige inevitável reparação por parte do faltoso. Se a falta é grave e o faltoso não está ainda nem mesmo predisposto a admiti-la, assumir a responsabilidade consequente e reparar o dano cometido, não há como ajudá-lo por processos que tentem sobrepassar o dispositivo cósmico desrespeitado. A lei é severa e não se deixa contornar.

Estou perfeitamente consciente de que estes comentários suscitam aspectos que a ciência ainda considera insuscetíveis de considerar no seu esquema de trabalho intelectual. Entende mesmo a ciência, como um todo – ressalvados pesquisadores e estudiosos individualmente – que aspectos éticos e espirituais sejam da alçada da filosofia ou das religiões. É uma postura compreensível e deve ser respeitada, mas, simultaneamente, contestada, de vez que o ser humano não se reduz a um mero conglomerado celular – é uma entidade espiritual programada para uma destinação superior, tendendo para a perfeição moral.

Para concluir nossa incursão pelo valioso estudo do dr. Delacato, é necessário informar que ele tem uma seleção de casos para demonstrar a validade de seus postulados e de sua estratégia terapêutica. Não são curas miraculosas e espetaculares, mas, considerada a gravidade quase proibitiva do autismo, ele tem êxitos expressivos a exibir. Pessoas, no seu próprio dizer, que bravamente "empreenderam a assustadora jornada do mundo delas para o nosso" (p. 205). Essas crianças, segundo o autor, têm sido incompreendidas e seus distúrbios incorretamente rotulados. "Elas não são psicóticas" – escreve (p. 206) – "são portadoras de lesões cerebrais. Não estão em busca de abandono (...) estão tentando desesperadamente libertar-se de suas prisões interiores."

Quanto àquelas crianças nas quais nenhum êxito foi obtido, o doutor informa: "Permanecemos estranhos um ao outro. Para elas, ainda não aprendemos o suficiente, para elas, temos de aprender mais" (p. 207).

Não há como discordar. O autismo continua sendo um desafio, um enigma, uma esfinge. De minha parte, estou convencido de que alguns dos seus aspectos nucleares somente se abrirão ao nosso entendimento a partir da introdução da realidade espiritual no modelo com o qual o abordamos. É esperar para conferir. Talvez a partir daí a gente entenda que a "cura" do autismo esteja na prevenção, ou seja, em não cometer os desvios de comportamento que o suscita. Na realidade, por mais paradoxal que seja a afirmativa, o "remédio" para a cura do autismo é o próprio autismo. E aqui, bato de frente com outra barreira, porque somente aceitam esse discurso os que concordam com o *"similia similibus curantur"*, em cima dos quais o dr. Samuel Hahnemann construiu as estruturas da homeopatia. O Cristo antecipou esse princípio ao ensinar que a gente não se livra da dor enquanto não resgatar-se da falta cometida. Só assim é possível repor-se em sintonia com as leis universais, a lei do amor, que, no dizer do Alighieri, é a força cósmica que move o sol e outros astros.

# Onde começa o eu?

O maciço estudo do dr. Bruno Bettelheim – cerca de 500 páginas, na versão brasileira de 1987 – é de 1967 e considerado hoje (1997) obsoleto na sua abordagem à etiologia do autismo. Seria injusta, contudo, uma postura de radical rejeição à sua obra e aos métodos terapêuticos adotados por ele. Foi um dos pioneiros no enfrentamento desse grave distúrbio e é natural que tenha cometido equívocos. Se as hipóteses que levantou para explicar e tentar entender as origens do autismo – como a da mãe frígida – tornaram-se inaceitáveis, não se pode dizer, a esta altura, que tenhamos uma teoria definitiva a respeito, como temos visto neste livro.

Ele trabalhou diligentemente com mais de quarenta crianças autistas e obteve êxito com algumas delas. Acreditava na criação "de um ambiente que favorecesse a *reconstrução da personalidade*" (p. 9) (Destaque meu). Entendia, ainda, que a criança deveria "sentir que nos encontramos do seu lado em seu mundo privado e não que é mais uma vez obrigada a repetir a experiência do 'todos querem que eu saia do meu mundo e entre no deles'" (p. 11).

> Por esse motivo – revela à página 12 –, a essência de nosso trabalho não é nenhum conhecimento particular ou procedimento como tal, e sim uma atitude interior em relação à vida e àqueles que foram arrastados na sua luta, precisamente como nós.

Colocadas essas ideias básicas, o doutor se entrega às teorizações de natureza psicanalítica e aí já não nos sentimos dispostos a acompanhá-lo, embora tenha a oferecer, aqui e ali, interessantes observações pessoais. Esta por exemplo: "Algumas crianças autistas aceitaram as satisfações que lhes eram oferecidas e continuaram autistas; outras rejeitaram-nas. Nenhuma saiu de seu estado autístico por causa delas" (p. 19). Somente conseguiu algum êxito na sua estratégia terapêutica, acrescenta mais adiante, "quando fomos capazes de criar as condições ou, em outros termos, de sermos os catalisadores que as induziram a agir por sua própria iniciativa".

Essa amostragem inicial de seus textos revela ideias adequadamente direcionadas para a meta de trabalhar *com o autista* em vez de impor-lhe condições inaceitáveis, visando a uma reversão de comportamento com a finalidade de adaptá-lo aos *nossos* padrões.

O estudo do dr. Bettelheim começa, pois, com uma tentativa de definir, como figura no título, "Onde começa o eu". Num dos seus costumeiros *insights*, ele percebe que "quase desde seus primeiros dias de vida, o bebê percebe o mundo, presta atenção nele deliberadamente" (p. 18).

A dra. Helen Wambach, contemporânea do dr. Bettelheim, demonstrou a realidade da percepção do bebê não apenas a partir dos primeiros dias ou dos primeiros momentos de vida, mas muito antes, reportando-se até a vida anteriores. Vemos, em *Vida antes da vida*, a dra. Wambach regredindo pacientes hipnotizados ao momento do parto, a fim de colher depoimentos ao vivo, perfeitamente documentados nas suas memórias. Mais do que isso, as regressões revelam motivações, projetos e expectativas para a vida que se inicia.

O dr. Bettelheim procurava, nas proximidades do nascimento o ponto onde começa o eu, ou seja aquilo a que denomina autoconsciência. A dra. Wambach demonstra que a consciência antecede ao parto. O momento em que ela começa deve ser recuado para os confins de um passado que, daqui onde estamos em nosso patamar de conhecimento, ainda não conseguimos distinguir.

De qualquer modo, o dr. Bettelheim percebe que o bebê está atento e que não responde como adulto aos estímulos ou à falta deles, porque ainda não está em condições de fazê-lo. Declara-se, contudo, surpreso com a aparente normalidade de muitas crianças autistas, em seus primeiros dezoito/vinte e quatro meses de vida. Não há nelas evidência de traumas ou desvios de comportamento a preocupar. Aprendem até algumas palavras e começam a falar. E então "desistem gradualmente da linguagem ou renunciam subitamente a ela" (p. 35).

Conversamos sobre isso em outro ponto deste livro, como você deve lembrar-se. Até aqueles dezoito/vinte e quatro meses, a linguagem é comum a ambos os hemisférios cerebrais. Ou talvez nem seja comum. O que faz assim parecer é a presença da individualidade no âmbito da personalidade, no seu trabalho de passar para o hemisfério esquerdo o *software* necessário à manipulação da palavra, o que, em linguagem de informática, seria um processador de textos.

Uma vez concluída a fase de tutoramento, a *consciência inconsciente* do hemisfério direito retira-se e a do lado esquerdo não dá prosseguimento ao aprendizado por sua própria conta.

Na opinião do dr. Bettelheim, a criança começa a manifestar comportamento autista quando "a busca de contacto levou ao que elas encaram como *respostas destrutivas*" (p. 36).

Esse é o núcleo a partir do qual o autor desenvolve sua teoria psicanalítica da rejeição materna. Ao que se depreende, o doutor colocou essa opinião pessoal em cima de um pedestal dogmático que prejudicaria sua elaboração subsequente. Tudo se explica para ele em termos de uma busca de afetividade da parte da criança, em contraste com uma atitude frígida – quando não cruel – por parte da mãe.

> Os sentimentos maternos indiferentes – escreve à pagina 138 –, negativos ou ambivalentes são, pois, considerados para explicar o autismo infantil, embora, em minha opinião, só os sentimentos negativos extremos dos pais podem acionar o processo autista.

Ao referir-se adiante no livro (p. 173) ao treinamento de hábitos de higiene em Márcia – período crucial para ele –, destaca uma vez mais, entre muitas, o problema materno ao escrever: "Tornou-se simbólico em relação ao conflito central entre Márcia e o mundo, para ela *corporificado na figura da mãe*" (Destaque meu).

No seu relato sobre Joey (p. 286), Bettelheim insiste na culpabilidade da mãe, ao mencionar certos receios da criança que provinham, segundo ele, "da experiência global de a mãe não tê-lo enraizado devidamente neste mundo através do afeto".

Que há mães frias ou cruéis em relação aos filhos, não há como contestar. Aprendemos com Francesca Happé (p. 25) que o índice de ocorrência do autismo varia, segundo o distúrbio é definido e diagnosticado. A maioria dos estudos consultados por ela indicam uma incidência de quatro a dez casos para cada grupo de dez mil nascimentos com vida. Na pesquisa promovida por Wing e Gould (1979), o índice encontrado, segundo Happé, foi de vinte e um casos em dez mil. A variação é substancial, mas, mesmo optando-se pelo número maior, ainda ficamos com uma incidência pouco expressiva quando tomada em seu aspecto puramente estatístico, ressalvado, naturalmente, o doloroso drama individual de cada caso.

Teríamos, portanto, algumas perguntas para o dr. Bettelheim. Estas duas, por exemplo: Será que todos os casos não atribuíveis a outras causas – rubéola, acidentes cerebrais traumáticos e outros – seriam de responsabilidade de mães frígidas ou cruéis? Como se explicariam os casos de mães desse tipo com filhos autistas e filhos não-autistas?

Não há dúvida, porém, de que o dr. Bettelheim estudou atentamente o autismo e tem sobre a síndrome coisas importantes a dizer.

Parece-me digna de melhor exame e aprofundamento sua teoria da formação do eu, à qual ele conferiu destacada posição nas suas formulações teóricas sobre o autismo. Desenvolveu-a a partir da confusão habitual do autista na utilização dos pronomes pessoais. Joey, por exemplo, um de seus pacientes, sobre o qual escreve isto (p. 264):

> Embora nunca emergisse de seu autismo, começou, passado certo tempo, a utilizar pronomes pessoais ao contrário, *como muitas crianças autistas fazem*. Referia-se a si próprio como "tu" e ao adulto com quem falava, como 'eu'. Um ano mais tarde, chamava a terapeuta pelo nome, embora ainda não se dirigisse a ela como "tu" e dissesse: "Quero que Miss M. balance você. Ou seja, "Quero que você, Miss M., me balance." (Os itálicos são meus.)

Essa mesma criança mantinha uma relação ambígua consigo mesma. Entendia, por exemplo, que uma parte de seu corpo deveria ser destruída ou, pelo menos, castigada (p. 334).

Eu não diria, porém, que a rejeição fosse por uma parte de seu corpo físico, mas por determinada área do seu psiquismo, a parte ligada, a despeito de si mesmo, ao mundo dos "outros". Em outras palavras: rejeitava a própria personalidade, que não desenvolvera suficientemente para enfrentar os desafios da vida na Terra. Na terminologia do dr. Bettelheim, não criara um eu para si mesmo.

Hipótese alternativa para entender o agudo sentimento de culpa que essa criança revela seria a de considerar a possibilidade de sérios desvios de comportamento no passado. Mas, para isso, precisamos da doutrina da pluralidade das existências, o que a ciência acadêmica ainda não se revela preparada para metabolizar.

Quando Joey conseguiu algum progresso no tratamento, continuou ambígua sua relação com a vida. Às vezes, atirava-se com entusiasmo ao trabalho; de outras, "lamentava ter saído de sua concha, pelo fato de a vida ser tão difícil para ele" (p. 354).

O mesmo acontecia com Brian. Quando desejava ir ao banheiro usava o pronome 'eu'. Em outras situações, contudo, empregada o "tu" ao referir-se a ele próprio. Fixado na minha teoria, lembro uma vez mais, que a personalidade, incumbida do gerenciamento do corpo físico, é que precisava ir ao banheiro, não a individualidade, que se situa acima de tais contingências. Nesse contexto, pode-se dizer, por exemplo, que não sou eu que tenho uma dor de cabeça ou um resfriado, mas o meu corpo é que os tem.

Karen, outra paciente do doutor, também baralhava – deliberadamente, como parece – o uso dos pronomes. Mesmo depois de realizados alguns progressos, recaía ocasionalmente no uso indevido de pronomes. Numa pequena narrativa de Karen, o dr. Bettelheim mostra uma de tais recaídas. Para contar o que aconteceu quando ela viu Lucy ajudando Nonnie a cozinhar, ela bloqueia o pronome com o qual deveria referir-se a ela própria, substituindo-o por outros e por outro nome próprio que não o dela. "Quando *ela* viu a Lucy ajudar a Nonnie a cozinhar, *Martha* armou um grande banzé quando *você* era nova. *Você* escondeu sua cara." (O nome e os pronomes substituídos aparecem em itálicos, à página 458.)

Tenho minhas próprias observações a formular sobre isso. Não há dúvida de que a pessoa que fala, nesses exemplos, tenha problema de identidade e, por conseguinte, de formação do eu, como pensa o dr. Bettelheim. Não creio, porém, que se deva tomar isto pelo seu valor absoluto. Veremos com Donna Williams seu envolvimento com a síndrome paralela da personalidade múltipla. Acho que isso ocorre ou pode ocorrer com relativa frequência com outros autistas.

Admitida essa hipótese como digna de exame, a pequena narrativa de Karen sobre o 'banzé' na cozinha tem uma leitura diferente da que oferece o autor. Não tenho, evidentemente, como o demonstrar apenas com o que relata o doutor, mas acredito que uma avaliação da paciente, sob o enfoque da possível ocorrência de uma SPM (síndrome da personalidade múltipla) nela, trouxesse elementos reveladores acerca de sua problemática pessoal e sobre a dicotomia autismo/SPM.

Quem fala no contexto da narrativa de Karen pode ser uma das personalidades secundárias, dirigindo-se a Karen, que poderia ser a personalidade nuclear da paciente, ou seja, aquela em torno da qual as outras se agregam. Nesse caso, a personalidade secundária estaria descrevendo um episódio ocorrido quando Karen era ainda muito criança – "quando você era muito jovem" –, enquanto observa que Martha – outra personalidade secundária, vê Lucy ajudando Nonnie na cozinha. Armou-se o 'banzé', restando a Karen "esconder a cara", ou seja, retirar-se, envergonhada, para seu mundo íntimo, de vez que alguém dentro dela estava promovendo o escândalo com o corpo físico que Karen tinha como seu.

Em situação semelhante, a troca de nomes e pronomes presta-se à mesma leitura. Encontrando-se numa loja, Karen mexe com os brinquedos e um incidente se cria. Veja a frase: "*Ela* tocou nos brinquedos da loja de brinquedos Wolf. A *Martha* fez isso e o Wolf não gostou" (p. 458). Neste caso, ao que se depreende, a personalidade secundária manifestada seria aquela conhecida no 'condomínio' por Martha. Foi Martha quem mexeu nos brinquedos, não Karen e nem a outra personalidade que, no exemplo anterior, contara a historinha do banzé na cozinha.

Não se trataria, pois, de Karen falando de si mesma na terceira pessoa, mas de alguém imantado ao seu psiquismo que fala dela e de outras entidades ligadas ao mesmo psiquismo, como habitantes de um mesmo condomínio (espiritual).

Pode-se admitir, em tais casos, a alternativa de que a personalidade que narra o episódio trocando os pronomes seja não uma entidade espiritual invasora, mas a própria individualidade do paciente. Ainda que não adotando essa terminologia, é o que vemos como O Professor, no caso de Billy Milligan, a sofisticada Victoria Antoinette Scharleau, em Sybil e, provavelmente, Willie, em Donna Williams.

Em exemplo de minha observação pessoal, uma jovem senhora a quem chamei Regina, referia-se com frequência, a si mesma na terceira pessoa. Embora um diagnóstico de autismo puro e simples, certamente, não se aplicasse ao seu caso, ela exibia alguns 'autismos' – tendência a retirar-se para o seu mundo íntimo, rejeição à vida e, objetivamente, ao corpo físico. Ocorriam-lhe, ainda, fenômenos que costumam ser catalogados como alucinações visuais e auditivas E também 'fugas', caracterizadas por total amnésia sobre o que se teria passado com ela. Nesse ínterim, seu corpo era 'pilotado' por uma das entidades com as quais convivia, ou que se acercavam dela como *drop ins* (entidades que prevalecem de faculdades mediúnicas alheias para se manifestar pacifica ou turbulentamente).

O caso de Regina resolveu-se posteriormente em equilibrado conjunto de mediunidades, que ela passou a exercer regularmente por muitos anos, sem mais complicações e conflitos.

O modelo clínico da saúde mental, não obstante, continua a rejeitar o componente da realidade espiritual. Por isso, ignora fenômenos claramente mediúnicos ocorridos com neuróticos, psicóticos, esquizofrênicos, autistas, múltiplos, *idiot-savants*, tanto quanto com pessoas que não apresentem nenhuma dessas síndromes. Faculdades mediúnicas ocorrem em qualquer pessoa, de qualquer idade, condição social ou cultural, por toda parte, independentemente de crenças e descrenças.

Não se queixe você que me lê, por favor, de que eu lhe esteja impingindo fenômenos espíritas. Não sou eu quem os impõe – é a própria natureza das coisas que dizem respeito ao psiquismo humano. O ser humano é espírito, revestido ou não de um corpo físico. Quer a gente queira ou não, acredite ou não.

O dr. Bettelheim é mais um dos profissionais da saúde mental que observou vários pacientes seus envolvidos com fenômenos que ele considera alucinatórios. Isso ocorre com Robertito (ver Barry Neil Kaufman), com Sybil (Ver *Sybil*, da dra. Cornelia Wilbur), com a "família Beauchamp", em *Dissociation of a personality*, do dr. Morton Prince, e outros.

Em *Sybil*, a autora conta um episódio em que uma das personalidades apavora-se ao ver no consultório da psiquiatra o espírito da falecida mãe. Hattie fora mentalmente perturbada; demonstrava o prazer sádico de torturar a filha com inconcebíveis requintes de crueldade.

Exceto em *The unquiet dead*, da dra. Edith Fiore e em *Thirty years among the dead*, do dr. Carl Wickland, em nenhum dos autores que consultei para escrever este livro e mais *Condomínio espiritual* e *O estigma e os enigmas*, ambos sobre personalidade múltipla, encontrei referências à realidade espiritual, como possível explicação alternativa para fenômenos de alucinação e outras manifestações tipicamente mediúnicas.

Ao dr. Morton Prince, uma das entidades que se manifestavam em Christine Beauchamp insiste reiteradamente com o médico em que as personalidades secundárias são gente de verdade e não fragmentos de um psiquismo cindido, como ensina a teoria até hoje. Uma delas tem visões e psicógrafa textos. A mesma insistência em se declarar gente de verdade e não fragmentos de psiquismo ocorre com certas personalidades que circulam pelo psiquismo de Sybil.

Já a dra. Edith Fiore e, antes dela, o dr. Carl Wickland, não recorrem a meias palavras. Entidades imantadas ao psiquismo de seus pacientes são espíritos desencarnados, como ficou explicitado no próprio título de seus livros – *The unquiet dead* (*Os mortos inquietos*), da dra. Fiore e *Trinta anos entre os mortos*, do dr. Wickland.

Conversávamos, contudo, acerca da atenção que o dr. Bettelheim presta ao problema da formação do eu nas crianças autistas. Em verdade, ele dedica as primeiras 96 páginas de seu livro ao estudo do assunto. O autor é um excelente criador de títulos, tanto para o livro – *A fortaleza vazia* – como para os capítulos. Ao examinar a formação (ou malformação) do eu, ele parte do que chama "Na região das sombras", ou seja, das nebulosas teorias que tentam esquematizar as origens da personalidade, com a hipótese do "caos primordial", sem recorrer, naturalmente, a qualquer hipótese espiritual. Para ele, psicologia, psiquiatria e psicanálise – literalmente ciências da alma (psique) – nada têm a ver com os nomes com que foram rotuladas. Vejamos alguns dos títulos para o módulo do livro, no qual estuda as complexidades do eu: "Onde começa o eu", "O lado certo do tempo", "Estranhos para a vida", "Uma razão para agir", "Dialética da esperança", "Declínio do eu" e outros.

Não há como deixar de reconhecer, contudo, que, a despeito de sua visão dogmaticamente psicanalítica do autismo, o dr. Bettelheim oferece interessantes observações acerca da formação da personalidade como instrumentação indispensável à tarefa de viver na terra.

Ao discorrer, por exemplo, sobre o caso Laurie (p. 122), ele menciona a estranha atitude da criança autista com relação ao próprio corpo, resultante de um

> (...) processo de alienação de seus próprios sentimentos (que) atingiu proporções tais que nem sequer sentem o que se passa no interior de seu corpo. Sua noção é confirmada por sua insensibilidade à dor, como foi discutido no capítulo anterior.

Arrisca, em seguida, uma avaliação mais ampla, ao escrever: "Somos tentados a acrescentar: por um ato supremo da vontade, Laurie bloqueou os próprios sentimentos e atos".

Não sei se o autor percebeu que, ao dizer isso, ainda que de modo ambíguo, depõe contra sua própria teoria da "fortaleza vazia". Para bloquear deliberadamente algumas áreas importantes do psiquismo, Laurie revela a existência de firme e consciente vontade por trás de sua aparente alienação, no comando das suas ações. O autor menciona "um ato supremo da vontade". Como poderia uma vontade assim poderosa operar dentro de uma fortaleza vazia?

Sabemos hoje que a hipótese de uma insensibilidade tão abrangente sofreu posteriormente correções importantes. O dr. Delacato descobriu autistas extremamente sensíveis a estímulos externos – ruídos, odores, sabores. Há, também, aqueles que acompanham meticulosamente toda a atividade corporal, com uma faculdade de perceber ruídos imperceptíveis a outras pessoas.

Não há dúvida, no entanto, de que a insensibilidade à dor existe em grande número de autistas, e isso também temos visto aqui. Como verificou Kaufman, a inoperância do hemisfério cerebral esquerdo seria a razão pela qual o autista manifesta insensibilidade à dor no lado direito do corpo.

O dr. Bettelheim diria que a criança em tais condições não desenvolveu adequadamente o eu. Em outras palavras, não criou as bases neurológicas do eu no local certo – o hemisfério esquerdo.

Existe, a meu ver, outra razão pela qual a insensibilidade pode até ser generalizada no autista. É quando se manifesta nele uma entidade invasora autônoma, que, por não participar da economia interna daquele corpo físico, utiliza-o apenas como instrumento pertencente a outro ser espiritual. Temos exemplos de tais manifestações de insensibilidade, de total indiferença por alimentos e pelas necessidades fisiológicas básicas em casos de autismo e de personalidade múltipla. É o que ocorre em Donna Williams, em Sybil e em Christine Beauchamp, em cujos condomínios há entidades que se queixam do regime de fome em que vivem, porque as personalidades dominantes não sentem fome e não se preocupam em ingerir alimentos suficientes para aquelas que dependem do corpo físico para continuar ligadas a ele.

Reversamente, são conhecidos casos em que, ao despertar de uma atuação, o médium não experimenta a menor sensação de desconforto, após o manifestante ter fumado e bebido à vontade com o corpo emprestado.

Isso aconteceu com um amigo meu. Pessoa culta, inteligente, lúcida, foi, por curiosidade, a um grupo de umbanda. A certa altura, foi tomado, à sua revelia, por uma entidade que bebeu de um sorvo uma cuia de aguardente. Para o meu amigo, que não tinha o hábito de beber, aquilo seria uma dosagem quase fatal, suficiente para botá-lo totalmente fora de circulação. Ao despertar, minutos depois, ele estava bem, não sentia nada de anormal e nem tinha o bafo característico deixado pelas bebidas alcoólicas. Devo acrescentar que ele não tinha a menor ideia de ser dotado de faculdades mediúnicas. Estudaria o assunto, mais tarde, tornando-se um médium bem disciplinado, que exerceu suas faculdades durante muitos anos.

Ainda discorrendo sobre Márcia, lembra o dr. Bettelheim a persistente dificuldade da menina em identificar-se como personalidade autônoma, um eu. Mesmo mais adiantada no tratamento, persistia na postura de "olhar-se de fora, na segunda pessoa, como 'tu'" (p. 234). O doutor entende tal procedimento como de "autoalienação". Não estou muito certo, contudo, de que a expressão utilizada caracterize adequadamente o problema, mas o conceito de "olhar-se de fora" é válido para a síndrome da personalidade múltipla e creio que se aplica também ao autismo.

Na SPM, a personalidade secundária recorre a esse recurso quando se refere a outra entidade, presente no mesmo contexto psíquico ou à própria dona ou dono do corpo físico. Para nós, que assistimos de fora o fenômeno, parece tratar-se de mera confusão no tratamento pronominal, por uma pessoa que não tenha um bem construído eu, segundo propõe o dr. Bettelheim. É necessário levar em conta, porém, que num mesmo corpo físico podem atuar diferentes entidades, algumas acopladas ao corpo desde o processo de gestação e outras como invasoras.

O caso Donna Williams ilustra bem o que estou querendo dizer. Ao mesmo tempo em que atuavam nela entidades autônomas – Willie e Carol –, ela própria se via de fora, sem o controle de seu próprio corpo físico. Eram suas apenas as partes do corpo às quais estivesse ocasionalmente fixando sua volátil atenção. Por isso, ela era apenas um braço, uma perna, uma das mãos. Quando batia palmas tinha a sensação de dois objetos estranhos em choque, não partes de seu corpo a se tocarem. O corpo era para ela um objeto a mais no ambiente em que vivia, não uma coisa viva que precisasse de alimento, eliminação, repouso e sono. Ela o via, literalmente, de fora e, dentro do seu contexto, mesmo falando através dele, era natural que se referisse a ele na terceira pessoa.

Para as pessoas não familiarizadas com o fenômeno mediúnico da incorporação é estranho ouvir a entidade manifestada num médium referir-se a este na terceira pessoa pronominal. Mas é exatamente o que acontece. A 'pessoa' que fala é uma, o médium é outra.

De algum modo está certo o dr. Bettelheim, quando explica (p. 250) que "o desenvolvimento da personalidade parece um processo dialético". E acrescenta, mais adiante: "Só quando o ser humano adquire uma maior compreensão dos outros é que ele se torna realmente um indivíduo."

Embora concordando parcialmente com o autor, eu colocaria a questão em outros termos. Individualidade somos todos, antes de nascer, durante a vida e depois dela, em outras dimensões cósmicas. O autista é aquele que não pode ou não quis – como o doutor chega a admitir – construir sua personalidade para uso durante a vida terrena. É a personalidade – o eu, na terminologia do autor – que constitui a nossa interface com o ambiente em que vivemos na terra. Se ela não foi montada no período formador dos primeiros tempos, ficamos sem ter como interagir com a vida 'lá fora'. Não é de admirar-se, por isso, que ao se referir àquela inconcluída parte de si mesmo que está lá, no mundo dos outros, o autista empregue a terceira pessoa.

Bettelheim levanta, neste ponto, outro aspecto importante do autismo, ao comentar que, quando Márcia "adquiriu o potencial emocional de um eu", após reunir os componentes necessários à formação da personalidade e se preparava para "estabelecer a separação em eu e não-eu, já era tarde demais" (p. 250).

Isso é estritamente verdadeiro. Constitui praticamente unanimidade entre os profissionais da saúde mental o fato de que o tratamento da criança autista tem que ser iniciado o mais cedo possível, preferencialmente antes dos dois anos. Com essa estratégia, como temos visto repetidamente aqui neste livro, não apenas se interrompe o ciclo descendente do aprendizado, como se pode até reconstruir elos perdidos, recuando aos estágios em que deveriam ter sido montados.

O dr. Delacato, como também vimos, vai mais longe, ao postular que uma técnica adequada de estímulos sensoriais pode suscitar reconstituição de porções importantes do sistema nervoso. Kaufman demonstra essa mesma realidade, com Tito, o menino mexicano. Se, contudo, deixarmos decorrer muito tempo, os danos causados ao sistema neurológico se tornam irreversíveis, ou, no mínimo, de muito mais difícil recuperação.

Em Joey, talvez o caso mais interessante do fichário do dr. Bettelheim, surpreendemos a consciência da alienação que leva a tratar, não a si mesmo, mas ao seu corpo, com a terceira pessoa pronominal. Como se metia no planejamento e montagem de complicados aparelhos, às vezes ocorriam-lhe pequenos acidentes. Quando se saía bem, experimentava estupefação e orgulho e comentava: "Não me machuquei!" e acrescentava que 'ele' (seu corpo, esclarece Bettelheim, entre parênteses) convertera-se num instrumento valioso que era necessário tratar com carinho e proteger contra danos eventuais. Provavelmente, Joey não se sentia dono daquele corpo, porque não construíra nele as terminais da personalidade, a fim de movimentar sua interface com o mundo.

Seria de bom proveito para a gente, ler e comentar a quarta parte do livro do dr. Bettelheim – "Uma discussão da literatura sobre o autismo infantil" –, na qual ele oferece um resumo de suas ideias, em confronto com os autores especializados que até aquele ponto (1967) haviam estudado o autismo. Não há como fazê-lo em vista do tempo e espaço de que necessitaríamos para fazer justiça ao texto. Deixe-me, contudo, acrescentar uma observação do autor em rodapé (p. 467) que, de certa forma, reitera e resume seu pensamento acerca do eu no autista.

Entende o autor, em concordância com Bosh, que a inversão pronominal na criança autista "deve-se, na realidade, à construção da linguagem por parte da criança na qual o 'eu' não existe." E prossegue: "Longe de revelar uma incapacidade para comandar a linguagem, representa um esforço para contornar o 'eu', que, como palavra e conceito, está ausente no mundo da criança autista."

Você sabe que discordo dessa postura. O autista não quer ou não revela capacidade para construir sua personalidade, mas há, na individualidade, plena consciência de si mesma. Tal consciência apenas não se transferiu para o hemisfério esquerdo, onde deveria estar ancorada a personalidade. Mas não é disso que desejo cuidar neste ponto e sim da nota que o doutor escreveu sobre o assunto e que precisamos transcrever:

> A esse respeito – escreve (p. 467) – gostaria de rever um fato que é muitas vezes menosprezado no mundo de expressão inglesa [O dr. Bettelheim era alemão]: que Freud escolheu o pronome pessoal 'eu' para designar o que, na tradução inglesa, se converteu no conceito técnico do ego. É impressionante que a incapacidade da criança autista para manejar o conceito de 'eu' corresponda exatamente à ausência de desenvolvimento do ego, que no alemão original da psicologia psicanalítica também é 'eu'.

A nota reafirma a doutrina nuclear de Bettelheim, segundo a qual ocorre no autismo o não desenvolvimento do eu, ou, na minha terminologia, da personalidade. Pouco adiante (p. 474), declara o autor enfaticamente que

(...) nenhuma discussão sobre o autismo infantil poderá deixar de considerar a mais importante de nossas teorias sobre o desenvolvimento infantil. Com efeito, a criança autista, em minha opinião, tem o mesmo potencial de crescimento que a criança normal; simplesmente esse potencial não foi realizado.

Bettelheim tem toda razão nesse aspecto de sua formulação teórica, como também em inteligentes sugestões terapêuticas por ele mesmo testadas na prática de sua clínica. A restrição mais severa que hoje se faz à sua contribuição ao esclarecimento dos enigmas do autismo é a que condena a sua teoria da frigidez materna e, talvez o excessivo dogmatismo psicanalítico na interpretação da síndrome. Quanto ao mais, ele não difere de alguns estudiosos mais recentes, que continuam trabalhando com a psicologia do autismo como se o ser humano fosse apenas um mecanismo cibernético sem alma, sem passado e sem futuro, senão no âmbito de uma só vida.

Por outro lado, a falha do autista na elaboração da personalidade não me parece entendida em toda a sua profundidade e amplitude. Citando Bosh (p. 470), Bettelheim lembra a fraseologia habitual do autista ao declarar "Ele quer comer", como testemunho da ausência do eu, ou seja, da personalidade. É possível essa interpretação, mas, também, a de que o autista se refira, no exemplo dado, ao corpo físico, aquele outro lado de si mesmo, do qual ele não quer tomar conhecimento e ao qual, como vimos, não se sente ligado, como se a ele não pertencesse. Temos disso o veemente testemunho de Donna Williams, que, a meu ver, está envolvida com a síndrome da personalidade múltipla.

Paramos aqui, em mais uma encruzilhada. Estou certo de que teríamos coisas importantes a aprender com os casos que Bettelheim apresenta sob o título "Três histórias", especialmente o de Joey, contado em 114 páginas de meticuloso acompanhamento. Estaríamos, contudo, acrescentando talvez mais uma dezena de páginas a esta dissertação.

Proponho um acordo. Você poderá recorrer diretamente ao livro do doutor, que existe em tradução brasileira do original inglês, The empty fortress (Consulte a bibliografia). Sei, também de tradução francesa sob o mesmo título, La fortresse vide, mas não tenho dela indicações bibliográficas. Nosso acordo prescreveria, ainda, que nos limitássemos a comentar alguns dos aspectos mais relevantes da dissertação do doutor sobre o caso Joey.

Joey era um autista que falava, embora, no dizer do autor, não se comunicasse. Era sujeito a alucinações, aspecto sobre o qual o modelo clínico vigente não oferece espaço para melhor atenção, como temos visto.

Para o dr. Bettelheim, Joey constituiu um prato cheio para a sua teoria da mãe-geladeira. Ela considerou a criança "mais uma coisa do que uma pessoa" (p. 259). Segundo declarou ao médico, não chegou a se dar conta de que estava grávida. Não quis ver a criança depois do parto, no hospital, e se recusou a amamentá-la. Não era uma aversão – explicou –, simplesmente não queria cuidar do bebê.

O menino revelou-se fixado em instalações elétricas e em complicadas engenhocas que ele mesmo construía para se garantir suprimento adequado de energia a fim de manter seu corpo funcionando. Referia-se constantemente a explosões e queda de aviões. Joey tinha, ainda, tendências suicidas.

Mesmo emergido do autismo, continuou por muito tempo, a utilizar-se equivocadamente dos pronomes pessoais. Em outras palavras, usava-os segundo sua lógica pessoal e não conforme as regras predominantes entre as pessoas ditas normais. Curiosamente, para um autista, Joey "dominava perfeitamente a linguagem, conhecia até termos técnicos difíceis e compreendia seu significado" (p. 271). Sabia mais sobre fisiologia do que muitas crianças de sua idade (p. 275). Considerava-se frágil, indefeso e necessitado de energias exteriores para manter o corpo em funcionamento. Revelava, ao mesmo tempo, forte preocupação com a possibilidade de seu corpo ser controlado por inimigos mortais. (Obsessão? Possessão?)

Ao desenhar a figura de um homem, compôs uma criatura esquemática, a cabeça ligada a um mero quadrado, por fios em espiral, como os de uma bobina. O 'corpo' e mais os 'membros' são também representados por fios, supostamente condutores de eletricidade. Bettelheim transcreve a opinião dele acerca da interface seres humanos e máquinas. "As máquinas" – declarou (p. 262) – "são melhores do que as pessoas. As máquinas podem parar. As pessoas vão além do que deviam."

Máquinas ele podia controlar, ligar e desligar, corpos físicos, não. Sua vida dependia do adequado funcionamento de sua parafernália tecnológica, montada em torno da cama. Se as máquinas falhassem, ele corria perigo de vida. Parece ter vivido, em desconhecido passado, trágicas experiências nesse sentido e que se fixaram de modo indelével na sua memória integral. Ainda assim, confiava mais nas máquinas do que na sua biologia. Chocou-se, certa vez, com uma barra de ferro e para vingar-se começou a aplicar-lhe violentos pontapés. O professor advertiu-o de que a barra era muito mais dura do que o seu pé, que acabaria danificado. "O que prova" – berrou ele – "que as máquinas são melhores do que os corpos. Não quebram. São muito mais duras e muito mais fortes" (p. 292). O problema, para ele, estava precisamente aí e provinha do fato de estar ligado a um corpo humano, com todas as suas reconhecidas fragilidades.

Na sua constante insatisfação com o corpo físico, manifestou, por mais de uma vez, o desejo de renascer, "de preferência do corpo de alguém que quisesse gerá-lo de novo" (p. 309). A curiosa intuição acerca dos mecanismos reencarnacionistas figura em várias oportunidades em seus pronunciamentos. Talvez sonhasse com um corpo mais bem construído, mais sólido, menos dependente da parafernália que julgava indispensável, a fim de garantir um mínimo de segurança e durabilidade.

Bettelheim encontrou "muitas (crianças autistas) que querem renascer completamente" (p. 315). Ao criar o desenho de uma galinha, no qual estuda o mecanismo da reprodução por meio dos ovos, Joey encontrara-se afinal "preparado para acreditar que podia fazer algo acerca de sua maior necessidade emocional: nascer para uma vida nova" (p. 333). Com isto, poderia "reconstruir uma relação emocional com o mundo". Para ele, a única maneira de viver num contexto menos hostil, seria "começar tudo de novo através do renascimento".

Por algum tempo, ele insiste nessa temática, como se buscasse, através da reencarnação, novas oportunidades de ajuste para o seu caótico estado mental de angústia e incerteza. Chegou a explicitar melhor o desejo de renovação, dizendo pensativamente: "A Wanda (uma enfermeira da instituição mantida pelo dr. Bettelheim) e o Mitchell são marido e mulher e eu podia ter nascido deles" (p. 336). Desejava, portanto, renascer de pessoas que tivessem um entendimento mais avançado de seus problemas, pessoas que trabalhassem com o autismo, a fim de tentar melhor chance de desenvolvimento.

Anos depois, razoavelmente recuperado dos traços mais fortes do autismo, diria ao dr. Bettelheim, em longa conversa, desejar que "minha mãe estivesse grávida de mim de novo" (p. 365). O doutor descarta, sem mais aprofundadas considerações, essa declaração de Joey. "...Tenho minhas dúvidas" – acrescenta. "Conhecendo Joey, seu desejo era causar boa impressão na visita, para mostrar como se tornara sensato."

Uma pena que, num momento desses, não esteja o interlocutor preparado para explorar melhor o assunto. A conclusão de Bettelheim para o que lhe parece uma descartável fantasia de Joey é a de que, "por razões semiconscientes ou inteiramente inconscientes", ele poderia ter abandonado a ideia primitiva de gerar, ele próprio, um novo corpo para si mesmo, pela de "renascer através de uma mulher, particularmente através da própria mãe" (p. 366). Para o doutor, portanto, tratava-se de uma fantasia, não uma realidade que o menino demonstra conhecer.

Há outros aspectos intrigantes nas falas e nas posturas de Joey. Conta Bettelheim que, pouco depois de um ano na instituição, Joey contou que "vivia em Marte, algumas vezes em Júpiter, mas sempre noutro planeta que não o nosso". Bettelheim interpreta essas declarações como desejo de interpor entre ele e as enfermeiras todo o espaço planetário, a fim de não se deixar envolver emocionalmente com elas.

Pergunto-me se seria mesmo impensável formular perguntas objetivas destinadas a sondar a possibilidade de ser verdadeiro o que ele dizia. Quando nada, para explorar mais amplamente aquilo que era entendido por suas fantasias. Será que tais declarações só aceitam a explicação de um amortecedor para suas emoções? Não estaríamos presenciando aí um excesso de 'psicanalismo'? Seria de todo impensável a hipótese de haver vida inteligente em outros corpos celestes?

Com o tempo, Joey começou a sair para pequenas compras na cidade, sempre acompanhado pela sua enfermeira pessoal. Se, por breves momentos, se perdia dela, mostrava-se irritado e ameaçava : "Não vou ficar neste mundo" (p. 347).

Sentindo o risco de perder a companhia de Mitchell, um companheiro, informou que, se isso acontecesse, abandonaria o mundo e voltaria a viver em Júpiter ou em Marte.

O dr. Bettelheim não informa se explorou as razões de suas referências a essa vida interplanetária. Assuntos de tal natureza costumam ser simplesmente descartados após receberem rótulos cômodos, como fantasia, alucinação ou teorizações meramente verbais, vazias de conteúdo, como a própria fortaleza que o doutor imaginou como metáfora para o autismo.

De qualquer modo, Joey revela, nas suas curiosas dissertações, profundo conhecimento inato e o expressa em termos inesperados para um menino na sua condição. É evidente que tem acesso a um banco de dados que não pode ter sido montado a partir das escassas oportunidades de estudo e de aprendizado de que dispunha.

Não seria justo, no entanto, concluir esta breve notícia acerca do trabalho do dr. Bruno Bettelheim com uma avaliação crítica algo frustrante. Ele foi um pioneiro na tarefa de decifrar os enigmas do autismo e proporcionar às crianças autistas uma honesta oportunidade de tratamento. Procurava aprender com os fatos, ainda que em muitos aspectos tenha partido para essa tarefa com estruturas dogmáticas de pensamento como o da mãe insensível. Como a tantos outros, faltou-lhe o insight maior da realidade espiritual, o desprezado componente do drama do autismo. Bettelheim é merecedor de todo o nosso respeito pelo seu devotamento à causa do autismo.

Foi um choque para mim a notícia de que ele se suicidara já em avançada idade. Que razões teria imaginado para esse gesto de desespero? Que reflexões terá feito ao descobrir-se, na dimensão póstuma, como espírito sobrevivente? Que releitura póstuma terá feito em suas teorias sobre o psiquismo humano?

# Interface espiritual do autismo

É compreensível que os cientistas proponham terminologia neutra para o objeto de suas investigações e para rotular suas descobertas. Neutra no sentido de que não sugira qualquer compromisso com ideias preconcebidas desta ou daquela corrente filosófica, metafísica ou religiosa. *Mente* é uma dessas palavras que se pretendem descompromissadas. Nada teria a ver com alma, espírito e suas inevitáveis complexidades. Ou será que tem?

Cientistas e pesquisadores têm recorrido a esse recurso na exposição de suas ideias e de seus achados. Basta recordar alguns deles – o dr. J. B. Rhine, com *The reach of the mind, New frontiers of the mind*, a dra. Louisa Rhine, com *Hidden channels of the mind, Mind over matter*, Ian Wilson com *All in the mind*, e tantos outros. Mas, afinal de contas, que é mente? Por mais úteis que sejam, as definições dos dicionários têm de ser necessariamente insuficientes num caso destes. Informa o *Concise Oxford dictionary*, por exemplo, que mente é a "sede da consciência, do pensamento, da volição, da sensação". Colho a transcrição em *The mind matters*, de David Hodgson, que traz na capa a consagradora opinião de Paul Davies: "um livro esplêndido e provocativo" e um subtítulo não menos estimulante: *Consciência e escolha num mundo quântico*.

Trata-se de um maciço volume de quase quinhentas páginas, letrinha miúda, ideias graúdas e rarefeitas demais para a minha ignorância quântica. Trata-se de publicação da Universidade de Oxford (1991), apoiada numa bibliografia com mais de trezentos títulos.

Comprei-o relutantemente – intimidado pela própria temática –, a fim de tentar conhecer a opinião do eruditíssimo autor, juiz da Corte Suprema do New South Wales, na Inglaterra. Não sei se você prestou atenção – o autor não é psicólogo, psiquiatra, médico, nem cientista ou especialista em física quântica, mas um magistrado! O que proporciona algum alento, guardadas as devidas distâncias e proporções, ao escriba que vos fala neste momento, um prosaico profissional (aposentado) das ciências contábeis.

É que preciso começar questionando o autorizado Dicionário de Oxford. Não sei se podemos afirmar, como coisa passada em julgado, que a mente é a sede da consciência, do pensamento, da volição e da sensação. Mesmo considerando-a como o ambiente em que atua o ser vivo inteligente.

Digo isso porque não vejo no discurso cultural vigente uma clara distinção entre *mente* e *cérebro*. Do jeito que as coisas são usualmente colocadas, somos levados a atribuir ao cérebro poderes e faculdades que ele não possui. Por mais prodigioso que seja – e é –, o cérebro não passa de um sofisticado circuito por onde transitam as importantes faculdades mencionados pelo dicionarista, não a matriz em que elas são suscitadas.

Há outros aspectos, contudo, que ainda não me parecem bem resolvidos pela ciência, se confrontados com os conceitos fundamentais da realidade espiritual, que tenho como instrumento meu de aferição intelectual. Talvez você ache que estou trabalhando com ideias preconcebidas, o que ainda há pouco coloquei sob suspeita. Concordo – elas são preconcebidas. Temos sempre um modelo cultural de abordagem ao conhecimento novo. Em outras palavras, estamos sempre aferindo as informações que recebemos com os nossos sensores individuais. Podemos (e devemos) promover nele profundas e radicais reformulações, mas é com esse modelo cultural que temos de examinar a nós próprios e ao mundo que nos cerca. Você que me lê está fazendo o mesmo, ao aferir com o seu instrumental os conceitos que lhe estou propondo. Por serem necessariamente preconcebidas, contudo, não quer dizer que tais ideias tenham de ser dogmaticamente irremovíveis. Ao contrário, constitui exigência básica do processo evolutivo a de que conceitos obsoletos sejam substituídos inapelavelmente por novos, que propiciem visão mais ampla e profunda e, portanto, mais inteligente e aproximada da realidade na qual estamos inseridos. O que não devemos é rejeitar sumariamente uma ideia só porque seja nova ou porque não concorde com a nossa.

Há certas dificuldades operacionais em se chegar a um consenso acerca do que se deva entender por mente. A primeira delas situa-se na interação mente/cérebro, que é exatamente o que estamos discutindo. O texto da quarta capa do livro de Hodgson lembra que "a maioria dos cientistas contemporâneos opta por uma visão mecanicista do cérebro humano". Consideram, portanto, o pensamento – consciente ou inconsciente – gerado no cérebro por um processo bioquímico, sem necessidade alguma de recorrer-se a abstrações como espírito ou alma. Hodgson não está entre esses. Para ele, a mente exerce "uma influência não-física na atividade cerebral". Recorre, para tanto, às sutilezas e complexidades da física quântica, na qual vai buscar os princípios da indeterminação e da não-localização, como relevantes ao entendimento da interação mente/cérebro. Pensa mesmo Hodgson haver conseguido, com isso, aclimatar até o velho problema da livre escolha no âmbito da ciência.

A coisa não é tão simples e linear como se poderia inferir de tão escassas palavras, ou Hodgson não teria escrito um livro daquele tamanho. É bom saber, no entanto, mesmo sem podermos aqui aprofundar nossos sensores no livro, que o autor não se deixa aprisionar dentro dos limites sugeridos pela palavra mente. Ele quer saber mais – ou seja, partir em busca de respostas para aspectos como a essência do eu, a passagem do tempo, o *status* da moral, a alma e até Deus.

Mas eu falei de duas dificuldades na busca de uma visão adequada e aceitável para a mente. A primeira delas situa-se, como vimos, na dicotomia mente/cérebro. A segunda consiste em que só dispomos de um instrumento operativo para investigar a mente, ou seja, a própria mente. E como observar algo que não entendemos com algo que também não sabemos direito como funciona?

As dificuldades não intimidam Hodgson. Formal e explicitamente contrário ao mecanicismo dominante, ele declara alguma simpatia pelo conteúdo ideológico do movimento conhecido como *new age* (nova era), mesmo reconhecendo nele "muitas manifestações do que parece excêntrico, ou pior que isso". Ressalva "ideias estimulantes" em obras de Pirsig, Bohm, Capra, Sheldrake, Wilber, Weber, Peat e, novamente, Bohm associado a Peat. Lembra que essas obras são tidas como "excessivamente especulativas", mas concorda com os pensadores da *new age*, em que a ciência contemporânea, "adequadamente entendida, é consistente com o ponto de vista – e até o apoia – de que a realidade não é essencialmente material, de que a consciência é importante e causalmente relevante e de que os juízos de valor não são meramente subjetivos ou ilusórios" (p. 7).

Diz isso após mostrar-se impressionado ante o que se afigura "um clima difuso de opiniões", no Ocidente, segundo o qual a ciência impõe à sociedade uma visão "essencialmente material, mecanicista e desinteressada de juízos de valor".

Concordo com Hodgson, neste ponto, e já escrevi alhures sobre isso. Também penso que a ciência como um todo trabalha com um rígido modelo cultural materialista, nem sempre atento a conotações éticas. Não se pode deixar de levar em conta, todavia, verdadeira multidão de cientistas que, isoladamente ou em grupos menores, optam por uma avaliação semelhante à de Hodgson, que transcende aspectos meramente mecanicistas da vida.

Sempre apoiado em estruturas de física quântica – Hodgson mostra-se predisposto a admitir a existência da alma e, de certa forma, sua sobrevivência à morte corporal, desde que "alguma espécie de mente (e, por isso, alguma espécie de 'eu') tenha existido pelo menos desde que existe a matéria" (p. 453).

Você notou que cometi a clamorosa injustiça de saltar para o fim do livro de Hodgson. Não tive alternativa, dado que não dispomos aqui de espaço para examinar mais detidamente as brilhantes ideias do meritíssimo e eruditíssimo juiz-escritor.

Contemplando, porém, sua obra através da ótica de meu modelo pessoal de aferição, vejo-a com um final anticlímax, dado que o autor não oferece uma consistente teoria da alma, se assim me posso expressar. Você poderá dizer que julgo a teoria dele inconsistente porque não confere com a minha. E estaria coberto de razão. Não confere mesmo. É que o autor entende, primeiro, improvável a existência da alma individual independente da matéria. O que constitui uma postura surpreendentemente conservadora, dentro, aliás, da mais radical teologia católica e até algo contraditória com as suas próprias posturas. Segundo, para ele, somos todos partículas – ele prefere dizer "expressões" – de uma "alma, mente ou consciência universais". Acha ele que, como pessoa, ou melhor, como indivíduo, não existiu antes da concepção nem existirá depois da morte, de vez que todas as suas "características parecem *dependentes demais*" de sua própria fisiologia (O destaque é meu).

Sua parcela de consciência, contudo, não estaria perdida com a morte; seria como que devolvida à onipresente consciência universal, dado que, no seu modo de ver, "a essência de que é feito este mundo é consciência" (p. 455). Sua imagem para esse conceito é ilustrativa. Ele imagina essa espécie de panconsciência semelhante a um poderoso *mainframe* – unidade central de processamento, como uma internet cósmica – no controle de uma rede imensa de computadores com terminais à disposição das "entidades conscientes" espalhadas pelo universo. O que faria de cada pessoa um elo entre o que se poderia considerar "mente universal". Lembra que essa abordagem pode ser comparável à do "inconsciente coletivo" do dr. Jung.

Praticada essa vergonhosa injustiça – logo com a majestosa obra de um juiz! –, devo dizer do meu propósito em trazê-la para o nosso estudo. É que não pretendo, aqui, provar – sequer demonstrar – a validade da tese da realidade espiritual. E nem poderia fazê-lo à plena satisfação de leitores e leitoras. Não quis, ademais, alinhar argumentos sacados à vasta literatura doutrinária espírita ou aos textos que a corrente *new age* está acumulando. Tomei apenas um livro – entre muitos e muitos outros – relativamente recente (de 1991), em que o problema da existência e da sobrevivência do ser mereceu tratamento sério, competente e franco, sem reservas para preservar *status*. Destaca-se, com isto, o fato de que manifestações da vida universal, como a alma, já não constituem objeto exclusivo da fé e nem de meras especulações teológicas ou filosóficas.

Seria pura perda de tempo alinhar testemunhos de apoio. Você saberá onde buscar obras que contenham tais depoimentos e avaliá-los pessoalmente. Não pretendo convencê-lo da validade da minha hipótese, sugiro apenas que, a partir dela, e através dela, como instrumento de observação, possamos estudar alguns aspectos do autismo até agora desconsiderados pela ciência. Reitero que me refiro neste ponto à ciência como um todo, não a cientistas individuais que têm enfrentado corajosamente o *establishment* com a exposição de suas ideias pessoais, em conflito explícito com a opinião dominante, como vimos em Hodgson.

Em resumo e para encerrar este módulo, entendo a realidade espiritual como um conjunto interativo de fenômenos inseparáveis uns dos outros: existência, preexistência e sobrevivência do ser, comunicabilidade entre 'vivos' e 'mortos', reencarnação e responsabilidade cármica – lei de causa e efeito – por todos os atos praticados, os moralmente corretos, tanto quanto os outros. Este ser consciente e responsável, quando desencarnado, entre uma existência e outra, é apenas espírito sobrevivente e imortal, acoplado ao seu perispírito. Para reencarnar-se, reveste-se de um corpo denso, material, elaborado com as substâncias doadas pela mãe durante o processo da gestação.

A doutrina dos espíritos define o espírito como "individualização do princípio inteligente do Universo", o que, em parte, autoriza a concepção de Hodgson. Há, realmente, um princípio inteligente universal, ou seja, aquilo que o autor britânico vê como "alma, mente ou consciência universais". Uma vez individualizado, contudo, o espírito tem uma trajetória a percorrer e não mais se dissolve na mente cósmica como pensa Hodgson. O espiritismo distingue, por outro lado, alma de espírito, ao informar que alma é espírito encarnado e que, concluído o período de cada reencarnação, o corpo físico morre e a alma reverte à condição de espírito. Hodgson não cogita de reencarnação e, por isso, faltam-lhe os elementos necessários para resolver satisfatoriamente o problema da existência do mal, ou da sobrevivência do ser.

Antes de passarmos adiante, uma sugestão. Continue aferindo as propostas deste livro com o seu instrumento pessoal de avaliação; não rejeite, porém, sumariamente, o modelo que estou lhe propondo. Considere-o uma hipótese de trabalho como qualquer outra – a sua, por exemplo, ou a do erudito pensador David Hodgson. Se é que pretendemos mergulhar mais fundo nos enigmas da vida, precisamos, como se diz habitualmente, trocar figurinhas, debatendo civilizadamente pontos de vista pessoais, aparentemente antagônicos ou irreconciliáveis. Nada teremos a perder com isso, a não ser aspectos obstrutivos de nossas mútuas ignorâncias.

Ficamos, portanto, você e eu, combinados assim: no âmbito deste livro, o autista — como qualquer outra criatura humana, aliás – será considerado um ser preexistente e, portanto, reencarnante. Ele já viveu numerosas existências através dos milênios e traz toda uma riquíssima experiência multimilenar preservada nos arquivos incorruptíveis do inconsciente. Não é uma folha em branco, sem passado. Não é alma, espírito, psiquismo ou mente criados especificamente para aquele corpo físico ou dele surgido por meio de um jogo sutil de componentes bioquímicos. Ao contrário, o corpo físico gerado no organismo da mãe é que está sendo construído para a entidade espiritual, segundo seus planos, seus conflitos, suas conquistas, suas necessidades cármicas. A entidade reencarnante, mesmo ainda no útero, ali está presente, atenta ao que se passa à sua volta, percebendo o que se diz e até as emoções não verbalizadas das pessoas que a cercam. Pesquisas mais recentes começam a admitir um psiquismo fetal dito inconsciente, mas isso é apenas metade da verdade, dado que a consciência ainda não dispõe de instrumentação operacional para manifestar-se no corpo físico.

Claro que estou trabalhando aqui com o meu modelo pessoal de abordagem ao psiquismo humano. Você dirá que estou falando de minhas crenças pessoais acerca daquilo que às vezes chamo de Realidade II. Isso é verdadeiro, em parte, somente em parte, porque não são meras crenças, as minhas, são convicções. Tenho para estas, não apenas a informação doutrinária espírita, mas o suporte de estruturas de conhecimento construídas por gente credenciada que percorreu outros caminhos, mas chegou ou está chegando às mesmas conclusões. Mais do que isso tudo, porém, tenho algumas décadas de experiência ao vivo com o fenômeno da sobrevivência do ser.

Como sempre, há uma ampla escolha de textos confiáveis que se poderia introduzir em nossa discussão, mas temos de nos contentar com um mínimo possível, ou perderíamos o controle do tamanho deste livro. Você encontrará informações sobre este e outros assuntos correlatos, nos livros de Helen Wambach, Edith Fiore, Morris Netherton, Denis Kelsey e Joan Grant, Gina Cerminara e tantos outros. Se você tiver sorte – eu ainda não tive –, poderá encontrar *The secret life of the unborn child* (A vida secreta da criança que ainda não nasceu), de Thomas Verney e John Kelly (Delta Books, Nova York, 1981), considerado pelo dr. Roger J. Woolger (in *Other lives, other selves*) como um "marco da pesquisa psicológica na consciência perinatal" (p. 251). Woolger lamenta que um estudo desse porte tenha passado quase despercebido.

Para Verney e Kelly, a criança em gestação nada tem de passiva, indiferente e desligada da realidade que a cerca. É o que informa também Morris Netherton, segundo o qual "o inconsciente da criança no útero, é como um gravador, registrando tudo o que se passa em torno" (p. 255).

Apoiado na sua ampla experiência com a regressão de memória, Woolger acha que Verney e Kelly poderiam ser considerados cautelosos demais no propósito de não arriscar declarações mais conclusivas e avançadas – reencarnação, por exemplo, com todo o seu cortejo de implicações cármicas. Ao contrário da opinião predominante de que o psiquismo da mãe exerce uma influência praticamente irresistível sobre a criança em gestação na sua intimidade, Woolger oferece pesquisas que apontam conclusivamente para um intercâmbio de influenciações, dentro do quadro cármico de ambos, mãe e filho e até mesmo o pai.

Segundo ele (nota 6, sobre o capítulo 10, p. 369), o dr. Albert Liley, de Auckland, na Nova Zelândia, declara que "é o feto que garante o sucesso endócrino da gravidez e é quem provoca as mudanças no corpo da mãe". Segue-se uma informação do dr. Liley que tem tudo a ver com a temática do autismo que estamos aqui a debater. Vale a pena destacá-la. Tais descobertas, está dito:

> (...) suscitam a possibilidade de que os elevados índices habituais de danos físicos e emocionais nos filhos de mães rejeitadoras e infelizes podem não ser devidos apenas a hormônios maternos prejudiciais. Há pelo menos uma possibilidade de que, se o feto tiver controle parcial sobre a gravidez e se sentir em ambiente hostil, *resolva retirar seu apoio fisiológico, o que resulta em dano para ele próprio*. (Destaque meu).

A observação foi colhida no já mencionado livro *A vida secreta da criança que ainda não nasceu* (p. 90-91). É bom conservá-la em mente, de modo especial para contrabalançar opiniões extremadas como a de Bruno Bettelheim, que infelicitou desastradamente tantas mães angustiadas com sua teoria da "mãe-geladeira". O autismo, segundo ele (ver *A fortaleza vazia*) seria a trágica resultante da dura frieza da mãe em relação à criança.

A despeito de toda essa conversa, ainda não chegamos a um consenso sobre o que seria, afinal, a mente. De minha parte, continuo achando o termo um tanto vago para um conteúdo de tal magnitude e relevância. Penso que deveremos continuar procurando uma definição satisfatória. Enquanto isso, arrisco-me a dizer que, no meu entender, mente é o ambiente psíquico no qual se processa o pensamento. Colocaria nesse contexto, consciente e inconsciente em permanente interface. Ressalvo, porém, que não aceito a hipótese de que o pensamento seja gerado no cérebro – ele apenas circula pelos circuitos cerebrais, sob o comando de uma vontade consciente situada no binômio alma/espírito.

Uma coisa para mim é certa – o autista é um espírito reencarnado, como todos nós, razão suficiente para que sua problemática seja abordada com um modelo que leve em conta os *inputs* da realidade espiritual.

Estou admitindo, a partir deste ponto, que, mesmo discordando da abordagem espiritual ao problema do autismo, você esteja, civilizada e educadamente, disposto ou disposta a ouvir o que tenho a dizer. Se, ao cabo da nossa conversa, você entender que continua discordando, tudo bem. Como se diz em inglês, *No hard feelings!* Nada de ressentimentos. Continuamos amigos e cada um segue seu caminho. Se não deu para nos entendermos aqui, há de dar em algum outro ponto alhures, no tempo e no espaço.

Posto isso, vamos estabelecer alguns parâmetros e explicitar certos aspectos que, a meu ver, justificam e até exigem uma abordagem espiritual ao autismo. Primeiro: somos espíritos, individualizações do princípio inteligente, temporariamente acoplados a um corpo físico. O corpo é perecível, o espírito, não. Perecível, aliás, não é uma boa palavra, uma vez que, desde Lavoisier – se é que ele ainda não foi contestado –, sabe-se que as coisas materiais não se criam e não se perdem, e muito menos perecem – apenas se transformam. Ao morrer, devolvemos ao meio cósmico a matéria com a qual nossa mãe e nós construímos o corpo físico. Desimantados dos átomos e das moléculas que constituem o corpo material, readquirimos a liberdade de ir e vir sem precisar arrastar a pesada carga que tivemos de movimentar enquanto durou a vida terrena. Atenção, porém – restou-nos um corpo invisível, que serviu de intermediário nas nossas 'negociações' com o mundo material e que continua servindo ao espírito na dimensão póstuma.

Esse corpo é de fundamental relevância, se é que pretendemos entender um pouco mais acerca de certos mecanismos da vida. Ele constitui uma réplica do corpo físico e funciona como *modelo organizador biológico* (MOB), na expressão adotada pelo pesquisador brasileiro dr. Hernani Guimarães Andrade. É o perispírito que organiza as substâncias que recebe da mãe durante a gestação, distribuindo-as de acordo com o campo magnético que traz consigo. É ele que, a despeito da espantosa rotatividade dos componentes materiais no corpo físico, mantém a máquina biológica funcionando e conserva suas características individuais. Nossos componentes orgânicos substituem todos os seus átomos em períodos variáveis de tempo, em ativo intercâmbio com a matéria cósmica na qual vivemos mergulhados.

Lê-se no dr. Harold Saxton Burr, por exemplo (*Blueprint for immortality*), que a cada seis meses todos os átomos do rosto são substituídos. No entanto, as pessoas que passarem alguns anos sem nos ver, nos reconhecerão perfeitamente, ressalvadas as modificações causadas pelo envelhecimento, ou porque engordamos ou emagrecemos alguns quilos. A essa troca constante de partículas na interface do ser humano com o cosmos, Larry Dossey rotulou de "biodança", a dança da vida.

Em suma, o perispírito, organiza o corpo físico na gestação, mantém-no em funcionamento, conservando-lhe as características genéticas e morfológicas e serve de intermediário entre o cosmos e o indivíduo enquanto durar a vida terrena e depois da morte.

É comum a gente ler que certos cientistas e pensadores não admitem a sobrevivência do ser porque a continuidade da vida exige a continuidade do pensamento e morto não pode pensar porque o cérebro se decompôs. Essa era a opinião do dr. J. B. Rhine, por exemplo. O perispírito, contudo, é o campo magnético vivo e sobrevivente que moldou o corpo material, cérebro inclusive. Há, pois, um cérebro póstumo, em perfeito funcionamento, que irá servir de modelo para um novo cérebro físico, quando a entidade voltar a reencarnar-se no futuro..

Se você não está gostando muito do termo *perispírito* por causa da sua conotação espírita, sugiro que escolha outro. Há muitos: corpo astral, corpo etéreo, *ká* (dos egípcios), corpo espiritual (nos escritos de Paulo de Tarso), modelo organizador biológico (dr. Hernani Guimarães Andrade), campo vital (dr. Saxton Burr) e vários outros. São diferentes nomes para a mesma realidade.

Proponho, neste ponto, retomarmos, para mais demorado exame, o ensinamento de que alma é espírito encarnado e que antes de se unir ao corpo físico era apenas espírito (questões números 134, 134-a e 134-b, de *O livro dos espíritos*).

Os instrutores do prof. Rivail (Allan Kardec) declararam (questão 134-b) que "as almas não são mais do que os espíritos". É verdade isso, nem poderia ser de outra maneira. Não poderíamos, como encarnados, pensar, querer, sentir e agir com um psiquismo que nada tivesse com o espírito, algo diferente dele, criado (a partir de quê?) especificamente para cada reencarnação. Uma vez, porém, que o conceito de alma somente ocorre quando o espírito se encontra encarnado, há uma sutil diferença entre alma e espírito. Como se, ao reencarnar-se, o espírito se desdobrasse não em dois, mas em algumas de suas funções. A alma, portanto, não é mais do que espírito, como foi explicado. A diferença está apenas nas tarefas que exercem ambos no contexto do psiquismo do ser humano encarnado. Em que consistiria essa diferença?

O assunto foi tratado de modo mais amplo, em meu livro *Alquimia da mente*, ao qual você deve recorrer. Ficaremos aqui, limitados a um compacto das ideias oferecidas naquela obra. Vale a pena lembrar que o respeitável David Hodgson, referido há pouco, no capítulo anterior, também se utiliza, como eu, em *Alquimia...*, da imagem do computador para ajudar-nos a entender certas complexidades detectadas na interface mente/matéria.

Cabe, obviamente, ao espírito a responsabilidade de gerir não apenas aquela interface, mas todo o processo evolutivo de cada um de nós, nisso incluído seu relacionamento consigo mesmo, com seus semelhantes e com as demais manifestações da vida cósmica.

Na hipótese por mim formulada, o espírito instalaria suas terminais no hemisfério cerebral direito da criança em formação, reservando o hemisfério esquerdo para gravar instruções específicas que irão administrar aquela área psíquica de si mesmo a que as entidades espirituais caracterizaram como *alma*.

A informática pode ajudar-nos a entender melhor esse mecanismo. Ao ligar o seu computador, automaticamente ele transfere das suas memórias os sistemas e plataformas operacionais necessários à execução das tarefas que você tem em mente.

Concluída a tarefa, o computador recolhe as instruções de volta aos seus arquivos permanentes – usualmente no disco rígido –, cabendo a você, antes disso, colocar a salvo, em arquivos especiais, o trabalho elaborado. Se chamarmos de consciente o texto ou a imagem que você está criando e que figura na telinha, o que continua na memória oculta do computador seria o inconsciente. A telinha seria a alma do computador, ao passo que os programas, textos e imagens com os quais você não está operando, seriam o espírito.

Poderemos explorar um tanto mais a metáfora do computador a fim de tentar entender o que se passa com a gente. O *hardware* – componentes físico-mecânicos do computador – constitui boa imagem para o cérebro físico, ao passo que o *software* – o componente humano, os programas e sistemas – poderiam ser tomados para representar a mente, ou, especificamente, o binômio espírito/alma.

Convém observar que não são os componentes mecânicos do computador que geram a programação – eles apenas oferecem circuitos adequados por onde transitam os comandos codificados que irão determinar a execução do trabalho solicitado. Há por trás de todo o sistema uma ação inteligente do programador, que transcende as limitações da máquina.

Da mesma forma, o espírito em processo reencarnatório, uma vez instalado no hemisfério direito, passa para o hemisfério esquerdo a programação operacional necessária ao gerenciamento da interface do ser humano com a vida terrena. O hemisfério esquerdo fica com as responsabilidades do que chamaremos o varejo da vida, o dia-a-dia, o intercâmbio direto, sensorial, verbal, temporal, com o plano material em que vive, como se fosse um instrumento de pilotagem automática.

Ao concentrar-se nas tarefas específicas de gerenciamento do ofício de viver, a programação operacional à esquerda – alma, diríamos – desobriga a parte mais ampla de si mesma – o espírito – das ocupações rotineiras, deixando-a livre para atividades mais nobres. O espírito, contudo, mantém-se atento ao que se passa no âmbito da alma no relacionamento desta com o ambiente material e, de certa forma, a influencia e até interfere quando necessário.

Resumindo os ensinamentos sobre a condição do ser humano encarnado, assim se expressaram as entidades instrutoras que trabalharam junto de Allan Kardec.

O homem é (...) formado de três partes essenciais:

1) o corpo ou ser material, semelhante ao dos animais e animado pelo mesmo princípio vital;

2) a alma, espírito encarnado, do qual o corpo é a habitação;

3) o perispírito, princípio intermediário, substância semimaterial, que serve de envoltório ao espírito e une a alma ao corpo. Tais são, num fruto, a semente, a polpa e a casca.

Convém notar que o perispírito é mais que um mero envoltório. Em *O livro dos médiuns,* Kardec o define como "Envoltório semimaterial do Espírito. Entre os encarnados serve de liame ou intermediário entre o Espírito e a matéria. Entre os Espíritos errantes (desencarnados) constitui o corpo fluídico do Espírito" (Cap. XXXII – Vocabulário espírita). Já escrevera, contudo, em *O livro dos espíritos* (Introdução ao estudo da doutrina espírita, módulo VI – resumo da doutrina dos espíritos) o seguinte:

> A morte é a destruição do invólucro mais grosseiro (corpo físico). O Espírito conserva o segundo, que constitui para ele um *corpo etéreo,* invisível para nós no seu estado normal, mas que ele pode tornar acidentalmente visível e mesmo tangível, como se verifica nos fenômenos de aparição." (A expressão entre parênteses e o destaque em itálicos são desta transcrição.)

Como entendia o apóstolo Paulo, há, portanto, dois corpos no ser humano – um físico, material, perecível, e outro imperecível, no qual a matéria é extremamente rarefeita, nas fronteiras da energia. Aliás, encontramos também em Paulo o conceito segundo o qual o ser humano encarnado se apresenta sob três aspectos distintos – *soma* (corpo físico, material), *psyche* (alma) e *pneuma* (espírito). O quadro desenhado por Paulo, portanto, confirma-se na doutrina dos espíritos, quando também levamos em conta, além dos três aspectos, a existência do perispírito, que figura na terminologia das epístolas como *corpo espiritual* (Cf. I Coríntios cap. 15).

É na interação desses componentes e atributos do ser humano encarnado que podemos inferir a ocorrência de distúrbios físicos e psíquicos, deformações, marcas de nascença, complicações psicossomáticas, doenças inexplicáveis, alergias.

O autismo é, certamente, a resultante de uma pane em algum ponto do sistema, um 'defeito' não casual, mas, ao contrário causal, disparado por uma mecanismo de natureza cármica. Tem, portanto, seu componente ético, cujos antecedentes não têm sido levados em conta na abordagem ao distúrbio comportamental rotulado com aquele termo.

Ao admitir conotações cármicas no autismo, a dra. Helen Wambach sugeriu, na década de 70, que o autismo poderia sinalizar uma rejeição à reencarnação, ou seja, a uma nova existência terrena. Não teve oportunidade de demonstrar, sequer de pesquisar, sua teoria, mas sua proposta é compatível com o que sabemos da realidade espiritual e, ao mesmo tempo, consistente com o que se conhece do autismo.

Exploremos, ainda que superficialmente, a compatibilidade ou, se você preferir, a plausibilidade da teoria da dra. Wambach.

Digamos que a entidade espiritual, movida por motivações que só ela pode explicar, decida com firme determinação não mais reencarnar-se, mas, de repente, se veja ante a contingência incontornável de fazê-lo. A pessoa não familiarizada com certas sutilezas da realidade espiritual ficaria surpresa ao saber que algumas reencarnações podem ocorrer por forte pressão persuasiva ou até mesmo beirando a compulsoriedade. De qualquer modo, aquela específica entidade não deseja reencarnar-se ou, pelo menos, não queria fazê-lo senão mais adiante, se possível, nunca mais. Seja porque antecipa para a nova existência muitos problemas graves a enfrentar, seja porque não deseja renascer no contexto para o qual está sendo programada ou simplesmente porque não deseja mergulhar novamente nas limitações e desconfortos de um novo corpo físico.

Qual seria a atitude dessa pessoa, uma vez aprisionada pela armadilha da gestação?

Em primeiro lugar, o desinteresse, não tanto na elaboração de um corpo físico saudável, mesmo porque as crianças autistas costumam ser de boa aparência física e até bonitas. O problema principal está na mente, ou seja, na interação espírito/matéria. Por alguma razão oculta, pessoal, aquela gente, junto da qual está programada para viver não o interessa, nem o mundo com seus tolos e ilusórios atrativos, ou suas dores, canseiras e limitações. Em casos dessa natureza, quanto mais rudimentar e precário o sistema de comunicação com o ambiente, melhor – menor será o envolvimento.

O jeito, portanto, está em não instalar a programação necessária ao gerenciamento da vida terrena, basicamente assentada nos dispositivos de comunicação, dentre os quais ressalta a palavra. Faz-se isto bloqueando o sistema que implanta no hemisfério cerebral esquerdo os terminais da alma, enquanto o espírito propriamente dito mantém-se instalado – autisticamente, dir-se-ia – no hemisfério direito, a área não-verbal do cérebro.

Tenho para essa dicotomia alma/espírito outras duplas conceptuais – personalidade/individualidade, transitório/permanente, consciente/inconsciente, ser/estar, razão/intuição.

A recusa de implantar-se por inteiro na instrumentação biológica do corpo físico parece confirmada no fato de que – exceção feita a alguns sintomas paralelos que caracterizam a síndrome do autismo –, a criança autista pode desenvolver-se dentro de alguma normalidade até cerca de dois/três anos de idade. Algumas chegam a usar pequeno vocabulário, compatível com a idade. De repente, parece que não ouvem mais e esquecem o pouco que aprenderam na utilização das palavras, regredindo a um estágio anterior.

O fenômeno tem explicação aceitável. Como vimos, o mecanismo da verbalização revela-se, naquela fase inicial, presente, ao mesmo tempo, em ambos os hemisférios cerebrais. A partir dos dois anos, um pouco antes ou um pouco depois, o hemisfério direito parece retirar-se do cenário à esquerda a fim de se tornar (ou voltar a ser) não-verbal. Cabia-lhe apenas a tarefa de ensinar o esquerdo – alma, personalidade, consciente – a usar a palavra, implantando nele a programação para isso necessária. Cumprida sua tarefa, o hemisfério direito – espírito, individualidade, inconsciente – reverte às suas funções habituais.

Não só o sistema de comunicação verbal resulta prejudicado pelo estranho procedimento do espírito, mas outros sistemas de comunicação com o mundo material, postura corporal, gestos, analisadores sensoriais e outros. Os autistas, ou pelo menos alguns deles, mostram-se insensíveis à dor física e à fome, por exemplo, ao mesmo tempo em que podem revelar-se extremamente sensíveis ao excesso de luminosidade ou a um elevado nível de ruídos.

Num impulso disparado pela intuição, Barry Neil Kaufman descobriu, certa vez, que Robertito Soto, o menino autista mexicano, não apresentava sensibilidade a picadas de agulha do lado direito do corpo. Seu hemisfério cerebral esquerdo era, no dizer de Kaufman, uma "cidade fantasma", sem construções, sem gente, sem movimento, sem vida, dotado de um mínimo de atividade vegetativa. Em outras palavras, o espírito reencarnante em Robertito, com suas terminais implantadas no hemisfério cerebral direito, não montara, à esquerda, as terminais exigidas para gerenciamento da vida. Não lhe passou a programação – o *software* – necessária à operação daquele setor do *hardware* cerebral.

Isto explicaria ainda outro aspecto enigmático do autismo – o de que um tratamento adequado iniciado o mais cedo possível tem melhores chances de sucesso, dado que os dispositivos de comunicação – principalmente o processador de palavras – podem ainda ser construídos ou até mesmo reconstruídos. Foi o que aconteceu, por exemplo, com Raun, filho de Suzi e Barry Kaufman, que começou um tratamento intensivo, criado pelo próprio casal, com um ano e meio de idade. Conseguiu recuperar-se de modo espetacular e definitivo.

Já o caso de Robertito foi muito mais difícil e dramático, porque ele já estava com cerca de seis anos de idade, quando começou a ser tratado pelo método criado pelos Kaufmans.

A hipótese aqui formulada explicaria, ainda, o caso de Temple Grandin. Ela também foi das raras pessoas que conseguiram a admirável proeza de evadir-se do seu universo particular de autista, a fim de integrar-se, tanto quanto possível, no mundo dos 'outros', nos quais vivemos nós, tidos por normais. Tornou-se, em outras palavras, uma autista de alto índice de funcionamento, de notável capacidade intelectual, elevado Q. I., PhD em ciência animal, profissional de grande sucesso, mas, ainda assim, uma autista, convivendo com as sequelas que o distúrbio deixou nela.

Sua dramática história foi contada resumidamente, por Oliver Saks, em *Um antropólogo em Marte* e em dois livros autobiográficos – *Emergence: labelled autistic* (1986) e *Thinking in pictures* (1995).

"Penso em imagens" – escreve ela na abertura de seu livro (p. 1). "As palavras são uma segunda linguagem para mim."

Do que se depreende que suas negociações com a vida terrena não são responsabilidade prioritária do hemisfério cerebral esquerdo, onde ela teria de ter implantado, no tempo devido, o mecanismo da linguagem verbal. Como não o fez, o direito teve de assumir o encargo. Acontece, porém, que este – para recorrer novamente à terminologia da informática –, não dispõe de um 'processador de textos' – sua linguagem é não-verbal, articulada em imagens. A memória de Grandin funciona como uma videoteca, dado que as informações que chegam a ela em textos são convertidas em imagens e automaticamente arquivadas. É incrível o poder que ela desenvolveu nessa área do psiquismo. Ela é capaz de 'desenhar' mentalmente todo um projeto de engenharia, com simulações tridimensionais e até fazê-lo girar, a fim de contemplá-lo sob diferentes ângulos e pontos de vista. "...guardo informações na minha cabeça" – acrescenta mais adiante (p. 24) – "como se estivessem gravadas num CD-ROM. Quando preciso de algo que aprendi, ponho o disco para rodar em minha imaginação."

Durante muito tempo ela achou que esse era o processo normal de se pensar. Só quando foi para a universidade é que percebeu que "algumas pessoas são completamente verbais e pensam exclusivamente em palavras" (p. 27).

Retomaremos, mais adiante, neste livro, o depoimento de Temple Grandin para um exame mais aprofundado. Ele constitui um raro documento que abre para nós segredos e enigmas do universo interior do autista. No momento, o que nos interessa anotar é que o mecanismo pensante de Grandin oferece evidência de que o hemisfério direito teve de assumir responsabilidades de comunicação que, usualmente, competem ao esquerdo. São enormes as dificuldades impostas pelo processo, dado que o direito tem de operar um dispositivo que não oferece condições adequadas de funcionamento.

Já o caso de Donna Williams, uma talentosa australiana, sugere, nas suas peculiaridades, um envolvimento com a problemática paralela da personalidade múltipla. A despeito da gravidade de seu autismo, ela desenvolveu notável poder verbal. Seus livros – *Nobody nowhere* e *Somebody somewhere* – são de alta qualidade literária e foram sucessos instantâneos de livraria. Como teria Donna Williams contornado o bloqueio no seu sistema de comunicação verbal se esse é o ponto crítico do autismo?

Uma leitura linear do seu excelente texto não esclarece muito a respeito, mas alguma coisa aconteceu na interface do seu mundo com o nosso que possibilitou a ela instalar regularmente sua programação de vida no hemisfério esquerdo.

Embora não saiba disso – não dispõe das informações necessárias sobre o assunto – Donna Williams revela, ainda, interessantes faculdades mediúnicas. Desde menina começou a perceber junto dela e partilhando de seu próprio psiquismo duas entidades – um menino a que ela chama de Willie e uma menina, por nome Carol. Eu disse que esses dois seres partilham com ela o mesmo corpo físico, mas é preciso definir melhor – eles se revezam no controle do corpo, enquanto Donna fica 'de fora', como mera espectadora, consciente, mas praticamente sem poder de comando.

Willie é um sujeito brilhante, equilibrado, seguro, inteligente; Carol, uma irresponsável, que Donna caracteriza como "prostituta doméstica", pois está sempre ligada a algum aventureiro inconsequente que a explora, maltrata, escraviza e a usa sexualmente. A personalidade nuclear de Donna, assiste, 'de fora' e impotente, aos abusos, mas de alguma forma se beneficia das interferências, especialmente a de Willie, o intelectual. Parece que Donna está presente no corpo somente nos breves momentos em que se manifesta nela o procedimento autista. Para dizer a mesma coisa de outra maneira: o comportamento declaradamente autista revela a presença da própria Donna no precário e eventual comando de seu corpo físico.

Nesse ínterim, porém, é de supor-se que as entidades secundárias movimentem os recursos mentais – especialmente Willie –, a despeito de tudo, construam os dispositivos cerebrais e passem para eles a programação necessária ao adequado funcionamento da interface com a vida terrena. À medida em que Donna vai chegando à idade adulta, Willie e Carol começam a retirar-se discretamene do cenário, até que a deixam sozinha. Sentindo-se insegura, às vezes perdida e em pânico, em situações críticas, deseja desesperadamente que um deles assuma o controle.

Quando, finalmente, parece terem se retirado definitivamente, contudo, Donna encontra pronto o sistema de comunicação, inclusive o verbal, embora ainda não consiga, de início, fazê-lo funcionar a inteiro contento. Também ali está, à sua disposição, as memórias de um rico banco de dados acumulados pelos seus estranhos parceiros.

Se você está achando isto meio parecido com ficção científica, sugiro que leia outros livros meu, *Condomínio espiritual* e *O estigma e os enigmas*, que discutem o problema da personalidade múltipla. Embora não o possa demonstrar – muito menos provar –, eu diria até que Willie poderia constituir manifestação ostensiva do chamado Eu Superior da própria Donna, ou, melhor seu espírito propriamente dito. A síndrome da personalidade múltipla (SPM) tem dessas peculiaridades, como se pode observar explicitamente, nos casos de Sybil e de Billy Milligan, entre outros.

A marginalização ou a exclusão temporária da personalidade nuclear de Donna do contexto de seu próprio corpo físico ocorre também no caso das Eves e de Hawksworth. Para conhecimento do mecanismo operacional do primeiro deles, você teria de ler não apenas o livro *As três faces de Eve*, escrito pelos médicos que cuidaram do caso, mas, principalmente, *I'm Eve*, relato autobiográfico da própria Christine Sizemore, que se tornou conhecida mundialmente como Eve. (Este último, ao que eu saiba, não foi traduzido para o português.) Eve se vê à margem do contexto de seu próprio corpo físico, impotente e sem condições de assumir o controle, exatamente como Donna Williams. O mesmo acontece com Hawksworth (ver *The five of me*), que, após uma espécie de desmaio, permaneceu quarenta anos alijado de si mesmo, enquanto quatro outras entidades manipulavam rotativamente seu corpo físico e faziam dele praticamente tudo quanto desejavam.

Em Billy Milligan (ver *The minds of Billy Milligan*) a situação é algo diferente. Há numerosas entidades invasoras, o que leva a administração do 'condomínio' a implantar normas destinadas a regular a posse do corpo físico. De um momento em diante, manifesta-se uma entidade semelhante a Willie, do caso Donna Williams. É uma pessoa equilibrada, sensata, tem pleno conhecimento do que se passa dentro e fora do condomínio e, através de um pacto negociado com um escritor e professor de literatura, viabiliza a criação do relato que constitui o livro.

Embora estejamos, aparentemente, bordejando a temática fundamental deste livro, julguei necessário fazer esta digressão, a fim de que leitores e leitoras não familiarizados(as) com o assunto, fiquem certos de que não estamos lidando com delírios e fantasias inconsequentes, mas, sim, com duras e aflitivas realidades,

Infelizmente ignoradas. Para muitos, invade tal realidade a "onda negra do ocultismo" de que se queixava o dr. Freud, o que inibe e assusta muita gente, impondo-lhes um terror meio infantil do escuro. Bastaria acender a luz que tudo se poria no lugar devido. Daria, então, para descobrir que não há fantasmas nem lobisomens ou mulas-sem-cabeça em torno da gente. Haverá, no máximo, espíritos, isto é, gente como a gente, apenas que temporariamente sem corpo físico.

# "Meu mundo" e "o mundo"

Com os livros de Temple Grandin e os de Donna Williams estamos tendo, pela primeira vez, a oportunidade de inverter a ótica do autismo. Em vez de estarmos do lado de fora, rondando a fortaleza, na imagem do dr. Bettelheim, tentando adivinhar o que se passa lá dentro, elas nos colocam lá dentro das muralhas atrás das quais vivem, e nos mostram como veem o nosso mundo. Ambas têm muito o que ensinar a respeito de si mesmas, claro, mas muito mais a respeito de nós e de como funcionam certos aspectos desconhecidos da mente.

Proponho que a gente veja inicialmente *Nobody nowhere*, o primeiro livro de Donna Williams, sucesso instantâneo de livraria e de crítica.

A obra traz um prefácio do dr. Bernard Rimland, diretor do Autism Research Institute, de San Diego, Califórnia, e uma introdução do dr. Lawrence Bartak, professor de psicologia e educação especial, na Universidade de Monah, na Austrália.

O dr. Rimland é reconhecida autoridade internacional no autismo, com mais de trinta anos de pesquisas, autor de importantes trabalhos científicos a respeito, frequentemente citado nos estudos sobre a matéria. Tem um filho autista, que contava trinta e seis anos, em 1992, época em que escreveu seu prefácio para *Nobody nowhere*.

Convém destacar alguns aspectos do seu texto. Ele entende, por exemplo, que Donna Williams não é uma autista típica, mas acrescenta prontamente que "não há crianças autistas típicas, da mesma forma que não há leitor típico do livro dela" (p. IX-X). Identifica nela não apenas uma autista em elevado grau de funcionamento, como pessoa extremamente talentosa. Sugiro que você conserve em mente essa observação do dr. Rimland – a de que Donna Williams "*não é uma autista típica*". Vamos precisar dessa opinião mais adiante neste livro.

Muitos dos sintomas relatados por Donna, não todos, foram atribuídos a alergias por determinados alimentos. Ele próprio, dr. Rimland, declara haver encontrado seu primeiro caso de "autismo causado por alergia ao leite", em 1967. Deixem-me colocar no original o texto dele: *"I encountered my first case of milk-allergy-caused autism in 1967..."* (p. X). O destaque é meu e tem por objetivo ressaltar o fato de que o autor considera a alergia ao leite como *causa* do autismo.

Seria ridículo tentar medir minha opinião de leigo, contra a autoridade do dr. Rimland, mas não posso deixar que confessar a você meu questionamento. Não estaria o doutor – me pergunto – tomando o efeito pela causa? Vamos fazer uma rotação no conceito. Não será por ser autista, com sérias disfunções orgânicas, que a paciente tem alergia a certos alimentos?

Lembro a observação de que se atribuiu a genialidade de Einstein à existência, no seu cérebro, de excepcional riqueza de neurônios, sinapses e ramificações, bem como de uma substância conhecida como oligodendrolia e que tem a faculdade de acelerar a comunicação entre os neurônios. Também aqui não tenho como discutir com esses especialistas, mas, sabendo-se hoje do poder da mente sobre a matéria, especialmente aquela à qual estamos imantados por constituir nosso corpo físico, eu preferiria supor que, por ser uma entidade genial reencarnada é que Einstein criou no seu cérebro uma rede neurológica excepcionalmente mais poderosa do que a habitual. Ele sabia que precisaria dela para conceber as suas espantosas teorias.

É preciso ressalvar, contudo, a evidência de que o procedimento de centenas de crianças melhora consideravelmente quando se suprime de suas dietas certos produtos como leite de vaca, trigo, ovos e outros alimentos. Depõe o dr. Rimland que dezesseis estudos específicos, na literatura mundial especializada – sendo dois de autoria dele mesmo –, revelam que cerca de metade de crianças e adultos autistas necessita de dosagens mais elevadas de vitamina $B_6$ e magnésio do que pessoas não-autistas.

Dessas pesquisas, concluí o dr. Rimland que "parte do problema do autismo, em muitas pessoas autistas, é, assim, obviamente *bioquímico*." (O destaque desta vez está no original inglês.)

Que ocorra esse problema bioquímico no autista, não há como duvidar-se, mas me parece incorreto depreender-se que o autismo seja, ainda que em parte, *resultante* de uma interação bioquímica no âmbito do corpo físico.

O prefaciador aponta, ainda, para disfunções neurológicas no autista – especialmente nos circuitos do cerebelo –, responsáveis pela seleção, priorização e, em última análise, pela otimização no processamento de informações. Daí a dificuldade do autista em estabelecer relação de causa e efeito, de vital importância à tarefa de viver.

Entende, ainda, o doutor que a dificuldade com o processamento de informações não apenas está presente em muitos aspectos da problemática do autismo, como explicaria a existência das "ilhotas de brilhantismo" que ocorrem com certa frequência nos autistas. A expressão, como se sabe, serve para caracterizar excepcionais talentos e faculdades que se manifestam isoladamente em autistas propriamente ditos, mas também numa variedade de distúrbio mental conhecida como "síndrome dos *savants*" – anteriormente denominada síndrome dos sábios-idiotas. Estas pessoas, mentalmente deficientes e de baixo Q.I., revelam faculdades excepcionalmente brilhantes, como a de memorizar enorme volume de dados – listas telefônicas, por exemplo – ou notável capacidade para cálculos matemáticos mentais.

Mais adiante, neste livro, traremos ao debate informes colhidos no competente livro do dr. Treffert sobre as fascinantes ilhotas de talento nos *savants*. Por enquanto, contudo, fiquemos com os autistas.

Na opinião do dr. Rimland, o "mecanismo atencional" do autista o predispõe a desligar-se do que se passa à sua volta, levando-o a concentrar-se em tarefas aparentemente inúteis, como a de processar mentalmente complexas operações matemáticas, decorar catálogos telefônicos ou horário de trens. Parente de um amigo meu sabia de cor o número e o roteiro de todos os antigos bondes-bagageiros do Rio de Janeiro. Era essa a sua ilhota de brilhantismo, pois, quanto ao mais, vivia em total alheamento.

Rimland saúda entusiasticamente o interesse de Donna Williams em entender suas próprias disfunções. De um grande investimento em leituras, ela acabou por descobrir o rótulo técnico atribuído ao seu distúrbio. Prosseguiu estudando até o ponto em que sentiu necessidade de dar uma parada para acomodar suas ideias e colocar os eventos de sua vida em sequência cronológica inteligível. Até então a vida fora para ela como para muitos autistas, "uma série incoerente de eventos desconexos" (p. XI). Ela esperava, com o livro, montar uma imagem ordenada de si mesma. Cumprida essa tarefa, a obra deveria ser queimada, destruída. "Que tragédia" – comenta Rimland – "se isso tivesse acontecido!" Realmente, estaria desperdiçada uma oportunidade imperdível de se examinar por dentro a mente de uma pessoa autista altamente bem dotada em certos aspectos de seu psiquismo.

Rimland declara que o livro de Donna Williams preenche importante vazio no conhecimento do autismo, mas adverte que "uma multidão de lacunas persiste. Há muito que aprender" – conclui (p. XII).

O prefácio encerra-se com algumas considerações acerca do difícil processo da recuperação do autista. Menciona o relativo sucesso de técnicas atuais (1992) concentradas no objetivo de "modificar o comportamento" da criança autista, utilizando-se de um método de "recompensa e punição", que, lembra ele, produziu bons resultados na educação de Helen Keller. Acha que o trabalho com a criança autista deve ser iniciado antes dos cinco anos de idade e deve ser direcionado no sentido de ensinar-lhe, além do ABC, que "elas podem e devem prestar atenção", mesmo que não entendam *por que* devem fazê-lo (p. XII).

O dr. Lawrence Bartak, autor da introdução ao livro de Williams, destaca a importância da obra para os profissionais da saúde mental. Ele também tem observações relevantes a apresentar, pois, ao escrever seu texto, contava vinte e cinco anos de experiência no trato com autistas.

"O autismo" – adverte (p. XIV) – "é uma rara, mas perturbadora desordem." Segundo ele, o distúrbio afeta quatro crianças em dez mil, a maioria delas, meninos. Em cada grupo de cinco autistas há uma de sexo feminino. Esse índice daria, para um universo de sessenta milhões – cerca de um quarto da população dos Estados Unidos –, cinco mil mulheres autistas em todas as faixas etárias. Para enfatizar a raridade da disfunção, informa o dr. Bartak que duzentas ou trezentas mil mulheres, no mesmo universo populacional de sessenta milhões, apresentam algum tipo de distúrbio mental.

Dito isto, passemos ao depoimento de Donna Williams.

Logo nos primeiros lampejos de consciência, Donna notou que tinha diante de si, duas realidades – o mundo dela e o dos outros. O dela não tinha gente nem objetos – era iluminado por uma luz branca, na qual boiavam manchas fofas e coloridas, através das quais ela passava e que também passavam por dentro dela. As pessoas que viviam no 'outro mundo' é que a perturbavam, obstruindo sua visão mágica. Ou se punham a tagarelar de modo incompreensível sobre coisas que ela não entendia e a dar-lhe tapas. Ela não sabia o que esperavam que ela fizesse. Com o tempo, aprendeu a ignorar as pessoas e até, no seu dizer, a "perder-se nelas", como também, nas tais manchas e até em desenhos de papel de parede. Parece que as usava como mandalas, para concentração, a fim de desdobrar-se, ou seja, "fugir". Quando lhe aplicavam os tapas, ela já não estaria mais ali.

– O que você está fazendo aí? – dizia a voz. Sem saber o que fazer, apenas para se livrar do incômodo, ela achava que deveria dizer alguma coisa. E repetia: "O que você está fazendo aí?" "Não repita o que estou dizendo"– insistia a voz. E ela: "Não repita o que estou dizendo!" E vinham mais tapas. Donna não tinha a menor ideia sobre o que era esperado que ela fizesse. E por que estava apanhando.

Tornara-se uma criança ecolálica – aquela que repete, como um eco, o que ouve. Explicaria, no seu livro, mais tarde, que repetia para ganhar tempo, a fim de procurar entender o que lhe diziam. Não queria envolver-se com aquele mundo confuso, agressivo, impaciente e incompreensível. Sua reação consistia em chorar, emitir gritos agudos, ignorar o que lhe diziam, ou fugir. Isso durou até os três anos e meio. Posteriormente, no correr da infância, da adolescência e da mocidade, teria fugazes momentos de regressão àquela fase. De outras vezes, sentia-se como se tivesse mais de vinte anos, dezesseis ou apenas três anos de idade. Seriam, possivelmente, essas as idades das pessoas que viviam dentro dela, como também descobriria mais tarde, na vida.

Foi aí pelos três anos que ela começou a mergulhar mais fundo e demoradamente, em si mesma, submergindo como escafandrista naquele mundo especial que ficava do 'seu' lado da fronteira que separava seu espaço do território onde viviam os 'outros'.

Foi quando surgiu Willie, ou, pelo menos, foi quando ela tomou conhecimento dele. Caracteriza-o como um menino que, de início, ela percebia visualmente apenas como um par de olhos. Donna achava que Willie fora criação sua, uma personalidade artificial com a qual pudesse enfrentar 'o mundo', sem sair do 'seu mundo', uma espécie de procurador para agir em nome dela em determinadas situações, que ela não tinha como resolver.

Willie assumiu o controle. Ela o descreve como dono de um olhar no qual fulgurava uma expressão de ódio, a boca retorcida, postura corporal rígida como a de um cadáver, ou um autômato. Com ele presente, ali no psiquismo dela, não era nada fácil aos outros manipulá-la, porque ele reagia energicamente em nome dela. As respostas que dava por ela passaram a ter sentido. Ele atacava para se defender, ou melhor, defender Donna, que recuou ainda mais para os bastidores e passou a ser apenas uma espectadora do que ocorria com o seu corpo e em torno dele. A menina tinha agora um protetor, mas comenta: "Donna pagou um preço por isso."

A partir do momento em que Willie começou a dominar, parece ter-se desenvolvido nela uma consciência mais aguda de que aquele corpo não lhe pertencia. Não sentia, sequer necessidade de o alimentar, e nem obrigação de fazê-lo. Passou a encarar a alienada violência da mãe perturbada e alcoólica com fria indiferença. "Afinal" – comenta (p. 34) – "tratava-se apenas de meu corpo." Mais adiante nem usaria o possessivo, convicta de que o corpo não lhe pertencia – ela apenas *estava* ali, naquele contexto, como hóspede. Vivia numa atmosfera onírica, hipnotizada, em transe. A mãe achava que ela estava possuída por alguma entidade maléfica.

Tinha momentos de relativa autonomia. Certa vez, por exemplo, fez várias poças de urina no carpete de seu quarto. O mau cheiro não a incomodava, pois era dela mesma e até servia para bloquear os canais de comunicação com 'o mundo'. Quando a mãe descobriu, ela já havia conseguido seu objetivo. O quarto era seu recanto pessoal, território marcado pelos seus odores, como faria um cãozinho. Calmamente, ela se concentrou na tarefa de chamar a si mesma "para fora do corpo, trazendo-o para o seu quarto" (p. 62). Tinha, agora, um espaço pessoal, onde podia assumir o corpo físico e manifestar-se através dele.

Quando chegou a vez das primeiras experiências sexuais, ela descobriu seu desinteresse pelo assunto. "Decidi" – depõe (pp. 87-88) – "que meu corpo não pertencia mesmo a mim. Senti que era algo completamente separado de mim, entorpecido, olhar perdido no nada, a mente a milhares de milhas de distância."

A sensação de distanciamento tende a acentuar-se com a passagem do tempo. Ouve as vozes, mas de longe, sem entender e sem preocupar-se com o que dizem. Percebe, ainda, que, quando fala ou grita, ninguém a ouve, porque o som "não sai lá fora".

(Isto me lembra a experiência de regressão de memória da qual resultou o livro Eu sou Camille Desmoulins. Regredido à personalidade anterior de Desmoulins, Luciano dos Anjos declarou certa vez que falava francês, de 'onde' estava, mas que 'lá embaixo', ou seja, no corpo físico, sua fala saía em português.)

A sensação que tem Donna, após entender que não controla o corpo físico é a de que ele opera mediante um dispositivo de pilotagem automática, enquanto ela o observa "do lado de fora" (p. 97). "Era como se eu estivesse assistindo a uma peça teatral" – explica – "apesar de que eu estava simultaneamente na plateia e no palco."

O desligamento acentua-se cada vez mais.

> (...) pouco do que se passava à minha volta – insiste (p. 103) –, chegava de fato a mim. Mesmo quando algo acontecia com o meu corpo, era como se o corpo fosse um mero objeto existindo lá, 'no mundo', ou, às vezes, uma parede entre 'meu mundo' interior e 'o mundo' exterior.

Afinal de contas, não era Donna quem agia, mas as personalidades que ela acreditava haver criado para as negociações com a vida terrena. Desenvolvia-se nela um processo que ela caracteriza como de 'despersonalização'.

Enquanto isso, Willie e Carol passavam normalmente "pelos vários estágios de desenvolvimento pessoal (...) dentro do mesmo corpo" (p. 106).

Em outra oportunidade (p. 138), ela escreve isto:

> Senti como se um fantasma estivesse a me observar, enquanto eu permitia que as pessoas se relacionassem com os tipos que eu criara, através dos quais eu respondia adequadamente. Parecia uma experiência fora do corpo.

Mais tarde, em consequência de um tratamento médico para as suas graves avitaminoses e alergias, começou a perceber "alguma sorte de ritmo e permanência dentro de meu corpo, o que me ajudou na aceitação dele como pertencente a mim e não algo dotado de mente própria" (p. 202).

Para entender melhor esse quadro alienante, precisamos examinar mais de perto o mecanismo de interação das diversas personalidades. Donna Williams mostra-se convencida de que as personalidades secundárias são de sua exclusiva criação, com o objetivo de, através delas, enfrentar situações difíceis no inevitável intercâmbio entre seu mundo e o dos outros.

Essa é a teoria ainda preferida nos tratados acerca da síndrome da personalidade múltipla. Como não sou do ramo, posso dizer que discordo totalmente de tal abordagem, sem afrontar as autoridades científicas. Serei considerado mero leigo a dar palpites ignaros sobre o que não é de sua competência. Se é que disponho de alguma competência, é na área da realidade espiritual, objeto, a esta altura, de mais de quarenta anos de concentrado estudo e persistente experimentação. Só que esse tipo de 'autoridade' não tem o menor sentido e valor de troca no eventual diálogo teórico.

Conto com um único e precioso testemunho favorável à minha visão de simples escriba – o da dra. Edith Fiore. Em seu livro *The unquiet dead*, essa PhD em psicologia considera as personalidades ditas secundárias, não como desdobramentos resultantes da cisão da personalidade nuclear, mas entidades espirituais autônomas, que invadem o psiquismo do múltiplo e nele se instalam. Por enquanto, tenho apenas a dra. Fiore. Estou certo de que, futuramente, outros estudiosos e pesquisadores adotarão postura semelhante, se e quando se decidirem por uma abordagem mais criativa e menos ortodoxa ao problema da personalidade múltipla.

A mim afigura-se explicitamente irracional afirmar que uma pessoa conflitada, emocional e intelectualmente desestruturada, despreparada para a tarefa de viver, seja capaz de criar uma personalidade complexa, inteligente, brilhante mesmo, como a de Willie, ou uma comunicadora espontânea como Carol, de fácil relacionamento com as pessoas de sua convivência. Se ela não consegue conviver com seus problemas, como é que teria competência para criar personalidades que o façam?

Donna somente conseguiu superar algumas das principais inibições do autismo, porque, como ela própria percebeu, as personalidades secundárias desenvolveram para ela e em seu lugar os mecanismos cerebrais necessários a um mínimo de operacionalidade.

Seja como for, Donna entende que Willie incorporava os seus rancores, enquanto que a faculdade de comunicar-se com os outros materializou-se "na concha sem emoções e vazia que secretamente eu chamava Carol" (p. 56).

Temerosa de que acabasse perdendo a consciência de si mesma, às vezes ela tentava reassumir o controle da situação, pelo menos para emergir por algum tempo, lá fora. Sem grandes resultados, aliás. Quando o conseguia, sentia-se tão perdida quanto antes, ou mais. Ao acordar certa vez, ficou contemplando o teto do quarto. "O silêncio dentro da minha cabeça" – escreve (p. 59) – "era incrivelmente barulhento." Via gente agitar-se em torno dela, gritando e falando em altas vozes, enquanto ela continuava com o olhar perdido no teto. O irmãozinho aproximou-se, bateu levemente na testa dela, como se houvesse ali uma porta, e perguntou: "Tem alguém aí dentro?"

Assim, mesmo que conseguisse emergir de vez em quando, não sabia o que fazer da oportunidade. Acabava tendo de devolver o corpo, consciente ou inconscientemente, a Willie ou a Carol. Enquanto ali estivesse, contudo, sentia-se como que a "milhares de milhas de distância". Se alguém lhe falava, a voz também soava distante, muito distante de onde ela estava, se é que ela estava em algum lugar. Talvez por isso conclua que não achava que fosse doida, "mas certamente muito distante, longe demais para ser alcançada" (p. 65).

Preferia que suas personalidades secundárias falassem com as outras pessoas e se relacionassem com o mundo. No entanto, àquele conjunto de pessoas dentro dela – propus a expressão condomínio espiritual para o caracterizar – ela se refere como *eu*, eventualmente, *nós*. Por isso, nem sempre é fácil entender-se o que realmente se passa com ela e na sua intimidade.

Há um momento, por exemplo, em que o talento musical parece explodir dentro dela. Fica-nos a dúvida. Seria mesmo em Donna, sempre distante, assustada, desligada, confusa? Ou em uma das suas alternâncias de personalidade? Carol – a "concha vazia" – dificilmente se qualificaria para o posto. Resta Willie, a quem ela considera um "erudito nato". Seja como for, ela sente a presença da música e até compõe mentalmente, sem qualquer conhecimento de teoria musical. Mas será que é ela mesma ou apenas assiste Willie a compor?

Certa vez, ela cria, ao piano, uma bela peça musical, uma "valsa clássica com melodia e acompanhamento", que ela toca sem ter aprendido formalmente. Nesse momento, entra a mãe sempre perturbada, mas dotada de "paixão pela música clássica". "Conheço isso" – diz ela em tom ríspido, como de hábito. "Fui eu que fiz" – declara Donna. "Não, não foi você" – é a resposta áspera. "Isso é Beethoven."

Donna ou alguém por ela, ou através dela, prosseguiria tocando e compondo música de boa qualidade, mas ela própria continuava ausente, não se sabe onde. Quando Gary, um companheiro ocasional de patinação, lhe dá um beijo furtivo, ela conta o episódio assim: "Ele me beijou – ou talvez eu deva dizer que beijou o meu rosto, pois eu não estava lá naquele momento."

Com uma psiquiatra sensível e compreensiva, começou a abrir-se mais. Mas, no fundo, sabia que não era ela e sim Carol ou Willie que permaneciam no controle. Via-os e os ouvia a falarem com Mary, a psiquiatra, sem nada poder fazer. "Eu lutava por irromper à superfície da pessoa ali sentada, tentando desesperadamente me defender e, ao mesmo tempo, frustrando o propósito de conseguir ajuda profissional" (p. 99). Ao chegar até Mary, Donna comunicava-se com o mundo através das personalidades alternativas que continuava supondo haver criado, treze anos antes.

Willie, contudo, mantinha-se à distância, enquanto Carol confirmava-se capaz de administrar qualquer situação, mesmo o diálogo com a psiquiatra. Enquanto isso, Donna continuava metida no armário escuro que tinha dentro de si mesma, sem poder "jamais pegar a mão estendida ou, sequer, pedir que lha estendessem" (p. 104). Sua esperança estava em que Mary conseguisse encontrar a chave certa e abrir o armário. Do que se depreende que, mesmo falando com uma pessoa que se chamava Donna, Mary não sabia que Donna não estava ali, diante dela.

Willie levava as coisas a sério demais, queixa-se Donna. Carol bem que tentou, certa vez, revelar o segredo daquele condomínio fechado, mas Willie não o permitiu, pois mantinha severo controle da situação. Segundo Donna, "ele dirigia o teatro como se fosse uma prisão" (p. 105). Foi assim: Carol queixou-se à psiquiatra de que, às vezes, ouvia vozes dentro da cabeça. Ao dizer isso, referia-se à voz de Willie, mas sem revelar toda a história. Perguntada sobre o que dizia a voz, Carol informou: "Ela me diz: – Não diga nada; eles não vão acreditar em você."

Mary e Carol exploraram por algum tempo o enigma "das possíveis origens da mensagem", mas a psiquiatra acabou concluindo que a advertência apenas repercutia algo que a mãe de Donna teria dito.

Certa vez, Donna conseguiu emergir. "Entramos" no consultório – diz – e ela se sentou diante de Mary, sem dizer palavra. Mary fitou nela um olhar bondoso, estendeu a mão para a sua bolsa e tirou de lá um doce. Donna se sentiu novamente aos três anos, na presença do falecido avô, a única pessoa até então que tivera acesso ao seu mundo. Mary havia, afinal, conseguido chegar até ela. Ou será que ela é que havia conseguido chegar até Mary? Pegou o doce e o colocou na boca, enquanto se sentava no chão, do outro lado da sala, "como um rato" encolhido no seu canto.

Mary, preocupada, perguntou-lhe suavemente o que acontecera. Quando ela começou a falar, Willie assumiu. Parecia embaraçado e tratou logo de "apagar as pistas de como haviam sido significativos os eventos ocorridos naquela meia hora" (p. 110). Com o ar mais inocente do mundo, Willie perguntou à psiquiatra: "Que aconteceu comigo?" "Você teve o que se chama um ataque de pânico" – explicou ela, sempre certa de estar falando com Donna, que, a essa altura, já mergulhara de volta no seu submundo pessoal.

O avô morrera quando Donna tinha apenas três anos, época em que Willie e Carol começaram a manifestar-se. Donna não estava mais presente, ao passo que suas "imaginárias criações assumiram o controle da vida (dela) e alcançaram êxito onde eu havia falhado" – confessa (p. 110) – "O meu eu real estava ainda hipnotizado pelas cores, ao tempo em que Carol aprendia a dançar e Willie aprendia a lutar." A mãe a matriculara num curso de balé. Enquanto Carol dançou com o corpo dela, tudo foi bem, mas quando Donna assumiu, foi um desastre.

Do episódio no consultório, portanto, parece legítimo inferir-se que o processo evolutivo da personalidade nuclear Donna estacionara aos três anos de idade, enquanto as duas personalidades alternantes seguiam o curso normal do aprendizado da vida. Sempre que consegue emergir, ela vai bater de volta nos três, três e meio anos de idade, como se vê em diferentes situações descritas no livro.

A personalidade real de Donna continua encurralada, no escuro e limitado espaço do seu hemisfério esquerdo, como única habitante da "cidade fantasma". Enquanto isso, Willie e Carol operam o corpo, instalados no hemisfério direito. Isto explicaria a insensibilidade corporal de Donna, sua impressão de estar desligada e sua perigosa indiferença por alimentos e outras funções corporais.

Em seu segundo livro ela narra um dramático episódio no qual quase morreu de inanição numa crise de hipoglicemia. Em outras situações, menciona a ausência praticamente total da necessidade de ir regularmente ao banheiro, a fim de atender às necessidades orgânicas. Isso durava, com frequência, até os limites extremos da capacidade de retenção do organismo que, às vezes, descarregava-se automaticamente.

Vejo nas várias fotos que ilustram o seu dramático texto uma estranha singularidade – seu rosto é visivelmente assimétrico. É certo que todos os nossos rostos o são, mas não na extensão do que se vê em Donna. O lado direito é claramente maior – o olho é maior e até a narina direita parece mais dilatada do que a esquerda. A boca mostra-se ligeiramente levantada à esquerda. Tapando-se com uma folha de papel um lado e depois, o outro, nota-se claramente que o direito apresenta maior vivacidade a até uma sombra de alegria, ao passo que o esquerdo parece vago, frio, distante. A gente tem a impressão de que Carol ou Willie estão ali, à direita, ao passo que Donna fica à esquerda, no seu próprio dizer "a muitas milhas de distância", no fundo escuro e apertado do diminuto espaço em que vivia.

A música parece indicar, senão uma rota de fuga, de saída, pelo menos um respiradouro, uma claraboia, apertada, mas, ainda assim, aberta para o mundo. Com a música, Donna podia expressar algo do que não conseguiria dizer de outra maneira. Enquanto Willie cuidava da matéria escolar e Carol dos contatos sociais, Donna passou a usar a música como canal de comunicação. O esquema, contudo, tinha seus inconvenientes. À medida em que começava a sentir-se mais solta, cresciam dentro dela seus temores e os "sérios conflitos entre meu eu interior" – diz ela (p. 127) – "e as personagens que eu usava para me comunicar com o mundo exterior", ou seja, Willie e Carol.

Recomeçou a experimentar terrores noturnos. Ao levantar-se, durante a noite, para ir ao banheiro, sentia-se vagando em um estado onírico, numa espécie de transe. Frequentemente se esquecia onde estava ou porque estava ali. Não se fica sabendo se ela é que se esforçava por livrar-se de suas personalidades secundárias ou se elas é que estavam, aos poucos, deixando-a mais livre para agir. Seja como for, não é difícil interpretar seus terrores e suas incertezas, precisamente como resultantes da insegurança que experimentava em dar alguns passos sem a presença ostensiva e o apoio das suas personalidades alternativas.

O que teria, de fato, ocorrido?

> Se é que meu ser verdadeiro era apenas meu subconsciente – especula (p. 134-135) –, então em razão de alguma tragédia, ele não conseguira adormecer. Se era minha mente consciente, então seria um estado onírico ambulante, do qual eu não conseguia realmente acordar.

Achava, ainda, necessário demolir todas as estruturas que as personalidades secundárias haviam criado dentro dela, a fim de libertar-se e ser ela mesma, o que teria sido calamitoso para ela.

Estivesse eu na improvável posição de seu conselheiro, amigo ou terapeuta, lhe diria exatamente o contrário – ela precisava, como a Donna encurralada, aprender a trabalhar com as estruturas mentais que encontrara funcionando, ainda que inacabadas. Foi, a meu ver, o que aconteceu mais tarde, permitindo-lhe vencer as severas limitações do autismo. Afinal de contas, ela sozinha, como Donna, não teria a menor condição de montar um sistema que lhe permitisse razoável interação com a vida terrena. Era uma pessoa que não tinha como construir uma casa para si mesma, com toda sua parafernália operacional, mas que podia assumir, ainda que precariamente, o controle de uma residência já construída e equipada.

Parece, contudo, que ela não estaria mesmo preparada para tomar conta de sua vida, com os dispositivos psicológicos e emocionais em bom funcionamento. Percebe-se isto quando ela e Tim se descobrem. Ele trabalhava numa loja de instrumentos musicais e a música produziu a magia de os unir com um vínculo de instantânea compreensão. Acontece que Tim também era autista, digamos, moderado – *high functioning* (elevado nível de funcionamento, no jargão técnico – e, por isso entendiam-se bem. Na sua presença, Donna sentia-se à vontade, como que regredida aos três anos de idade – época em que Willie e Carol começaram a ocupar espaços na mente dela – e até achava, às vezes, que Tim também voltava aos seus três anos.

Isto nos leva a supor que, tão logo conseguisse algum espaço para se manifestar, ela só teria à sua disposição o psiquismo dos três anos de idade, ponto da trajetória evolutiva em que sua mente ficara retida.

Em outra ocasião, numa reunião social, Stella, uma amiga, reapresentou Donna – controlada por Carol, como de hábito – a Karen. "Você se lembra de Karen" – disse. "Eu levei você para conhecê-la quando éramos crianças." Karen vestia-se com espalhafato – um vestido estampado com desenhos imitando couro de leopardo e um casaco de peles. Suas ideias não eram menos radicais. Os homens, a seu ver, eram uns porcos habituados a usar as mulheres; cabia, portanto, às mulheres invadi-los e usá-los primeiro.

Donna completava vinte e um anos de idade e Karen convidara a ela e a Tim para comemorarem juntos o evento. Estavam os três, Carol, Karen e Tim – Donna ausente, claro –, em torno da elegante mesa de jantar devidamente decorada com uma bela toalha de renda antiga. Quando as taças de cristal foram levantadas para o brinde, Donna, no seu mundo subterrâneo, "Acordada, mas em estado onírico (?), ficou gelada". Chocada e perplexa, ela passou a ver a cena como que em câmara lenta, pois havia visto aquilo acontecer num sonho, alguns anos antes, tudo nos mínimos detalhes.

Há episódios semelhantes. Num dos seus sonhos, ela vira um sujeito com o qual iria encontrar-se dois anos depois. Quando o ficou conhecendo, não o identificou prontamente. Foi uma desgraça. Perdeu um ano e meio de sua vida com ele, barbaramente explorada, praticamente em regime de escravidão. Ao fim daquele tempo, conseguiu fugir para bem longe, onde não pudesse ser encontrada. Claro que isto se passava com Carol no controle e não com ela pessoalmente, mas ela estava ali, assistindo a tudo, impotente e assustada.

No segundo livro ela conta outro episódio em que o tempo figura como componente não sequencial. Foi assim: ela chegara a Nova York a fim de promover o primeiro livro e articular as providências para a filmagem de sua própria história. Levaram-na para um hotel nas vizinhanças do Central Park, no centro da cidade (Pergunto-me se não teria sido o Pierre Hotel, onde estive pessoalmente, algumas vezes, na década de 50). Ao ajeitar suas coisas pelo quarto, ela pendurou na parede um quadro que havia pintado há algum tempo. De repente, olhou pela janela do apartamento e lá estava a 'sua' paisagem, exatamente como pintada no quadro. Havia apenas uma diferença – ela pintara um espelho d'água, que parecia não figurar na paisagem real. A camareira reconheceu prontamente a paisagem do quadro, mas ficou confusa quando Donna lhe disse que jamais estivera em Nova York e que, por conseguinte, não poderia ter pintado dali o quadro. E também não poderia tê-lo feito depois de instalada no apartamento, pois não houvera tempo material para isso.

Quanto ao espelho d'água, alguém esclareceu que havia, sim, um pequeno lago, exatamente naquele local, mas não muito visível por causa da vegetação e do ângulo de visão.

Fenômenos assim ocorriam-lhe com certa frequência. Somando-se isto ao fato de que personalidades exógenas conviviam com ela, no seu acertado dizer, "dentro do mesmo corpo", é lícito concluir-se pela existência de faculdades mediúnicas nela. O que, por outro lado, indica intensa atividade no hemisfério cerebral direito, onde se plugam aspectos como intuição, atemporalidade e linguagem simbólica não-verbal.

Quando Temple Grandin diz que pensa em imagens – seu livro intitula-se *Thinking in pictures* – está se referindo à linguagem do hemisfério direito, com o qual interage com a vida terrena, de vez que o esquerdo não costuma ser adequadamente desenvolvido e programado nos autistas. Diz-se que o racionalismo e a lógica estão do lado esquerdo, mas a verdade é que o direito funciona num sistema de lógica própria que não tem de ser, necessariamente, estrutural e operacionalmente idêntica àquela que se desenvolve no esquerdo. O direito está plugado no infinito, na imortalidade, no cosmos, na permanência, ao passo que o esquerdo ocupa-se do universo menor do dia-a-dia, do imediatismo, do transitório, da personalidade, em contraste com a individualidade, à direita.

O livro de Donna Williams constitui um texto primoroso, poético, brilhante, complexo, criativo, dificilmente atribuível a uma pessoa que mantém seu nível evolutivo nos três anos de idade. Ou foi escrito por Willie, a erudita personalidade secundária – que, no caso, assume papel predominante –, ou resulta de um processo de escrita automática – o *automatic writing* da língua inglesa –, segundo o qual o inconsciente vai direto aos mecanismos de expressão verbal e coloca em palavras aquilo que está pensando. Neste caso, como ficou discutido em *Alquimia da mente* e também em *Diversidade dos carismas*, é o espírito (individualidade) da própria pessoa que se comunica e não uma entidade espiritual autônoma. A doutrina dos espíritos caracteriza esse tipo de manifestação como anímica, ou seja, provinda da alma (*anima*) que, como vimos, é espírito encarnado.

Quando o fenômeno é produzido por uma entidade espiritual desencarnada, utilizando-se de faculdades alheias, caracteriza-se a atividade mediúnica. O sensitivo serve de intermediário entre as pessoas que vivem na dimensão invisível e aquelas, como nós, que estamos temporariamente acoplados a um corpo físico.

Rogo encarecidamente a você que não considere isto mera pregação doutrinária. Não estou empenhado em convertê-lo ao espiritismo – estou procurando explicar os fenômenos que observo no autismo, com as estruturas de conhecimento e de experiência de que disponho. Se você tem outra visão e está satisfeito com ela, tudo bem. Continue com ela, até – se e quando – achar que precisa ser renovada. Não é por isso que teremos de sair para a luta armada, a fim de decidir quem tem razão. Mesmo porque, de certa forma, poderemos ambos estar certos.

Por mais que deseje marcar sua presença no condomínio espiritual em que vive, Donna não passa de uma espectadora, passiva, impotente e incapaz de mudar as coisas ou de operar os controles, mesmo nos rápidos intervalos em que consegue emergir do seu escuro porão psíquico. A instrumentação mental de que ela dispõe, como Donna, é a de uma criança assustada de três anos de idade, estágio em que ficou engastalhada nas suas perplexidades. Donna é que é a autista, não Willie ou Carol.

Willie parece um velho, culto e experimentado professor com todo um passado de realizações espirituais. Há momentos em que sua competente presença é óbvia demais para ser ignorada. Numa dessas ocasiões, na escola, colocaram diante dela os questionários de uma prova. Sem saber de onde vinham as respostas, Donna preencheu os claros. Para surpresa geral, do professor inclusive, ela obteve a segunda nota mais alta da turma, a primeira entre as meninas. Só ficou na frente dela um menino, reconhecidamente o melhor aluno da classe, assim mesmo com um diferença de um ou dois décimos. Donna conclui, vitoriosamente, ter conseguido provar que não era uma retardada, como se dizia. Ainda não percebia, àquele tempo, que Willie respondia por ela.

Penso também ter sido Willie quem fez as pesquisas e escreveu as dissertações com as quais Donna ganhou, nominalmente, suas credenciais acadêmicas. Foi ele, certamente, quem estudou os textos sobre psicologia e psiquiatria em busca de informações sobre o autismo, desde que deu com a palavra como possível indicadora da condição de Donna.

Pode-se questionar, então, como é que Donna escreve seus livros na primeira pessoa, como se fosse ela a consciência-piloto de todo o seu aprendizado e de sua vida terrena. O mecanismo aqui parece bastante complexo, mas não de todo inexplicável, ainda que exigindo muita pesquisa – pesquisa *humilde* – de quem esteja predisposto a aprender com os fatos.

Donna mostra-se convencida de que foi ela quem criou as personalidades secundárias para enfrentar os problemas do viver diário. Está certa, ainda, de ser ela quem age, pensa e fala, como ventríloqua, por intermédio de suas supostas criaturas, como se elas fossem meros bonecos articulados, de plástico, ocos por dentro. Eu diria que ela participa dos eventos e sabe do que se passa, porque a eles assiste e os avalia, como espírito, individualidade, presa, contudo, a um estado onírico, mediúnico, passivo.

Nas suas manifestações de ser humano encarnado, como alma, personalidade, ela se revela impotente e sem preparo, embora como espírito, individualidade, ali esteja presente e perceptiva.

Vejamos como ela descreve a situação, falando claramente, neste ponto, como Donna, a personalidade nuclear.

> Comecei a aplicar tapas em mim mesma – escreve (pp. 152-153) – e a puxar meus próprios cabelos. Desejava desesperadamente sair de meu corpo, abandoná-lo ali, a fim de ser atropelado, usado e abusado como bem entendessem *seus invasores*. Sentia-me irritada com o corpo físico e o jeito pelo qual ele me aprisionava como paredes de uma inexpugnável prisão. Parecia-me mais do que inútil. Gritei a ponto de ensurdecer meus próprios ouvidos, mas nenhum som saiu lá fora. Implorei, mas nada foi além dos lábios, do meu sorriso pintado e da expressão morta de meus olhos.

Sentia-se, pois, uma pessoa adulta encarcerada na insegurança de uma criança. E acrescenta:

– Tentei explicar o que acontecera. Sem nenhum resultado. Todos estavam a milhares de milhas de distância e nenhum som se fez ouvir.

Ao que se depreende, começavam a despertar nela – na própria Donna – os primeiros sinais da consciência de si mesma, o desejo de ser ela mesma, em vez de aceitar que outras entidades manipulassem o seu psiquismo e sua vontade e a representassem no mundo dos outros. Curiosamente, as personalidades secundárias não são, nesse desabafo, consideradas criações mentais suas, mas *invasores* (*invaders*) que a dominam, e não personagens robotizadas que a servem e funcionam como anteparo e veículo de comunicação entre seu mundo e o dos outros.

Impulsionada por esse sentimento de rebeldia, ela começa a 'sair' por sua própria conta, ou seja, a emergir, manifestar-se no seu próprio corpo, esforçando-se por assumir o controle dele. "Nunca havia feito isso com o meu eu real" – confessa (p. 155) –, "e, ao contrário de Carol, não tinha a menor intenção de ser social." Não queria mais ficar na dependência de Carol para manter o relacionamento com as pessoas que viviam no mundo.

Mas as coisas não eram tão simples como havia suposto. Era como se estivesse, de repente, usando um diferente "par de calçados", sentindo-se estranha dentro deles. Não se dera conta, ainda, de que Donna estava, finalmente, do lado de lá, no mundo dos outros.

Era, contudo, praticamente impossível ser ela mesma, agir com naturalidade e adequadamente, mesmo porque suas 'personagens' sempre causaram uma impressão muito melhor do que ela própria. Cautelosamente, conservou-se nas imediações de uma 'porta' metafórica pela qual pudesse escapar a qualquer momento de crise. Ainda não podia prescindir de Willie e de Carol. Até então – confessa adiante (p. 164) –, vivera mais "em minhas coisas do que no meu corpo". Pelo menos começava a reconhecer aquele corpo como seu e não como um objeto que os outros manipulavam à vontade. Examinava as mãos e os pés, surpresa de que, afinal de contas, tinha um corpo físico.

Numa das primeiras situações mais críticas após os primeiros passos rumo à autonomia, resistiu, em vez de escapar. Conseguiu, como escreve, 'sobreviver'. "Nenhum personagem emergiu automaticamente para assumir o comando. Donna estava começando a ganhar a batalha" – conclui (p. 170). Quando um namorado a beijou – antes eles se entendiam com Carol –, ela percebeu, pela primeira vez na vida, que 'estava lá'.

Estimulada pelas novas disposições e pela ânsia de exercitar sua recém encontrada liberdade, viajou para a Holanda, que sempre desejara conhecer. Foi, em seguida, à Alemanha, onde encontrou um jovem, que trabalhava numa instituição dedicada a crianças. Achou que não havia problema em aceitar a carona oferecida, dado que nem ela sabia falar alemão, nem ele, o inglês. Enganou-se. Ele falava inglês fluentemente. E cantava, acompanhando-se ao violão. Ela acabou cantando também. Lá pelas tantas, o jovem alemão olhou-a fundo no olhos, num mudo questionamento que a atingiu em cheio. "Meu coração" – conta ela (p. 177) – "afundou no medo, enquanto eu ali estava, abandonada pelos meus personagens."

Ainda sentia – e sentiria por muito, muito tempo, a ausência deles. Acho que Willie, que sempre controlou com firmeza aquele pequeno condomínio, desejava mesmo deixá-la sozinha, a fim de testá-la e ver como se sairia. Na realidade, eles não a haviam abandonado de todo, apenas decidiram recuar para os bastidores, a fim de monitorar seu procedimento e, provavelmente, interferir, se e quando necessário, como o fizeram posteriormente em várias situações.

Depreende-se isto do comentário encontrado à página 190 do seu livro. Diz ela que Willie "tornara-se uma mãe e uma pessoa disposta a encorajá--la", enquanto Carol lhe prometera conservá-la "a salvo de grupos de gente". Willie continuava, pois, presente e atento. Donna entende, no entanto, que havia ainda uma batalha a disputar – Willie precisava aceitar Carol, o que não conseguira fazer em todos aqueles anos. Seja como for, Donna começava a se tornar mais consciente de si mesma e a sentir-se mais dona de seu corpo físico.

Pelo que depreendo, as coisas passaram a funcionar da seguinte maneira: Willie continuaria dando o apoio necessário – e esta observação é da maior relevância – até que Donna, no seu próprio dizer, *"aceitasse aquelas habilidades como suas e as utilizasse pessoalmente"*. Carol, a seu turno, falaria por ela sempre que fosse necessário evitar que ela fosse despedida de um emprego. Esse arranjo permaneceria valendo até que Donna passasse a utilizar como seus os conhecimentos que se haviam acumulado em seu psiquismo.

É como se Willie e Carol houvessem ocupado e administrado a casa dela por um longo tempo e operado todo o equipamento, utensílios e aparelhos. De repente devolveram-lhe a casa funcionando e estavam agora ensinando--lhe a operá-la e mantê-la. Mas não era apenas a casa física, também a mental – os conhecimentos, as memórias, a capacidade intelectual de Willie e mais as habilidades sociais de Carol.

Donna acreditava-se, agora, uma autista em elevado nível de funcionamento (*high functioning autist*). Não me sinto plenamente convencido disto, como tenho reiterado. Seu envolvimento com a síndrome da personalidade múltipla introduz, a meu ver, um elemento complicador e perturbador no quadro que ela desenha no seu depoimento.

Poder-se-ia dizer que a personalidade nuclear Donna era, de fato autista, mas:

*primeiro*, não há nela clara evidência de um convincente quadro autista, apenas alguns dos sintomas habituais, afora certo grau de alheamento, que, por si só, não caracteriza o autismo;

*segundo*, ao assumir o comando de seu corpo, com o recuo das personalidades secundárias para os bastidores, ela não encontra a "cidade fantasma" que Barry Kaufman descobre no hemisfério esquerdo de Robertito. Ela se apossa, ao contrário, de um sistema bem montado e funcional deixado principalmente por Willie. A dificuldade de Donna, ao integrar-se no corpo físico, não reside em construir um sistema precário a partir de uma estrutura incompleta, inacabada ou mal esboçada no hemisfério esquerdo, mas em aprender a operar um complexo e sofisticado computador biológico montado por Willie, certamente no hemisfério direito, dado que o esquerdo seria, ao que tudo indica, irrecuperável. Isto justificaria, de certa forma, o fato comentado neste mesmo capítulo de que o rosto e a cabeça de Donna Williams mostram-se claramente assimétricos, com o lado direito bem mais desenvolvido. Parece que Willie e, em certa medida, também Carol, fizeram um *by-pass* sobre a estrutura apenas esboçada do hemisfério esquerdo, abandonando-a por inservível. Note-se que estou falando de assimetria *da face*. não *do corpo* como um todo, que tem cada lado sob o controle do lado oposto do cérebro;

*terceiro*, não vejo como explicar a evidência de que uma jovem autista tenha tido capacidade intelectual, interesse e poder de concentração suficientes para importantes conquistas acadêmicas e mais o pleno domínio da língua alemã, a ponto de se credenciar, por concurso, para lecioná-la em curso médio. E há os poemas, profundos, criativos, filosóficos, e mais a música, de excelente qualidade, antes de haver aprendido as noções elementares de teoria musical. Seu trabalho com crianças afetadas por deficiências mentais, autistas inclusive, é da melhor qualidade. E os cursos universitários, nos quais é sempre aprovada com elevadas notas. E a sua tese acadêmica que versou sobre "Desvios e normalidade", que ela, confessadamente, declara ter sido elaborada a partir de material estudado por ela "como Willie", ou seja, com a inteligência e demais atributos de Willie, ao tempo em que Donna era apenas um grito inaudível no porão do condomínio em que vivia.

Paul McDonell, filho autista de Jane Taylor McDonnell, escreve um apêndice para *News from the Border,* o brilhante relato de sua mãe. É um texto coerente, lúcido e inteligente e, acima de tudo, testemunha a vitória dele (e dos pais, principalmente da mãe) sobre o autismo, mas está longe da qualidade literária e do admirável poder verbal revelados por Donna Williams nos seus dois livros.

Reitero, pois, a opinião – você tem todo o direito de considerá-la mero palpite de leigo – de que Donna Williams não é um claro caso de autismo puro, se é que existe isso, mas de personalidade múltipla. É, aliás, o que também pensa o dr. Rimland, como vimos alhures. Com a diferença de que o doutor não aventa a hipótese da personalidade múltipla que, a meu ver, terá de ser levada em conta no caso dela.

Convém referir, ainda, antes de passarmos ao segundo livro de Donna, que há indícios de que ela tenha tido outras 'invasões' ocasionais em seu psiquismo. Uma delas poderia ter sido a de uma entidade que nela se manifestou com sotaque tipicamente americano e escreveu por intermédio dela (ou de Willie?) um ensaio sobre a condição do negro nos Estados Unidos da década de sessenta.

Ela achou que havia criado uma nova identidade para si mesma, ou melhor, uma nova personagem (*'character'*), como Willie e Carol, e a conservou consistentemente durante seis meses. Seu texto foi considerado "um dos mais importantes trabalhos escolares que seus professores haviam recebido até então" (p. 80). Ganhou, com ele, nota máxima com as suas vinte e seis páginas, ilustrações e desenhos, enquanto seus colegas de classe ofereceram, em média, apenas três páginas.

Obtida a nota máxima, Donna perdeu subitamente o sotaque americano. Diz ela que foi esse o mais bem sucedido trabalho escolar seu durante o curso secundário e que se esforçou por fazê-lo bem 'apenas' para obter a aprovação de sua professora. Na universidade produziria dissertações igualmente bem sucedidas e merecedoras de elevadas notas.

Quanto ao livro que estamos aqui a examinar, ela confessa tê-lo escrito para si mesma. Desejava repassar seu passado num só relato sequencial, com cada coisa no devido lugar. Queria uma visão consistente de sua história, a fim de convencer-se de que aquela vida realmente pertencia a ela (p. 188).

Uma vez prestado tal serviço, era seu propósito destruir os originais. Em lugar disso, eles foram parar nas mãos de uma editora. Passado algum tempo, ela recebeu dos editores um telegrama, cujo sentido não conseguiu decifrar imediatamente. Sugeriam-lhe que os originais fossem oferecidos a uma editora de maior porte. Indicavam-lhe, ainda, um agente literário para cuidar do assunto para ela. Donna sentiu tremenda frustração, a despeito de sua ambiguidade acerca do livro, que queria e ao mesmo tempo não queria publicar, por entender que se expunha demais à multidão anônima de leitores e leitoras.

Só depois, recentes amigos seus colocaram as coisas nos devidos lugares – o livro não estava sendo recusado porque não prestava, mas porque era bom demais! Não deveria ser desperdiçado numa obscura (e honesta) editora. A agente literária leu os originais em quarenta e oito horas e garantiu que a obra seria um seguro *bestseller*. Acertou.

Estes são alguns dos motivos pelos quais não vejo Donna Williams como autista. Precisamos, contudo, examinar ainda seu segundo livro – *Somebody somewhere* (*Alguém em algum lugar*). É o que faremos a seguir.

Logo no vestíbulo do livro, a autora reitera sua convicção quanto à presença de 'outras pessoas' dentro dela, aliás, de nós todos, segundo seu modo de ver.

> Dentro de cada um de nós – diz em nota à página XI – há um estranho (ou estranhos) emboscado nas sombras de nossas próprias mentes. Eles sabem *de* nós, mas não nos conhecem. E a única coisa que os mantém 'nos bastidores' é a consciência de si mesmos (autopossessão). Nem todos nós nascemos conscientes disso.

Tenho reparos a pôr nas suas observações. Não acho que se deva generalizar para todos nós a sensação de presenças estranhas e personalizadas em nossa intimidade. Temos, sim, a presença sutil e silenciosa de nossa própria individualidade, o espírito imortal, o inconsciente, arquivo geral de todas as nossas vivências anteriores. Essa melhor e mais sábia parte de nós mesmos pode até – e o faz com relativa frequência – interferir discretamente, fazendo funcionar o mecanismo da intuição ou acionando o dispositivo dos sonhos, como perceberam Freud e Jung.

Em momentos de maior dramaticidade ocorrem inaudíveis diálogos interiores nos quais o inconsciente pode recorrer à explicitação verbal, produzindo uma voz interior que diz o que precisa ser dito.

Várias expressões são usadas para identificar essa misteriosa parte de nós mesmos. Maurice Maeterlinck chamou-a de "hóspede desconhecido", Paul Brunton, de *"higher self"* (eu superior), Shirley McLaine e outros, de ISH, sigla de *"inner self helper"*, espécie de guia interior, Torres Pastorino, de "Cristo interior". Não devemos nos deixar prender pelos termos em si, a fim de nos mantermos atentos à realidade fundamental que eles representam. De minha parte, prefiro ficar com o termo *espírito*, proposto por Allan Kardec. Há, pois, uma sensação de presença 'emboscada' nas sombras da mente, como diz Donna Williams, e testemunha uma realidade, esta sim, comum a todos nós.

Discordo, também, da avaliação da autora, segundo a qual os 'estranhos' sabem de nós, mas não nos conhecem. Conhecem-nos melhor do que nós próprios e tão bem que monitoram nosso procedimento, acompanham nosso pensamento, podendo até, quando personalidades invasoras, forçar-nos a agir desta ou daquela maneira, como no caso de Donna Williams.

Quando se trata apenas do nosso eu interior, passam-nos advertências e conselhos, usualmente em linguagem não-verbal, recorrendo a imagens e símbolos, como nos sonhos, ou implantando em nós 'palpites', intuições e vagas sensações ou indefinidos estados de apreensão ou ansiedade.

Isso não quer dizer, porém, que não haja 'estranhos' de verdade acoplados ao psiquismo das pessoas. É o caso da síndrome da personalidade múltipla (SPM), verdadeiro condomínio de entidades espirituais invasoras a gravitar em torno de uma personalidade nuclear, no âmbito de um só corpo físico. Este é, a meu ver, o caso de Donna Williams. Sobre o assunto, sugiro meu livro *Condomínio espiritual* e *The unquiet dead,* da dra. Edith Fiore. Ambos propõem uma abordagem espiritual ao problema da SPM, considerando as personalidades ditas secundárias não como resultantes da cisão da mente da pessoa afetada, mas como entidades espirituais autônomas. Caso em que o hospedeiro funciona como médium, através do qual entidades invasoras assumem os controles e se manifestam.

Com o propósito de entender seus conflitos pessoais, Donna – mais provavelmente Willie, em seu nome – estudou uma quantidade de livros e artigos dedicados ao autismo. Veremos, nas linhas subsequentes, uma amostragem de suas ideias a respeito.

Das suas pesquisas, ela concluiu que há sobre o autismo, "um punhado de teorias conflitantes" (p. 4), desde possessão espiritual até comportamento inadequado dos pais. Há quem veja, nas causas do autismo, puro e simples retardamento mental, distúrbios do sono (?) e, mais recentemente (seu livro é de 1994), "uma desordem do desenvolvimento antes ou pouco depois do nascimento". Tal desordem afetaria, no cérebro, o processamento de informações vindas de fora. Vimos, alhures, que o dr. Rimland admite que o autismo possa resultar de uma alergia ao leite.

Depois de mencionar algumas das "teorias conflitantes", Donna acha que pode haver um pouco de verdade na maioria delas, mas que "a verdade total não está, provavelmente, em nenhuma delas" (p. 5).

A autora considera que o autismo já existia nela antes mesmo das palavras e que, por isso, "noventa e cinco por cento de meu repertório verbal eram constituídos de coleções de definições literais de dicionário e de expressões corriqueiras armazenadas (na memória)" (p. 5). Parece-me que ela não foi feliz nessa observação. Claro que o autismo antecedeu à sua capacidade de lidar com as palavras. É precisamente o autismo que produz crianças – e, consequentemente, adultos – não-verbais. É certo, por outro lado, que Donna encontra em suas memórias um rico repertório verbal construído por Willie e Carol, de vez que ela própria não tinha condições para fazê-lo.

Percebe-se, aqui, uma diferença fundamental entre ela e Temple Grandin, por exemplo, uma autista típica, na expressão do dr. Rimland. Ao contrário de Donna, Grandin estoca imagens na memória e pensa com elas e não em palavras. Seu segundo livro intitula-se apropriadamente *Thinking in pictures (Pensando em imagens).* Tudo o que lê tem de ser convertido em imagens, se é que ela pretende entender o que o texto deseja transmitir-lhe. Grandin é uma autista não-verbal. Não teve, aparentemente, como desenvolver, na área do hemisfério cerebral esquerdo, o mecanismo da palavra e nem o instalou alternativamente, à direita, como parece ser o caso de Donna. Ao que parece, ambas apresentam deficiências nos circuitos cerebrais esquerdos que não chegaram a ser montados e programados como deveriam ter sido. As negociações com a vida terrena tiveram de ser processadas por intermédio de mecanismos operacionais instalados à direita. Com uma decisiva diferença – Grandin não contou, aparentemente, com personalidades secundárias no seu psiquismo para desenvolver por ela e para ela o mecanismo verbal – ficou condicionada ao pensamento não-verbal. Enquanto isso, ao emergir das profundezas de seu próprio psiquismo para assumir o controle de sua mente, Donna estava, como Grandin, diante de um hemisfério esquerdo apenas esboçado, embrionário, insuficiente, inadequado, mas com todo um sistema *verbal* montado por Willie e Carol, e em operação, à direita.

Não seria correto minimizar suas dificuldades de adaptação, a fim de aprender a operar todo o complexo mecanismo de comunicação – o que vamos testemunhar mais adiante –, mas, pelo menos, tinha à sua disposição eficientes dispositivos de comunicação verbal. Grandin, não. Seu hemisfério esquerdo não podia responder às suas necessidades verbais e o direito tinha a lhe oferecer apenas pensamento não-verbal, em imagens.

Por isso, me sinto autorizado a propor que, tomando a ausência do mecanismo da comunicação verbal como um dos importantes índices aferidores da condição autística, Temple Grandin é uma verdadeira autista, ao passo que Donna Williams, dotada de excepcional poder verbal, não se enquadraria como autista típica, como assegura, com sua autoridade, o dr. Rimland.

Seja ou não autista, Donna Williams demonstra, com alguns *insights*, profunda compreensão do problema. A certa altura (p. 35), ela se pergunta: "a razão pela qual certas crianças parecem incompreensíveis não será porque muitas pessoas não sabem o que é sentir-se como elas se sentem?"

Frequentemente me tenho formulado perguntas dessa natureza. O autista pode se afigurar a nós outros, tidos por normais, pessoas fechadas em seu próprio mundo – e isso não deixa de ser verdadeiro, dado que eles próprios pensam assim. Mas será que, em relação ao mundo deles, também nós não nos fechamos nos nossos próprios espaços mentais? Pelo que tenho lido, eles demonstram, às vezes, nos conhecer melhor do que nós a eles. Tudo o que desejam é continuar lá, naquela dimensão em que vivem. Para eles, aquele é o mundo normal, não o nosso; é ali que estão seus sonhos, suas fantasias, tanto quanto suas realidades, provavelmente tão concretas quanto nos parecem as nossas. Na medida em que os deixamos lá, mostram-se concentrados na prática de suas rotinas. Agitam-se e se inquietam quando tentamos impor-lhes as nossas, muito mais complexas, como novas amarras que os prendem a um mundo indesejável e hostil. Não seriam eles que nos veem como autistas, interessados apenas em nós mesmos, nas nossas coisas, no nosso mundo? Curiosamente, contudo, Donna não se compraz em viver dentro dos acanhados limites que lhe são impostos. Embora a distância de "muitas milhas" como costuma dizer, ela participa, ela sabe do que se passa, funcionando ao mesmo tempo na plateia e no palco. Ela acha que as personagens que pensa ter criado para enfrentar o mundo são aspectos dela mesma. E diz: isto ou aquilo eu aprendi ou fiz *como* Willie ou *como* Carol. A partir do momento em que as personalidades secundárias recuam, sem explicações, para os bastidores, ela se esforça por ocupar os espaços deixados livres. Quer aprender a manipular adequadamente seu corpo físico e a operar a mente que herdou deles. Às vezes penso nela como despreparado passageiro de uma aeronave, que, numa dramática emergência, se vê forçado a ocupar o assento do piloto que acaba de sofrer um enfarte e teve de ser removido.

Ela estuda livros que a possam orientar, busca ajuda profissional, mas não quer entregar-se de corpo e alma a um psiquiatra. Tem lá suas reservas e acha que eles são uma espécie de biombo atrás do qual a gente se esconde e não era isso que ela queria. Ao contrário, ela queria ser gente, como os outros. O que também depõe contra a sua catalogação como autista. Refere-se elogiosamente, nessa passagem, ressalvando o dr. Theo Marek, um profissional que realmente a ajudou com seus métodos não muito ortodoxos.

Nesse ínterim, ela demonstra notável capacidade de autoanálise. Consciente, ao mesmo tempo, de suas severas limitações e dos seus incríveis talentos, considera-se – corretamente, a meu ver – simultaneamente um gênio e uma retardada mental. Genialidade numa área de seu psiquismo, despreparo na outra, a que ficou durante anos submersa nos porões de sua própria mente.

Ao escrever seu primeiro livro, revela: "tive uma compreensão intuitiva de que eu era, de certa forma, muito velha e de outra, muito jovem" (p. 41). A experiência, a maturidade e o acervo de conhecimentos próprios à velhice, no inconsciente, na individualidade e o retardamento mental, na personalidade inacabada, aliás, mal esboçada, à esquerda. Pouco adiante (p. 42), demonstra uma vez mais sua competência verbal, ao criar inteligente jogo de palavras para caracterizar a oscilação entre a genialidade e o retardamento. Sem poder usar a palavra empregada por ela – *disabled* – tomo, em português, a mais aproximada – *despreparada*. Donna se diz uma despreparada "com enorme *preparo*, mas ainda um tanto *des*".

Ela era capaz de dirigir carros, pintar, compor música, falar várias línguas aparentemente sem pensar e sem esforço, mas, para fazê-lo, tinha de "desligar-se" totalmente do que ocorria à sua volta, isolando-se de qualquer outra solicitação ou estímulo externo. E acrescenta: "Era como possuir um cérebro sem sistema de filtragem, mas meu 'sucesso' e o 'elevado nível de funcionamento' produziam, no sistema, paralisações, sobrecargas, dissociações e ausências" (p. 44).

Convém nos demorarmos um pouco nessas reflexões pela relevância do que está por trás delas. Como se percebe, ela podia operar o sistema mais sofisticado de sua mente mediante determinadas condições e a um 'custo' bastante elevado. Somente consegue galgar o nível da genialidade, após uma dissociação da personalidade – a sua própria, seu lado 'retardado', para usar sua expressão. Com isso, abre espaço para uma personalidade secundária (Willie ou o seu próprio 'eu superior'), em condições de operar os sofisticados dispositivos da mente. O emprego da palavra *dissociação* indica sua familiaridade com a terminologia da psiquiatria, que considera as personalidades secundárias resultantes da dissociação da mente.

Nesse mesmo contexto psiquiátrico da personalidade múltipla, encontramos a expressão *ausência* – a autora usa o equivalente inglês *losing time*, de vez que ocorre aí um lapso de tempo do qual a memória de vigília não tem conhecimento. É que, ao ceder sua instrumentação mental às personalidades secundárias, a personalidade nuclear sai do circuito e, ao retomar a posse do corpo, não tem consciência do que se passou na sua ausência.

É, sem tirar nem por, o que ocorre no fenômeno mediúnico – o sensitivo retira-se (espiritualmente) do seu corpo físico para cedê-lo à entidade manifestante. Ao regressar, não tem, usualmente, conhecimento do que aconteceu ou do que foi dito, ou escrito, enquanto esteve fora. Em ambos os casos há uma espécie de transe, o que Donna Williams confirma, ao referir-se ao seu próprio estado habitual de *sleep-walking* (sonambulismo).

Acrescenta, ainda, ser capaz de fazer "qualquer coisa" recorrendo aos seus arquivos mentais "sem nenhuma consciência pessoal", ao mesmo tempo em que se declara "incapaz de fazer conscientemente qualquer coisa complexa" (p. 45).

Não é, pois, no seu estado habitual de vigília que ela produz textos, músicas ou pinturas, mas com uma consciência inconsciente, se me permitem o paradoxo.

Bem que ela suspeita, intuitivamente, da presença de Willie nesse processo, ao declarar, a seguir, que lhe parece possível fazer qualquer coisa durante o sonho – o que é válido para todos nós. Quanto a ela, no entanto, parece "ter vivido continuamente, ora dentro, ora fora do sonho. Acho" – acrescenta significativamente – "que Willie foi meu piloto em situações estressantes". Não apenas em tais situações, a meu ver, mas em numerosas outras, especialmente naquelas em que se manifesta o polo genial daquele condomínio espiritual.

Com isso, parecia-lhe estar sempre assistindo a um filme sobre a vida de alguém, cabendo ao seu corpo o "papel principal" (p. 45).

Uma pequena correção se faz necessária aqui. Seu corpo não protagoniza o papel – ele apenas funciona como instrumento que alguém movimenta e faz falar, pintar, compor ou escrever. Como a entidade genial em Donna opera do lado atemporal, plugado no hemisfério direito, ocorrem coisas atemporais como o quadro representativo de uma vista do Central Park, em Nova York, pintado quatro meses antes de haver contemplado a paisagem, do décimo quinto andar de seu apartamento de hotel. Alguém, dentro dela, foi ao futuro e pintou o cenário que ela ainda não conhecia. Ou, alternativamente, foi ao local, por desdobramento, em espírito, enquanto seu corpo repousava alhures.

De qualquer modo, ao assumir, gradativamente a posse de seu corpo, após haver emergido dos porões onde vivera exilada, Donna encontra um acervo considerável de dados, informações e imagens, de memórias, enfim. E junto disso tudo, os painéis de controle para movimentar os arquivos. Por isso diz: "as memórias eram minhas, fosse eu quem fosse" (p. 51).

Eu diria de modo diferente. As memórias *passaram a ser* dela, mas não haviam sido criadas por ela e sim pelas personalidades secundárias que ali viveram. É como se ela despertasse dentro de si mesma, após longa ausência, e lá encontrasse todo uma estrutura mental em pleno funcionamento. Sua dificuldade principal, a meu ver, estava em que ela precisava entender tão rapidamente quanto possível o sistema operacional instalado no hemisfério direito e fazê-lo funcionar no intercâmbio com a vida terrena, dado que não dispunha de programação adequada para isso do lado esquerdo, o hemisfério próprio para a interface com o varejo da existência material.

Enquanto se esforçava por fazer tudo isso funcionar de modo satisfatório ou, no mínimo, razoável, sua mente parecia oscilar entre a genialidade e o retardamento. "Eu não era burra" – escreve (p. 60) –, "nem doida, no entanto, ainda não era 'normal'".

Às vezes, conseguia captar o que caracteriza como "aqueles conceitos invisíveis e intocáveis; mas, sem imagens interiores, eles se perdiam à deriva como nuvens diáfanas" (p. 68). Na sua própria metáfora, à página 75, ela era "o equivalente verbal de uma pessoa dislética que leva consigo um jornal, mas queixa-se de não poder lê-lo porque não sabe onde deixou os óculos".

Ainda mais grave do que isso é que as palavras estocadas no seu vasto arquivo mnemônico tinham para ela pouco ou nenhum conteúdo emocional. Claro: não foram gravadas por ela, pessoalmente, mas por outras personalidades, em seu nome, agindo como que por procuração com plenos poderes. Os registros puramente semânticos ali estavam preservados, mas as emoções correspondentes foram-se com as personalidades que as haviam vivido. Donna não vivera aquelas emoções, que eram alheias – as suas não deixavam registros verbais.

Desde muito cedo, na vida, fora grande a dificuldade de entender o que os outros lhe diziam. No fundo, só faziam sentido para ela – confessa (p. 97) – aquilo que 'ouvia' de si mesma. Compreendia apenas cinco ou dez por cento do que lhe falavam, "a não ser que repetisse as palavras para si mesma", o que, de certa forma, explica a ecolalia. Experimentava com outros recursos, tentando imaginar o que ela desejaria dizer se usasse aquelas mesmas palavras com seus próprios pensamentos. Tentou, igualmente, converter em palavras as imagens que lhe ocorriam. Tais artifícios contribuíram para melhor entendimento do que lhe diziam. No seu dizer, passou a compreender cerca de cinquenta por cento nos dias normais e até setenta, nos seus melhores dias. Isso em conversação com uma única pessoa. Quando se via diante de mais de uma o índice de aproveitamento caía drasticamente. Com um grupo maior, a voltagem subia e a sobrecarga a levava ao caos mental.

Na sua inteligente maneira de avaliar-se e de expressar-se, escreveu certa vez ao dr. Marek – ela transcreve várias de suas cartas – para dizer-lhe que sua "capacidade para falar era grande, mas a de conversar ainda não era boa" (p. 100). Parece querer dizer com isso que era uma pessoa razoável para o monólogo, mas limitada no contexto do diálogo.

Aliás, são frequentes as frases engenhosas nos seus textos, especialmente nos poemas, dos quais ela reproduz alguns. Veja esta observação, numa das cartas autoanalíticas ao dr. Marek: "Só a agonia é aterradora. É muito mais fácil conviver com a morte" (p. 101).

Às vezes, entrava em pânico. Parecia mergulhar numa "coisa híbrida", que a deixava em indescritível estado de terror, irracional, como sempre. Descobriu, afinal, de onde provinha aquela tenebrosa sensação de sufocamento. Começou, figurativamente, a puxar 'aquilo' para fora, aos pedacinhos, pouco a pouco – descobriu que era o seu próprio corpo. Gritava desesperadamente, mas a "voz não pertence a você" – interpreta (p. 102) – "porque não há você e, portanto, não há voz". Parecia-lhe estar morrendo; por isso imagina a morte mais aceitável do que o ato mesmo de morrer. Somente após vinte e seis anos de convivência com esse pânico insensato, descobriria que aquele arrasador tumulto interior não significava a proximidade da morte, mas das emoções. Achava que Willie e Carol é que a haviam livrado do "Grande e Negro Nada".

Penso que essas terríveis crises de angústia e pavor eram suscitadas por regressões ao tempo em que se vira irresistivelmente atraída para o processo da reencarnação. Uma vez aprisionada no corpo físico, contudo, decidiu trabalhar para assumir-lhe os controles. Qualquer coisa seria melhor do que o estado de pânico e insegurança em que vivia nos porões de seu psiquismo. Decidira, afinal, aceitar a vida.

Viera, através dos anos, tentando desesperadamente galgar um nível que lhe permitisse, não apenas assistir ao que se passava com o seu corpo físico, mas participar das suas vivências. Aos poucos ia conseguindo emergir em busca de seu verdadeiro lar, mas, para desencanto seu, "via-se do lado de fora de uma casa fechada" (p. 115). Isto levou-a a entender que seu estado permanente de guerra com o mundo dos outros não era, propriamente, resultante de uma rejeição, mas de sua incapacidade para mantê-lo sob controle. Na realidade, acabara de descobrir que "nunca existira, nunca" aquilo a que se acostumara a considerar o "seu mundo" em contraste com "o mundo".

Mais uma vez temos de recorrer ao dr. Rimland para reiterar que Donna Williams não foi realmente uma autista típica. Ela não rejeitava o mundo, queria-o tanto que conseguiu escalar, milímetro a milímetro, o paredão escorregadio do poço de terrores em que se metera. Se em algum ponto de sua trajetória recusara a reencarnação, mudara de ideia.

Tinha ainda muito a aprender, a começar pela compreensão do que 'os outros' entendiam por emoção. Disposta a investigar o enigma, apresentou-se com uma estranha demanda, de lápis e papel nas mãos, aos Millers, seus novos amigos. "Desejo que vocês me mostrem emoções" – declarou.

O grande problema desse difícil aprendizado estava em que ela, confessadamente, sentia a imperiosa necessidade de "ensinar aos professores" como ensinar-lhe (p. 116).

De que modo, por exemplo, poderia certificar-se de que uma pessoa estava ou não zangada ou aborrecida com ela? Como aprender coisas dessa ordem? A cada momento "novos corredores" surgiam dentro de sua mente, "à medida em que anos de conhecimento ocioso acumulado encontravam as estruturas adequadas nas quais se encaixassem" (p. 128).

Isso, por outro lado, a colocava diante de aspectos dolorosos da vida. Era um novo terror a combater – o da sua própria vulnerabilidade, resultante de uma exposição muito maior aos conflitos da vida terrena. Era com recursos próprios, ainda não adequadamente amadurecidos, que tinha de manter intercâmbio com gente, coisas e acontecimentos do mundo, lá fora. Ainda não tinha o controle da arte da conversação, especialmente com mais de uma pessoa. "Eu estava sempre a umas poucas sentenças atrás, cada vez que o rumo da conversação mudava", confessa (p. 152). Cada frase tinha de ser mentalmente processada, a fim de ser entendida e gerar, eventualmente, uma resposta ou comentário.

Começara a aprender coisas com seus próprios recursos, "sem a ajuda de Willie e de Carol" – acrescenta (p. 162) –, mas ainda se utilizava de "vozes, expressões faciais e movimentos arquivados (na memória)". As emoções continuavam, na melhor hipótese, postiças. Sentia-se, ainda, navegando com o piloto automático. "Eu era o capitão do navio" – comenta, a seguir – "mas ainda usava para manobrá-lo uma instrumentação de controle com a qual tivera pouco tempo para me familiarizar ou para considerar minha."

A situação é mais dramática do que essas palavras possam revelar ou sugerir. Donna ainda não conseguira desenvolver qualquer sentimento de propriedade em relação ao próprio corpo físico, que continuava sendo, para ela, um mero objeto, literalmente um corpo estranho no contexto de seu psiquismo.

De minha parte, atribuo esse alheamento ao fato de não ter ela programado o hemisfério esquerdo para sua habitual tarefa de interação com a vida terrena. Seus sensores continuavam implantados no que ela chama de *inner body*, ou seja, o "corpo interior". Mais uma vez, sua intuição acerta em cheio. Esse é o corpo que nos textos de Allan Kardec figura como perispírito e que Paulo de Tarso caracterizou como "corpo espiritual". Segundo ela, "na ausência de sensores (corporais) para visão, audição e tato", funcionam os localizados no "corpo interior" (p. 232).

Desenvolveu, para isso, uma sensibilidade extracorpórea, com a qual "podia ver e ouvir onde estava meu corpo". Contemplava-o, portanto, de fora, à distância. O corpo não era algo dentro do qual ela se encontrava, mas um objeto separado dela e até dotado de vontade própria, sobre a qual praticamente ela não exercia qualquer influência.

É necessário, neste ponto, examinar o fenômeno com suas próprias palavras, que traduzo, da página 232:

> Se eu tocasse minha perna, era capaz de senti-la na mão ou na perna, mas não em ambas ao mesmo tempo. A percepção do corpo como um todo fragmentava-se em partículas. Eu era um braço, uma perna ou um nariz. Às vezes, sentia perfeitamente determinada parte, mas a partícula a que ela se ligava era como um pedaço de madeira, o pé de uma mesa, e tão morta quanto a própria mesa. As únicas diferenças seriam a textura e a temperatura.

Tocava uma das mãos com a outra, muitas vezes, mas ambas eram pedaços de carne, sangue e ossos, desenhados de certa forma, localizados em determinada parte do corpo e programados para cumprir tarefas específicas, "como algo que a gente chama de 'mãos'" (p. 132).

> Não havia qualquer ligação emocional com elas, nenhum senso de propriedade em relação a elas e, portanto, nenhum sentido especial no ato de tocar as mãos. Tratava-se da mera colisão de dois objetos no espaço.

Com o tempo, começou a experimentar uma conscientização mais viva de "quando se tornava necessário ir ao banheiro e acabava indo em vez de explodir".

A partir de certo momento, contudo – parece que estimulado pelo seu relacionamento com Ian, um de seus poucos amigos –, começou a experimentar uma "sensação interior tanto na mão como na perna, simultaneamente". A mão parecia, agora, algo 'dentro' dela, não como uma coisa de fora que a tocasse. Sentia-se um extraterrestre que, de repente, tomasse conhecimento de que havia ali um corpo físico à sua disposição e que esse corpo lhe pertencia. "Meu Deus" – comentou consigo mesma –, "tenho um corpo!"

Adquirira, afinal, a sensação de ser uma pessoa adulta, de tamanho normal, pois, até então, vivera encurralada no corpo que tivera aos três anos e meio de idade.

Foi a ligação com o corpo físico – confessa (p. 233) – "a ponte através da impraticável garganta que se colocara entre mim e o meu contato com as sensações".

Numa declaração final de princípios, proclama que "A vida não pertence ao autismo, e sim a mim" (p. 237). E, na página seguinte: "A coisa mais importante que aprendi é a de que EU NÃO SOU O AUTISMO", mesmo porque o autismo, no seu entender, consiste em "um problema de processamento de informações".

Seu livro encerra-se com a segunda coisa mais importante que aprendera: "Sou capaz de combater o autismo... vou controlá-lo... ele não me controlará".

Excelentes propósitos, esses. E não há como por em dúvida a capacidade e a determinação de Donna Williams para assumir o controle de sua vida à medida em que vai conseguindo entender e operar adequadamente o painel de comando mental.

Mas ainda temos o que aprender com o fascinante depoimento de Donna Williams. Façamos uma pausa para prosseguir na exploração de outros aspectos.

Temos conversado aqui sobre a interface mente/corpo, em Donna. Penso que, pelas suas implicações, o assunto merece observações e reflexões adicionais. A certa altura, ela se dá conta de que lhe faltam faculdades e recursos que parecem comuns nos outros. Na lista elaborada para corrigir tais deficiências pessoais, ela coloca, em primeiro lugar, a necessidade de uma ligação com o *corpo*, as sensações e o passado. Precisava, ainda, desenvolver a autoconfiança, a familiaridade, amizades, a aceitação do mundo, tal como ele é, "sem garantias", bem como enfrentar os conflitos sem fugir para dentro de si mesma.

Seu relacionamento com o corpo físico ainda é complexo e, no mínimo, ambíguo. De início, como vimos em alguns exemplos, ela o considera mero objeto, insensível, obstrutivo, que nada tem a ver com ela. Lembramo-nos da ocasião em que retalhou o rosto com cacos de louça. De outras vezes, crava os dentes na própria carne "como um animal que morde as barras da jaula", sem perceber que a jaula, no seu dizer "era meu próprio corpo" (p. 9). As pernas, parecendo dotadas de autonomia, faziam-na andar em círculo "como se lhes fosse possível disparar na frente do corpo ao qual pertenciam". Batia com a cabeça onde quer que estivesse, num esforço irracional de "partir uma noz que ficara grande demais para a própria casca".

A partir do momento em que começou a emergir para assumir o controle das funções corporais, as dificuldades aumentaram. Tinha, agora, que cumprir as tarefas voluntárias que mantinham o corpo em razoável funcionalidade. Até então, Willie e Carol cuidavam disso para ela. Custava a perceber que as tonteiras que passou a experimentar resultavam do fato de que seu corpo "esquecia-se de respirar, de comer, beber água ou ir ao banheiro". Embora aquilo parecesse uma compulsão suicida, na verdade, ela é que não tinha controle sobre as funções corporais. Começou a perder peso. Entendia o processo como uma disputa mortal entre o consciente e o inconsciente.

Concentrava-se desesperadamente no esforço de se lembrar que tinha de respirar e alimentar-se regularmente. Vivia a repetir as palavras-chaves: alimento, comer, alimento, geladeira, alimento, cozinhar, alimento, forno, armário, panelas...

Abandonada por Willie e Carol, inicia um processo mental de autoanálise, a fim de tentar recuperar um pouco de sua própria história pessoal e do seu papel naquele estranho trio.

Perdida, de início, em "esmagadora sensação de surdez interior"– depõe (p. 9) –, encontrara refúgio em Willie, "um jeito de aliviar a sobrecarga sem precisar expressar-me". Foi a partir de então que ela e Willie se tornaram inseparáveis. Achava muito natural que ambos convivessem no mesmo corpo. Foi acusada de estar sendo possuída, o que, a meu ver, era realmente o que acontecia. "Eu não tinha razão alguma para acreditar que fôssemos apenas uma pessoa" – esclarece. "Como poderíamos ser? Éramos tão diferentes!"

Analisando Willie mais tarde, ela o considera "superficial nas suas emoções", mas, ainda assim, atencioso e interessado, "a despeito de sua falta de curiosidade".

O perfil está desenhado com poucos, mas expressivos traços. Vejo Willie como entidade espiritual exógena ali presente não para envolver-se nas emoções infantis de Donna e nem para permiti-las em si mesmo, mas para ajudar a uma pessoa desorientada a pôr um mínimo de ordem na sua tarefa de viver. Não creio que lhe falte curiosidade. Revela-se amadurecido, competente, brilhante mesmo, um erudito, no dizer de Donna. Não tinha muito o que aprender – estava ali de passagem, para ensinar, apoiar, caminhar um pedaço do caminho com alguém por quem obviamente se interessa e que não sabe o que está fazendo e para onde deve ir.

Donna identifica nele a presença do rancor. Parecia temperamental e não admitia abusos da parte de ninguém. Estaria, por certo, convencido de que, sem ele e o seu ar zangado, Donna não passaria de uma coisa, um molambo, exposta a todo e qualquer tipo de abuso. Mesmo a sua presença e sua atitude defensiva não conseguiram senão atenuar a cruel manipulação da 'dona' daquele corpo.

Acrescenta ela, no seu texto – ainda à página 9 – que Willie demonstrava inflexível determinação e agudo "senso de justiça e equidade". Era, no dizer de Donna, "um livro didático ambulante" (p. 7), um colecionador de fatos, num mundo que os privilegia. Era ele quem exercia a antipática função de carcereiro, numa prisão invisível de segurança máxima, na qual Donna estava encerrada. Às vezes – depõe ela –, deixava-a sair por bom comportamento, mas sempre sob condições impostas por ele. Donna o caracteriza como "espantosamente forte e sem medo de coisa alguma". Apesar de contar apenas com o frágil corpo de Donna, de pouco mais de metro e meio de altura, era capaz de levantar guarda-roupas e geladeiras, como se fossem um punhado de palha (Fenômeno indêntico ocorria com uma das personalidades secundárias de Billy Milligan [Ver *The minds of Billy Milligan*, de Donald Keyes]).

Além de tais proezas, Willie era "totalmente insensível à dor – física, mental e emocional", esclarece Donna. Mantinha-se sempre no controle das mais complexas situações. Donna sentia-se, por isso, plenamente à vontade para retirar-se para as profundezas de sua cela mental, deixando em funcionamento o que ela dizia ser seu "piloto automático". A insensibilidade à dor constitui indício de que ele não estava biologicamente ligado ao corpo físico de Donna. Tratava-se, na melhor hipótese, de um visitante (*drop-in*) e, na mais grave, um invasor, em ambos os casos dotado de poderes muito bem caracterizados e que ele fazia questão de exercer.

Willie tinha, ainda, capacidade de ler pilhas de livros, com velocidade eletrônica, memorizar fatos e ideias e impressionar as pessoas com as quais se comunicava com o elevado nível e o volume de conhecimento à sua disposição.

Carol surgiu ano e meio depois de Willie. "Ela tomou posse do objeto que constituía o cadáver vivo de meu corpo e passou a partilhá-lo com 'o mundo', em troca de aceitação." Uma barganha, na qual várias pessoas estavam interessadas – Donna porque não sabia o que fazer do corpo, nem relacionar-se com o próximo, Carol porque, com o corpo emprestado, podia desfrutar dos prazeres da vida terrena e Willie, afinal de contas, porque podia concentrar-se na tarefa de administrar a mente de Donna.

Carol foi a amiga que Donna desejava para si – uma pessoa com a qual ela se sentia em segurança e que a compreendia. Não sei se o termo segurança aplica-se corretamente à situação, dado que, na posse do corpo de Donna, Carol meteu-se em aventuras e envolveu-se com estranhos tipos. Mesmo assim, Donna achava que Carol era a pessoa que todo mundo desejava que ela, Donna, fosse – sorridente, uma serelepe social, que escondia, atrás da máscara alegre e da facilidade de comunicação, a menina-problema que deveria "ser executada ou enviada para alguma instituição".

Ao contrário de Willie, que parecia viver em guerra com o mundo, Carol participava das coisas do mundo, integrara-se nele, interessada em desempenhar da melhor maneira possível seu papel de Donna Williams.

A chegada dessas duas personalidades provocaria mudanças radicais na vida de Donna. Até os três anos de idade – informa ela (p. 10) – "movimentei-me livremente dentro de 'meu mundo'. Progressivamente Donna passou a ser vista em instantâneos cada vez mais rápidos, até que nada mais restara de visível dela. Ela se confessa 'morta' a maior parte do tempo. Willie, de sua base de operações na mente, pensava por ela; Carol, na posse do corpo físico, vivia por ela.

A experiência de escrever o primeiro livro – *Nobody nowhere* – foi reveladora e não estou certo de que Donna Williams tenha apreendido corretamente todas as implicações da tarefa. Para que isto fosse possível, ela teria de contar com uma leitura espiritual da vida, o que, obviamente, não é o seu caso.

Pelo que informa – (p. 15) –, escassa consciência tinha ela do que estava sendo escrito. O texto parecia jorrar pronto e acabado, sem a enfadonha rotina de rescrever, rever e revisar. Ela batia furiosamente o teclado, a ponto de projetar os tipos em relevo do outro lado do papel, e só tomava conhecimento real das palavras ao ler posteriormente, página por página. "Durante quatro obsessivas semanas" – depõe Donna (p. 15) –, "Willie, Carol e eu chegamos a viver juntos simultaneamente, como nunca em vinte e cinco anos." Era, pois, um projeto coletivo, um depoimento, no qual cada uma das personagens contribuiu com a sua parte na história do condomínio.

Juntos, leram os originais, sacudidos pelas emoções que o relato suscitava, incomodados ante as vivências dos outros sobre as quais não exerciam controle algum. Mas o arranjo entre eles persistiu. Willie e Carol, na opinião posterior de Donna, "incumbiam-se do problema da sobrevivência", particularmente, a do corpo físico, sem o qual não haveria como conviverem no mundo material. Como sempre, Willie continuou sendo o erudito, o zelador de rico acervo cultural, ao passo que Carol tinha seu "repertório de macetes sociais". De uma coisa Donna estava certa – Carol era uma pessoa e ela, Donna, outra.

Nas entrevistas com o dr. Marek, Willie assumia o controle e ali ficava, diante do psiquiatra, "como um bem-vestido e educado candidato de programa de auditório, apoderando-se calmamente de palavras-chaves para, com elas, discorrer com a refinada postura e o tom de um respeitável colega..." (p. 40). Em dois anos de psicoterapia, sentia-se perfeitamente à vontade no seu papel de Donna Williams, com a qual o doutor julgava falar o tempo todo.

De repente, Willie e Carol desapareceram do cenário. Numa dramática experiência com exercícios físicos numa piscina, Donna percebeu o quanto era vulnerável sem eles. Não sabia ao certo o que estava acontecendo e por quê. Seu pavor de tocar alguém ou ser tocada – uma característica do autismo – precipitou o incidente. Ela saltou na água, juntamente com outras pessoas. Quando o instrutor comandou que se dessem as mãos, o pânico disparou o mecanismo psicossomático do caos. Uma voz "pertencente ao corpo ao meu lado" disse seu nome. Pelos cabelos – longos e enrolados –, Donna identificou aquele corpo como sendo de Helen. Pelo menos era alguém vagamente conhecido. Quando, do lado oposto, lhe estenderam outra mão, ocorreu a sobrecarga e ela passou mal. As lágrimas corriam pela face, o corpo tremia, o nariz começou a escorrer, o estômago revoltou-se. Foi um horror! Teve de ser retirada da água e colocada à beira da piscina com um monte de gente em torno dela, como se ela fosse um monstro que acabava de ser resgatado das águas.

Insistiu em reunir-se ao grupo. Não podia dar-se ao luxo de retirar-se, porque os exercícios faziam parte de um conjunto de testes, na disputa de um emprego de instrutora em um colégio especializado. Voltou para a água.

> Willie não veio me salvar, proteger-me ou desligar-me do corpo e das emoções [queixa-se (p. 84)]. Carol não apareceu para me animar, fazer-me rir, fingindo que se tratava de uma grande piada. Eu estava agudamente consciente de minha vulnerabilidade. Estava por minha própria conta. Nascera em mim uma sensação de perigo.

Precisava de alguém que a entendesse, mas:

> (...) meus dois melhores amigos, Carol e Willie, haviam morrido e eu nem comparecera aos funerais. Não havia corpos a enterrar. O impacto deixou-me pesada impressão. Fui para casa e conversei com a máquina de escrever.

Mais tarde, no entanto, em outra oportunidade particularmente estressante, Carol "voltou do mundo dos mortos" e assumiu por ela o controle da situação. Deu uma aula em nome, e como se fosse Donna, que estava sendo avaliada para um novo emprego. Passou.

Willie também reassumiria o controle, em uma situação que raspou pela tragédia. Ela estava em Londres, cuidando do lançamento do primeiro livro. A agente literária hospedou-a num hotel. À noite, ela resolveu sair para dar uma caminhada pelas ruas. Sentia-se assustada, confusa, abandonada, solitária. Além do mais, mergulhara numa crise de hipoglicemia, dado que, mais uma vez, esquecera-se há muito de tomar algum alimento. Mesmo que lhe ocorresse, naquele momento, a palavra 'alimento', não saberia o que fazer dela.

Na sua desesperada caminhada para lugar nenhum – havia, inclusive, passado diante do hotel em que estava hospedada, que lhe pareceu vagamente familiar –, deu com alguns homens diante de uma casa. "*Scatar*" – rosnou um deles. Ela respondeu no mesmo tom e com o mesmo sotaque, sem saber que havia sido chamada de prostituta, em macedônio. E ainda cuspiu na calçada, num gesto súbito e automático. Ao prosseguir a caminhada, viu que os homens haviam tomado um carro e a seguiam. Um deles botou a cabeça para fora e lhe endereçou um palavrão na mesma língua.

Invadiu-a, nesse ponto, uma sensação de urgência e perigo. Sua própria voz – ou seria a de Willie? – dizia-lhe para continuar caminhando. Subitamente percebeu que Willie estava de volta e na hora certa. "Vá para o hotel!" – comandou ele com uma energia que conseguiu atravessar as camadas de sua confusão interior. "Sentia-me de volta à minha família" – comenta aliviada (p. 179). Os homens passaram por ela e a deixaram em paz.

A cada esquina parecia ver os olhos de Willie na escuridão a dirigir seus passos pelas ruas, enquanto ela se sentia "meio adormecida nas sombras". Ao chegar ao hotel, Willie disse-lhe que era ali. Era ali o quê? – perguntava-se ela, com um resíduo de rebeldia ainda a vencer. "Entre – disse Willie a si mesmo." A confusão mental, contudo, não se diluía. O hotel lhe era familiar, ela sabia que estava hospedada ali, mas as palavras soltas – *eu, hotel, hospedada* – não interagiam, não formavam, juntas, um significado – eram, no seu dizer "conceitos flutuantes" (p. 180), teóricos, sem nenhum sentido pessoal para ela.

A crise de hipoglicemia aprofundara-se e ela percebia vagamente que poderia adormecer e não acordar mais. Mesmo assim, não conseguia coordenar os pensamentos de modo a providenciar uma urgentíssima refeição salvadora.

Acordou coberta de suor, o coração aos pulos. Mais concentrada e livre da terrível sensação causada por aqueles homens seguindo-a na rua escura, conseguiu levantar-se e ingerir algum alimento – biscoitos, pão, suco de laranja e vitaminas. Adormeceu de novo e jurou, ao acordar no dia seguinte, que jamais sairia à rua sem comer alguma coisa.

Misteriosamente ressuscitado de entre os mortos, Willie salvara-a mais uma vez.

Mais adiante, descobriu Ian, numa loja de instrumentos musicais. A música era algo em comum entre eles, mas não apenas isso. A certa altura das intermináveis conversas, ele lhe fez uma pergunta para a qual ela não tinha resposta: "Será que já nos conhecemos antes?" Donna parecia saber tudo sobre ele. Os diálogos nem seriam entendidos por alguém que estivesse por perto a ouvi-los.

Ian estava convencido de haver nascido na época errada. Queria saber como é que Donna conseguia ser do jeito que era. Essa resposta ela sabia: "Eu me pertenço" – disse-lhe. Queria dizer que era dona de seu destino. Seria mesmo? Se não estava certa quanto a ela mesma, o conselho dado a Ian era correto: "Você tem de ser dono de si mesmo" – ensinou.

É que Ian, como Donna, convivia com uma porção de gente dentro dele, tinha também seu condomínio. Personalidades secundárias, que Donna chamou de "personagens" (*characters*), Ian rotulava de *faces*. As várias 'faces' não deixavam Ian ser ele mesmo. Como em Donna, elas emergiam subitamente e assumiam o controle da situação. "Era como entrar em estado alterado de consciência" – explica Donna (p. 209) – , "como dar vida a seres oníricos". Sem estar adequadamente instruída pela realidade espiritual, o que Donna propunha a Ian era que desenvolvesse a faculdade de rejeitar as incorporações, nos momentos inoportunos, a toda hora, em qualquer lugar. No que estava certa, aliás. Mediunidade sem controle constitui permanente situação de risco. Curiosamente, Robertito empregava a mesma expressão, em espanhol – em vez de *faces*, via *caras*, à sua volta. Só que em Donna e em Ian essas faces ou caras invadiam o psiquismo de seus descontrolados hospedeiros.

Os estados alterados aconteciam a qualquer momento, como se ele "estivesse entrado em transe", informa Donna. Na convivência com ele, ela experimentava a sensação de encontrar-se "em companhia de uma série de estranhos e, no entanto, isso me era assustadoramente familiar" (p. 223). Às vezes, ele mudava de minuto a minuto, não apenas a expressão facial, como a corporal, o modo de falar e agir. Pela primeira vez, Donna presenciava aquele tipo de fenômeno em outra pessoa e compreendia agora porque ela causava espanto em quem a via passar por alterações semelhantes. Também estava assustada com o desfile de 'faces' no corpo físico de Ian. Ele funcionava como "boneco operado por um ventríloquo" (p. 225). Algumas personalidades revelavam-se na defensiva, outras agressivas ou sarcásticas. Uma delas foi particularmente tocante. Palavras e atitudes eram compassivas. A entidade parecia pedir desculpas e recomendar paciência, "como um sacerdote tentando consolar os parentes de um morto" – depõe Donna (p. 225).

Ao cabo de longo tempo, Ian voltou de onde quer que estivera para reassumir o corpo. Donna informa que ele desabou sobre uma poça de lágrimas diante dele na mesa. Mostrava-se exausto, desorientado, sem saber onde estava e o que lhe acontecera. Donna acabara de assistir, provavelmente sem se dar conta disso, a sua primeira sessão mediúnica. Até então – confessa –, só havia visto aquilo acontecer com ela mesma.

Encontraria outro caso parecido. Olivier trabalhava num hotel em Londres, no qual ela se hospedara, e que lhe permitia usar a cozinha, a fim de preparar os pratos especiais de sua dieta. Cruzavam-se, aparentemente sem se dar conta um do outro, mas atentos, ambos.

Num daqueles dias, Donna estava no salão do hotel, pensando em sair para uma caminhada pela cidade, quando Olivier passou, após cumprida sua jornada de trabalho. "Por que tenho de levar a vida dando voltas numa jaula?" – disse ele para si mesmo. "As palavras" – escreve Donna (p. 191) – "foram pronunciadas no vazio que, por coincidência, acontecia conter alguém" – ela, naturalmente. Teve a impressão de estar contemplando um fantasma.

Para encurtar a estória, Donna e Olivier começaram a entender-se. Também a estranha e sofrida criatura tinha problemas de identidade e, mais do que isso, era uma prisioneira de si mesma – como Donna –, enquanto diferentes personalidades disputavam-lhe a posse do corpo. Uma das personalidades era feminina – sua versão de Carol, esclarece Donna – e chamava-se Bettina. Uma das masculinas fazia lembrar Willie, com seu acervo de conhecimentos, de fatos e ideias. Era um sujeito prático, racional, responsável – um verdadeiro arquivo pensante e ambulante. Olivier o conhecia como *O Gerente*. O que para Donna eram "personagens" e para Ian, "faces", para Olivier eram "imagens". Terminologia diferente para o mesmo objeto, no mesmo contexto psicológico.

De dentro da jaula, a personalidade nuclear de Olivier assistia à movimentação das personalidades alternativas na posse de seu corpo físico. Às vezes, confessou a Donna, sentia-se atraído por alguém de modo tão intenso que doía, mas ele continuava, no seu próprio dizer, "por trás da máscara". Desejava até que o tocassem, num gesto simples e humano de afeto, mas, se isso acontecia, a pessoa – geralmente um homem – pretendia logo "dormir com meu corpo"– diz ele. E isso ele não queria. Não se entregaria à prática do homossexualismo simplesmente porque convivia com uma personalidade feminina imantada ao seu corpo físico.

Situação semelhante ocorre com Billy Milligan. Entre duas dúzias ou mais de entidades invasoras, havia Adalana, personalidade feminina que tentava relações homossexuais com mulheres, utilizando-se do corpo físico (masculino) de Billy, seu hospedeiro. Num desses episódios, Billy foi preso e condenado por assalto à mão armada, seguido de tentativa de estupro. O assalto fora praticado por Ragen Vadascovinich, um iugoslavo de grande porte e descomunal força física. A tentativa de estupro deveu-se a Adalana. Billy Milligan, naturalmente, respondeu pelos crimes. Como convencer a polícia de que não foi ele que os cometeu? Afinal de contas, a documentação de identidade lá estava com seu retrato e dados pessoais, confirmando que ele era William S. Milligan.

Antes de encerrar este módulo sobre a dramática história de Donna Williams, convém examinar algumas de suas reflexões finais. Encontramo-las à página 214 de seu livro.

No seu entender, algumas pessoas acham que certos autistas possam deixar de sê-lo, ou seja, conseguem "curar-se". Há, também, os que não acreditam em nenhum tipo de cura e se sentem justificados em desistir de qualquer tratamento, mesmo que seja um mínimo de atenção compassiva e amorosa. São os que entregam filhos ou filhas a instituições especializadas tidas por hospitalares, mas que, com frequência, não passam de meros depósitos de gente, não muito diferentes desses almoxarifados nos quais peças e objetos são colocados em prateleiras por tempo indeterminado, ou abandonadas ao relento até se tornarem imprestáveis de todo.

Se algum tipo de 'cura' acontece – prossegue Donna – não falta quem pense que o diagnóstico estava errado. Não era autismo, dogmaticamente considerado incurável. Veremos, nos relatos de Barry Neil Kaufman, que as coisas não são exatamente assim, especialmente quando um tratamento adequado é iniciado logo nos primeiros anos de vida da criança, preferencialmente antes dos três anos de idade. Nem essa data limite, porém, constitui dogma absoluto, porque o trabalho dos Kaufman e de sua equipe com o garoto mexicano Robertito Soto começou quando o menino já ultrapassara os seis anos de idade.

Paul McDonnell também conseguiu, de certa forma, sair da condição autística, ainda que com algum prejuízo mental e emocional, tanto quanto Germano. Temple Grandin é outra que ganhou a sua guerra pessoal contra o autismo. Não que tenha deixado de ser autista – ela é a primeira a admiti-lo – mas porque conseguiu trabalhar competentemente com a instrumentação mental do próprio autismo. Ela faz praticamente tudo quanto uma pessoa não-autista faz, só que o faz de modo diferente.

Na sua avaliação pessoal, Donna Williams considera – acertadamente, a meu ver – que os autistas demonstram amplo espectro de faculdades e percepções, com alguns excessos de um lado e deficiências de outro. Pensa, também, que os ambientes em que vivem os autistas podem contribuir para lixar umas tantas arestas ou, reversamente, produzir meros robôs. Admite até casos de ocasional 'sucesso' em alguns, que, ao cabo de certo tempo, nem parecem mais autistas.

O grande problema, no seu entender, consiste em levar o autista a ligar-se emocionalmente àquilo que pensa, diz ou faz, às pessoas que o cercam e ao ambiente em que vive. Leiamos um dos seus lúcidos e bem escritos períodos a respeito:

> Como arquivos num computador [opina (p. 214)], pode-se mentalmente copiar o desempenho de emoções, recuperá-las da memória, e agir de acordo. Isso, porém, não significa que o desempenho esteja vinculado a um sentimento real ou que haja qualquer conteúdo na emoção retratada, além da mera mecânica de como – e, possivelmente, quando – superá-la.

Essa é também a avaliação de Temple Grandin, como teremos oportunidade de examinar mais adiante, neste livro. No desempenho de suas complexas tarefas de engenharia, a dra. Grandin recorre ao seu bem organizado arquivo mental de imagens – ela o identifica como sua videoteca –, mas processa esses dados, despersonalizadamente, sem qualquer envolvimento emocional. Por isso, a despeito de toda a sua excepcional capacidade intelectual e ao seu acervo cultural, a dra. Grandin confessa-se incapaz de entender o que se passa entre Romeu e Julieta, por exemplo.

Nessa mesma linha de raciocínio, Donna Williams conclui que não importa como a gente considere as várias formas de expressão, "o sistema continua sendo autista". Trata-se – acho eu, concordando com Williams – de uma forma diferente de manipular situações, ideias, conceitos bem como estabelecer conexões com a vida. Em escala bem mais reduzida na sua importância, algo como a curiosa expressão de discreta incredulidade com a qual um destro contempla um canhoto a escrever, desenhar e executar outras complexas tarefas. Como é que ele ou ela podem fazer isso com a mão esquerda? É preciso lembrar, contudo, que o canhoto terá direito ao mesmo tipo de reação ao observar uma pessoa escrevendo ou desenhando com a mão direita. São apenas maneiras diferentes de fazer as coisas. O autista não é um retardado mental ou uma fração de gente – é uma pessoa que percebe a vida a partir de uma perspectiva, digamos, minoritária. Por que razão teria de ser, necessária e obrigatoriamente, idêntica aos que compõem as maiorias ditas normais?

# Pensar em imagens

Com o devido e merecido respeito por todos quantos consideram o caso de Donna Williams como de autismo, reitero minhas dúvidas a respeito e pretendo mantê-las, até que, eventualmente, me convença do contrário. Fico, assim, nas vizinhanças da opinião do dr. Rimland, para quem Williams não é um caso típico desse distúrbio. Ela apresenta certos 'autismos', ou seja, sintomas que, por si sós, não me parecem suficientes para caracterizar o autismo.

Tivemos oportunidade de observar as reflexões do dr. Delacato ao examinar padrões de comportamento claramente autístico em crianças não-autistas – cegas, surdas e, em geral, portadoras de lesões cerebrais. Mesmo as disfunções tipicamente autistas – dado que ele trabalha com crianças diagnosticadas como tal – ele as desloca para a categoria dos 'sensorismos', ou seja, distúrbios que se expressam ou se traduzem em desvios de natureza sensorial. Mais do que isso, ele trata esses distúrbios como trataria os decorrentes de lesão cerebral, em pacientes autistas ou não.

Isso não significa que o depoimento de Donna Williams seja irrelevante; ao contrário, ela produziu um documento da maior importância do ponto de vista médico e psicológico, além do seu pungente conteúdo humano e da sua excepcional qualidade literária. Se é que existe, contudo, autismo puro, Donna Williams não é uma autista. Ela seria uma múltipla que exibe alguns 'autismos' ou, como propõe o dr. Delacato, alguns 'sensorismos'. Tais sensorismos, pelo que se percebe, ocorrem na conturbada personalidade de Donna, mas não em Willie e Carol. Estes, pelo contrário, são hóspedes – invasores, como, às vezes, ela os identifica – que parecem desenvolver, nela e para ela, faculdades que usualmente não emergem ou o fazem de maneira insuficiente nos autistas.

A evidência disso está em que, ao 'assumir' o controle do corpo físico e, consequentemente, da instrumentação mental e do acervo cultural que se desenvolveu nela, à sua própria revelia, ela passou a ter à sua disposição um sofisticado poder verbal e um amplo banco de dados. Só lhe restava, a essa altura, aprender a manipular o sistema, como um piloto inexperiente que, de repente, se vê, em pleno voo de um jumbo, diante das complexidades de um painel de controle que não sabe operar adequadamente.

Não é esse o caso de Temple Grandin, cujo autismo ficou bem caracterizado e, aparentemente, não apresentou envolvimento com a síndrome da personalidade múltipla.

Foi no livro do dr. Oliver Sacks que primeiro li sobre Temple Grandin, "uma das mais notáveis autistas" – no dizer desse autor (p. 253) –, que, a despeito de sua condição, conquistou um PhD em ciência animal, leciona na Colorado State University e se tornou uma empresária muito bem sucedida: um terço de todas as instalações da poderosa indústria da carne nos Estados Unidos foi projetado por ela.

Teremos oportunidade de estudar o depoimento pessoal da própria dra. Grandin, nos dois livros que escreveu; antes disso, porém, consultaremos o capítulo "Um antropólogo em Marte", da obra do mesmo nome, escrita pelo dr. Sacks, que, aliás, prefaciou o segundo livro de Grandin, *Thinking in pictures*.

Sacks, competente neurologista, acha (p. 255) que "o entendimento final do autismo pode exigir tanto avanços técnicos como conceituais para além de tudo com o que hoje podemos sonhar".

É uma postura ao mesmo tempo humilde e corajosa, tanto quanto confiante. Entendo eu que uma das mais importantes e promissoras renovações conceituais tenha de provir da adoção de uma leitura espiritual e ética na abordagem ao autismo.

Embora ao risco de ocupar espaço e tempo com reiterações sobre o que temos lido alhures, penso que vale a penas repassar observações do dr. Sacks.

Segundo ele, a causa do autismo ainda está em discussão (seu livro é de 1995). Sua incidência – ensina – é de um caso em mil. Não há mais dúvida para ele de que o autismo resulte de uma "disposição biológica". Acrescenta que acumulam-se provas de que o autismo tenha, ainda, um componente genético e que é mais comum em homens do que em mulheres.

Reiterando posturas adotadas por reconhecidas autoridades no assunto, vejo-me na contingência de insistir nas minhas, ainda que sem o apoio de credencias acadêmicas, como tenho exaustivamente enfatizado.

Não há como negar que "disposições biológicas" ou genéticas atuam como causas imediatas do autismo, mas são, por sua vez, efeitos de causas mais remotas, que coloco como ético-espirituais. Deficiências neurológicas podem resultar de acidentes – digamos – puramente mecânicos; mas, quando inatos, dificilmente seriam, no contexto da realidade espiritual subjacente, produzidas por um jogo cego de acasos. Aliás, mesmo acidentes mutiladores – lesão cerebral provocada por doença, queda, fratura – costumam ter, também, motivações de natureza espiritual, ou, mais especificamente, cármicas.

O dr. Sacks tem, contudo, uma visão senão otimista, pelo menos mais aberta a expectativas positivas acerca do autismo. Houve um tempo, aí pela década de 60, quando trabalhou num hospital público, que o pungente espetáculo dos distúrbios de comportamento suscitou-lhe certas dúvidas. Será que algumas daquelas pessoas – perguntou-se – conseguiriam chegar a um nível adequado de autonomia? Concordaria, posteriormente, com Utah Frith (em *Autism: explaining the enigma*), segundo a qual o autismo persiste, mas há autistas que conseguem "compensar num grau notável suas deficiências". Lembra, ainda, o dr. Asperger, pioneiro no desbravamento do difícil território do autismo, que fala de uma "inteligência autista" e a viu, segundo Sacks (p. 261), "como (...) intocada pela tradição e pela cultura – pouco convencional, não ortodoxa, estranhamente 'pura' e original, análoga à inteligência da verdadeira criatividade".

Foi durante uma estada do dr. Sacks em Londres – onde, aliás, nasceu – que ele se encontrou com a dra. Frith. Como era de esperar-se, conversaram longamente sobre o autismo. A amiga sugeriu-lhe que procurasse conhecer Temple Grandin, "uma das mais notáveis autistas de que ela tinha conhecimento". Era importante que Saks passasse um tempo com ela, a fim de observá-la no trabalho e em casa, disse a dra. Frith ao despedir-se dele.

De volta aos Estados Unidos, onde vive, dr. Sacks foi ver Temple Grandin, de quem já ouvira falar e sobre a qual lera o livro autobiográfico *Emergence: labeled autistic*, que temos aqui para examinar.

O livro da dra. Grandin, escrito de parceria com Margareth M. Scariano, é um dramático e comovente depoimento. Não é uma obra volumosa – 180 páginas –, mas, certamente, um grande livro. Foi lançado em 1986 por uma editora de pequeno porte – a Arena Press, de Novato, Califórnia, e relançado nacionalmente, em 1996, pela Warner Books, com prestigiosa introdução do dr. Bernard Rimland e prefácio de William Carlock, educador de notável conteúdo humano, de Berry Creek, Califórnia

Carlock é responsável, em grande parte, juntamente com Ann Brecheen, pelo extraordinário êxito alcançado por Temple Grandin. Diz ele, nesse pequeno texto, que o livro estava em preparo, quando ele e sua ex-discípula se encontraram após um intervalo de vinte anos. "Algumas de suas qualidades autísticas ainda estavam presentes nela" – escreve Carlock –, "mas haviam sido redirecionadas, ou até desenvolvidas positivamente..." Entre elas, o intenso envolvimento na pesquisa preparatória para o doutorado em psicologia animal, as roupas mais práticas tipo caubói, o forte aperto de mão e até a sua firmeza em negar-se a mandar arranjar melhor os cabelos, como lhe sugeria, com insistência, a mãe dela. Desenvolvera para si mesma, portanto, uma personalidade afirmativa, capaz de concentrar-se poderosamente num objetivo difícil como a conquista do doutorado, ainda mais em área tão complexa como a da psicologia animal.

Temple parece demonstrar um senso de missionarismo nesse objetivo. Em texto escolar sobre suas esperanças e seus objetivos em relação ao casamento, ela escreveu o seguinte:

> Meu propósito neste planeta consiste em construir uma instalação ou criar um método que possa ensinar às pessoas como contemplarem a si mesmas e se tornarem gentis e interessadas nas outras (p. 108).

Afirmaria, mais tarde, que a "falta de empatia era uma das maiores deficiências" dos psicólogos – de formação freudiana, acrescenta (p. 100) – que trabalharam com ela, na escola. Com um deles, especialmente, o diálogo foi áspero e terminou com uma cena de explosão temperamental do terapeuta.

Vale a pena mencionar o episódio pelo ensinamento que proporciona.

Temple trabalhava intensamente no projeto de construir para ela um dispositivo até então usado apenas para conter e acalmar os animais que precisavam ser tratados ou vacinados. Ela chama esse aparelho de *squeezing machine* – máquina de espremer ou apertar. A jovem descobrira, em visita à fazenda da tia, que se sentia bem quando ela própria se metia dentro daquilo e movimentava as partes laterais que apertavam seu corpo. A engenhoca provocou controvérsia na escola, para dizer o mínimo. Como de costume, Temple foi encaminhada ao psicólogo de plantão. Que a recebeu com um comentário irônico, segundo o qual, ele não havia ainda decidido se aquilo era o "protótipo de um útero ou de um caixão de defunto". Calmamente, Temple respondeu que nem uma coisa nem outra. O homem agitou-se na cadeira e disparou outra ironia: "*Nós*" – disse destacando o pronome – "não temos aqui um problema de identidade, temos? Em outras palavras, não *pensamos* que *somos* vacas ou coisa assim, *pensamos*?" Temple parece ter decidido "comprar a briga" e devolveu suas perguntas com outras:

"Você está maluco, ou o quê? Naturalmente não acho que sou uma vaca, nada disso. Você acha que *você é* uma vaca?"

Nessa altura do diálogo, o psicólogo perdeu a paciência e declarou que a *squeezing machine* era uma coisa esquisita e não via alternativa senão transmitir essa opinião à mãe da menina.

Devo antecipar que a controvérsia continuou por algum tempo, enquanto a jovem insistia no aperfeiçoamento da sua 'geringonça' (*contraption*, na palavra do psicólogo), que tinha o poder de acalmá-la. Acabou patenteando o invento e começou a produzi-lo por encomenda.

"Claramente" – acrescenta Carlock (p. 6) –, "Temple não emergiu do autismo tornando-se uma pessoa diferente, mas lançara mão, para retrabalhar, aquilo de que dispunha." O confronto com o psicólogo fazia parte de um contexto em que ela demonstra saber o que queria e persistir na concretização de seus projetos.

Na visão de Carlock, talvez o maior obstáculo para Temple tenha sido aquilo que ele considera "cruel bondade" dos que entendiam necessário protegê-la de expectativas mais ambiciosas que poderiam dar em nada por causa do seu autismo e causar-lhe, com o fracasso, penosas frustrações. Para seus professores e professoras, o máximo que se poderia esperar dela seria um êxito limitado e compatível com suas modestas possibilidades e severas limitações. Frequentava uma escola profissionalizante, e o máximo que se poderia obter dela era um sofrível aproveitamento em carpintaria, sua atividade predileta. O que ela desejava com intensidade, no entanto, era estudar a psicologia dos animais nos matadouros. "E foi lá" – conclui Carlock (p. 7) – "que ela encontrou seu caminho para fora do autismo". Paradoxalmente, contudo, em vez de abandonar suas estruturas autísticas de pensamento e ação, construiu, *com elas* e *sobre elas*, a sua interface com o mundo.

A dra. Grandin considera Carlock sua salvação. "Mr. Carlock" – escreve (p. 82) – "não via rótulos, apenas os talentos subjacentes". Ele acreditava, prossegue, "em construir com o que havia dentro do aluno. Ele canalizou minhas fixações para projetos construtivos. Não tentou arrastar-me para o mundo dele, mas, em vez disso, veio para o meu mundo." A mesma estratégia, aliás, utilizada por Barry Neil Kaufman.

Por isso, queixa-se ela do tempo perdido com a psicoterapia. Teria preferido, diria mais tarde, uma dosagem mais concentrada de terapia da palavra. "Gostaria" – declara com certa melancolia (p. 83) – "que um dos psicólogos me falasse do meu problema verbal, em lugar de se preocupar com o meu id."

Não acredita, ademais, nessa história de que "uma vez autista, sempre autista", sobre a qual tanto leu e ouve falar até hoje, não só da parte de pais de crianças afetadas como até de profissionais da saúde mental. O autismo não é, para ela, uma situação irremediável e irreversível. Grandin considera-se – e é, de fato – evidência de que certas "características do autismo podem ser modificadas e controladas" (p. 9). Ela própria constitui evidência do que afirma. Faz, contudo, uma ressalva preciosa e que, a meu ver, deve ser conservada em mente por todos quantos se interessam pela problemática do autismo. As expectativas de um nível razoável de funcionamento são mais favoráveis nas "crianças autistas que adquirem significativa destreza verbal *antes dos cinco anos de idade"* (Destaque meu). "O tratamento e a terapia" – insiste, ao final (p. 180) – "devem ser iniciados quando a anormalidade é observada (na criança) pela primeira vez."

A observação confere com a de Barry Neil Kaufman, Anthony Smith e outros. Além disso, é compatível com a teoria desenvolvida em meu livro *Alquimia da Mente*, segundo a qual a individualidade espiritual – plugada no hemisfério direito –, somente tutora a personalidade – que começa a instalar-se no hemisfério esquerdo – durante o aprendizado da linguagem nos dois primeiros anos de vida. Depois disso, retira-se para sua cabine de controle no inconsciente, e por lá fica apenas monitorando o processo de viver, com um mínimo de interferência.

Se o desenvolvimento da personalidade se detém em algum ponto ou se desvia por qualquer razão, o processo formador da linguagem é dos primeiros a sofrer as consequências e pode ficar paralisado ou até retrogradar. Sem a linguagem, a comunicação com o mundo se torna seriamente prejudicada. Foi sentindo isso, por certo, que Grandin lamenta que, em vez de tantas teorias psicanalíticas e psicológicas, melhor seria terem cuidado de sua deficiência de linguagem. Ademais, o esforço terapêutico – indubitavelmente honesto e bem intencionado – concentra-se, usualmente, em 'corrigir' as 'anormalidades' do autista, a fim de forçá-lo para dentro dos padrões considerados normais que prevaleçam em 'nosso mundo'.

A despeito de todas as suas 'anormalidades' e peculiaridades de comportamento – muitas das quais prevalecem no seu contexto psíquico – Temple Grandin conquistou seu PhD em ciência animal, é uma projetista respeitada nos Estados Unidos e até no exterior, empresária bem sucedida, promove pesquisas, escreve livros, ensaios e estudos, dá palestras sobre autismo. "Minha vida" – escreve (p. 9) – "é normal e totalmente independente, sem nenhuma preocupação financeira."

O autismo, na sua visão – compatível, aliás, com o pensamento hoje predominante –, é um distúrbio do desenvolvimento. Em vez de dedicar-se à exploração do mundo exterior, como acontece normalmente, a criança autista permanece dentro das fronteiras de seu próprio universo pessoal. Não aceita ser arrastada de lá, à força, para o nosso mundo, que ela não compreende e com o qual não consegue (ou não quer) relacionar-se.

Grandin lembra (p. 49) que até 1956 o autismo foi considerado predominantemente como proveniente de uma disfunção psíquica. As teorias atuais propostas pelas neurociências, contudo, apontam para danos no sistema nervoso central, o que reduz o autismo a um problema fisiológico.

Você sabe que discordo dessa abordagem. Não que se deva questionar a lesão neurológica, em si – ela é uma realidade –, mas ela não resulta de um jogo cego de acasos meramente biológicos ou genéticos e sim, de um comando mental ou, na minha terminologia, espiritual.

A deficiência neurológica é um dos elos na cadeia que prende o autista ao seu mundo particular. A criança autista não se entrosa com o ambiente em que passou a viver porque seu sistema de comunicação não foi desenvolvido adequadamente, nos períodos certos. Por outro lado, o sistema não se adequou às tarefas dele esperadas porque um dos elos operacionais apresenta defeito. O dispositivo neurológico, por seu turno, não se preparou corretamente para a sua função, porque não recebeu, no tempo certo, os comandos mentais (espirituais, insisto) indispensáveis à sua formação. Infelizmente, a ciência da mente – que continua sendo a ciência *do cérebro* – ainda não aceitou pesquisar mais fundo e mais longe, em busca das razões pelas quais falha a programação responsável pela formação do sistema neurológico. Dizer-se que se trata de problema genético constitui descaracterização semântica da busca, de volta ao campo biológico, de vez que o distúrbio genético também resulta de um *bug*, um vírus, uma falha – Deliberada? Involuntária? Consciente? Inconsciente? – no *software* incumbido de gerenciar a instalação e operação da complexa estrutura genética. Quais as suas causas?

Já sabemos, a esta altura das pesquisas e das experiências, que não há dois autistas iguais. Temple Grandin não foge à regra – tem algumas das características apontadas como autismos, mas diferentes dos demais autistas as suas ênfases. Ela vive, preferencialmente, no seu universo pessoal – *my inner world*, diz – e para lá escapa sempre que pode e até quando não deve. As referências a essas fugas são uma constante em seu relato. Toda a sua biografia fica documentada visualmente, com os mínimos episódios como que gravados em vídeos. "(Minhas) memórias" – escreve (p. 15) – "figuram como um filme na enorme tela de minha mente." (Veremos, mais adiante, seu segundo livro, cujo título é precisamente este: *Thinking in pictures*, isto é, *Pensando em imagens*.)

Logo cedo ela descobriu que seu modo de falar não era igual ao dos outros, nem ela era capaz de entender certas sutilezas da linguagem. Preferia, em tais situações, fugir para o seu mundo pessoal. Confessaria, mais tarde, como se lê à página 28: "Meu danificado sistema nervoso me aprisionava. Era como se uma porta de vidro de correr me separasse do mundo, do amor e da compreensão humana."

Foi movida por essas carências que começou a planejar obsessivamente sua máquina de espremer – na verdade um instrumento no qual pudesse aconchegar-se e sentir-se confortada. Recolhia-se, para isso, a um canto e pulava para dentro do seu mundo particular, onde ficava a sonhar com a sua "caixa mágica", que "a embalava como braços mornos e amorosos..." (p. 35).

É instalada nesse mundo de imagens que, até hoje, ela estuda, cria e projeta, nos mínimos detalhes, seus complexos sistemas de engenharia. Com a diferença de que, agora, não se trata mais de uma fuga, mas de um recolhimento para dentro de si mesma, a fim de poder desenvolver os projetos que lhe são encomendados.

Aos poucos, conseguiu atenuar a tendência para fugir para o seu mundo. Em vez disso, passou a utilizar desse recurso precioso para *pensar*, com as suas 'ferramentas' visuais, as coisas que é solicitada a construir naquele mundo 'dos outros', no qual ela se vê como uma "antropóloga em visita ao planeta Marte". Em outras palavras, ela aprendeu a canalizar comportamentos autísticos tidos por indesejáveis e até anormais para finalidades criativas. Que importa às empresas que lhe encomendam seus excelentes projetos se ela os cria de modo inteiramente diferente de qualquer outro profissional?

O mundo interno, no qual ela vive preferencialmente, oferece-lhe atrativos e segurança e para lá ela se recolhia e ainda se recolhe hoje, quando o 'lado de cá' se mostra por demais desinteressante ou quando ela se sente superestimulada. Conta que, em criança, quando o pastor começava a pregar, na igreja frequentada pela família, ela escapava para o seu "mundo do não-estímulo" (p. 75).

Eis porque mr. Carlock exerceu papel tão relevante no seu processo de desenvolvimento. "Ele não tentou arrastar-me para o mundo dele, em vez disso, veio para o meu mundo" (p. 82).

Quando ela começou a elaborar o combatido projeto daquilo a que eu chamaria um confortável 'colo mecânico' para substituir o humano que não tinha – ele procurou não apenas entendê-la, mas estimulá-la a desenvolver o instrumento. Utilizou-se daquela ideia, considerada absurda, para poder trabalhar com a atenção dela. Sabia que ela precisaria recolher-se ao seu mundo pessoal a fim de criar o estranho aparelho. Quando se tentava dissuadir Temple de realizar o projeto, ou a ridicularizavam por isso, ou, ainda, achavam que aquilo resultava de uma distorção emocional inconfessável sua, Carlock tinha uma palavra de confiança. "Você é uma menina talentosa, Temple." E previa para ela, não tanto os desejados dotes da sedução pessoal, quanto os do intelecto. Ele sabia estar lidando com uma mente privilegiada que luzia por trás de todo aquele sistema de isolamento. Quem conseguisse ir ao mundo particular dela, como ele o fez, encontraria lá o brilho de sua inteligência.

Temple respondeu bem a esse estímulo do professor e amigo. Começou a gerir melhor suas emoções. Mesmo que ainda sinta necessidade, uma vez ou outra, de escapar para o seu mundo interior, ela procura contornar a situação, especialmente em crises nervosas ou quando o estímulo sensorial vindo do exterior suscita uma sobrecarga insuportável no seu sistema pessoal: barulho de tráfego, ambientes onde se reúne muita gente, música tocada em elevado número de decibéis e coisas desse tipo.

Eu, HCM, me identifico com ela em alguns aspectos. Acho, aliás, que todos somos mais ou menos autistas. Também não consigo entender duas pessoas falando ao mesmo tempo. Se estou com alguém ao telefone e outra pessoa me diz algo 'ao vivo', ao meu lado, os mecanismos de percepção entram em pane e não me permitem perceber nem o que diz a voz ao telefone, nem a que ouço ao lado. Grandin declara ser-lhe "praticamente impossível ignorar o ruído ambiental de um aeroporto e conversar ao telefone" (p. 30). Segundo ela, "as pessoas do mundo" provocavam nos seus sentidos uma sobrecarga de estímulos. Diz que isso acontecia com frequência na infância, mas observamos que essa limitação persiste, mesmo na idade adulta.

Creio que para todos nós, tidos por 'normais' – Que é mesmo ser normal? –, há momentos em que a sobrecarga ocorre e parece 'desarmar' os fusíveis de segurança que nos mantêm dentro de limites razoáveis de comportamento. E então explodimos, entramos em pânico ou em depressão.

Grandin coloca o problema da sobrecarga emocional num tópico constante do capítulo doze de seu livro – "Os autistas e o mundo real". Eu nem botaria a expressão *mundo real* nesse título, de vez que acho o mundo deles tão real quanto o nosso, apenas diferente.

> Todos nós – escreve (p. 143) – necessitamos de um lugar reservado. As crianças autistas também precisam de locais secretos, nos quais possam esconder-se e retirar-se para dentro de seus próprios mundos. Afinal de contas, o autismo é uma desordem interna [ela usou aqui, uma expressão que me parece intraduzível: *whithinness*] e precisam da segurança de seus próprios esconderijos. Eu tinha o meu – era um lugar onde eu pensava e recarregava minhas energias.

Embora não tenha ficado bem explicitado no seu texto, convém observar que ela não limita a necessidade de retiros secretos aos autistas. Acho que está certa. Estou entre aqueles que não dispensam a dose diária de solidão e recolhimento para meditar e recarregar minhas baterias biológicas.

A fuga para o mundo interior só se torna problemática quando ultrapassa certos limites que cada um de nós tem de identificar e obedecer. Creio que, para isso, não há regras redutíveis e percentuais ou equações. É um *feeling*.

Ainda na infância, antes de conseguir controlar melhor o sistema verbal de comunicação, Grandin entendia o que lhe diziam, mas não sabia como responder verbalmente. Recorria, por isso, aos gritos e ao agitar das mãos, único mecanismo de comunicação de que dispunha. Isto nos leva a concordar com o dr. Delacato, segundo o qual, certos autismos, senão todos, constituem angustiantes tentativas de se entender com o mundo que fica ali, do outro lado, aparentemente tão próximo, mas, na realidade, fora do alcance dos autistas. Línguas diferentes são faladas de cada lado da fronteira que separa esses territórios.

Sob esse ponto de vista, portanto, o autismo não seria dogmaticamente uma simples e pura rejeição à vida. Ainda que alguns casos ou muitos deles possam ser enquadrados nessa categoria, há que reservar espaço suficiente para os casos em que a entidade espiritual aprisionada no corpo deficiente deseje, mas não consiga, estabelecer um sistema aceitável de intercâmbio. Ainda assim, resta estudar em profundidade as causas mais remotas geradoras de tais disfunções, em vez de atribuí-las sumariamente às lesões neurológicas. Retomaremos o assunto mais adiante neste livro. Não desejamos atropelar a dissertação, saltando a conclusões que a muitos certamente parecerão fantasiosas ou, no mínimo, irrelevantes e até desprezíveis.

Julgo necessário ampliar um pouco mais os comentários acerca da sobrecarga sensorial, dado que vejo aí alguns aspectos que interessam aos propósitos deste livro, naquilo que diz respeito à interação dos hemisférios cerebrais.

Ainda nos primeiros anos de escola, Grandin começou a encontrar dificuldade em acompanhar ritmos – não conseguia bater palmas em sincronia com as demais crianças da sala. Para a professora tratava-se de uma desatenção com a qual ela punha a perder todo o esforço da classe. "Se você não quer acompanhar o ritmo, então conserve suas mãos paradas" – comandou a professora. Isso deixava Temple furiosa, ainda mais que a meninada toda ria dela. Não é que ela não quisesse, ela simplesmente não tinha como acompanhar. Nervosa e zangada, ela pulou da cadeira, que tombou ao chão. A professora agarrou-a pelo ombro e a levou para um canto da sala, onde permaneceu de pé até que o exercício rítmico foi concluído.

Grandin confessa que o problema persistiu na idade adulta. Ela consegue administrar razoavelmente bem seus ritmos pessoais, mas não é capaz de sincronizar-se com outras pessoas ou com um acompanhamento musical.

Como tem estudado bastante o autismo – escreve e dá palestras sobre o tema – ela observou que o descompasso rítmico costuma ser uma das características do autista. "É quase impossível para ele" – informa (p. 26) – "desempenhar duas tarefas motoras simultâneas. As pesquisas indicam" – prossegue – "que os autistas têm um descompasso esquerdo-direito nos movimentos do corpo." Por causa de tal descoordenação, fazer o corpo funcionar articuladamente constitui uma "tarefa monumental", no seu modo de dizer.

Ela observa, por exemplo, que gostava de "fazer coisas", ou seja, expressar-se artisticamente, mas o reconhecimento das diferenças funcionais dos hemisférios ainda não chegara ao nível das técnicas de ensino. Uma vez identificada em Grandin a deficiência de comunicação – responsabilidade do hemisfério esquerdo –, era de supor-se que nenhuma outra habilidade pudesse ser desenvolvida satisfatoriamente, utilizando-se das faculdades espaciais, não-verbais disponíveis à direita.

Em teste (*Woodcock-Johnson*) realizado, Temple Grandin foi assim considerada: "Ela dispõe de mente altamente visual e *sintética*, capaz de integrar visualmente grande volume de material. Tende a apreender informações como um todo visual".

Destaquei a faculdade de pensar em sínteses porque é uma das que compõem a instrumentação mental do hemisfério direito; o esquerdo é analítico, tem dificuldade para apreender a totalidade. Grandin é uma pessoa centrada à direita. Ela sabe disso. "Há duas maneiras de pensar" – escreve à página 134 – "a visual e a sequencial. A sociedade precisa reconhecer o valor de pessoas que pensam visualmente."

A autora informa ainda (p. 34) que estudos em jovens delinquentes talentosos revelam alto nível da chamada "inteligência fluida e em pensamento não-verbal", em contraste com a "inteligência cristalizada que exige educação e treinamento prévios".

Esta notícia é relevante e me leva de volta a uma de minhas teorias prediletas – a de que os modelos educacionais vigentes, em sua expressiva maioria, tendem a padronizar as pessoas e produzir aquilo que Grandin caracteriza como "inteligência cristalizada". Pessoas assim educadas podem necessitar de treinamento especial para se desinibir, a fim de desenvolver a criatividade. Em sistemas de aprendizado menos padronizantes desenvolvem-se faculdades típicas do hemisfério direito – intuição, "inteligência fluida", pensamento não-verbal.

Vejo-me agradavelmente surpreendido ao encontrar em Grandin enfoque semelhante ao meu, quando ela declara (p. 34) que "...muitos talentosos jovens dotados de inteligência fluida não se adaptam a estruturas educacionais típicas".

Espero que algum dia, em futuro não muito distante, tais estruturas sejam reformuladas, a partir de conhecimento mais aprofundado do funcionamento das faculdades intelectuais ancoradas num e noutro hemisfério cerebral, ou, na terminologia que proponho, na personalidade e na individualidade. Não apenas são diferentes as faculdades de cada hemisfério, mas seus respectivos potenciais, suas especializações, suas necessidades e expectativas. Logicamente, precisam de tratamento didático igualmente diferenciado.

Temple Grandin conseguiu desenvolver, com grande esforço e competente ajuda, razoável poder verbal, mas continuou sendo, basicamente, um gênio não-verbal, dotada de outras capacidades que, provavelmente, permanecem em estado potencial em pessoas de estrutura mental semelhante.

Ela menciona um estudo que revelou pessoas capazes de "processar grande volume de informações e perceber nelas uma determinada ordem ou padrão, ao passo que outras pessoas veem apenas o aleatório" (p. 34). Lembra ainda que uma faculdade preciosa como essa – obviamente da individualidade, localizada no hemisfério direito – não figura nos testes habituais de aferição do Q.I. O que, evidentemente, distorce o resultado obtido.

Em depoimento escrito para o livro de sua sobrinha, a tia Ann Breechen caracteriza Temple como pessoa que "lida com símbolos", o que também constitui faculdade do hemisfério cerebral direito. Confirma-se, com isso, o fato de que a personalidade não conseguiu instalar-se adequadamente no hemisfério esquerdo, a fim de lidar mais confortavelmente com a problemática do mundo material, mas as faculdades da individualidade permanecem intactas em condições de desenvolver outro tipo de interação com o ambiente terreno.

Ficamos, portanto, com o direito de supor que numerosas pessoas em condições semelhantes deixam de desenvolver seu potencial simplesmente porque não tiveram oportunidades educacionais adequadas às suas peculiaridades. Ann Breechen entendeu isso logo cedo, identificando na sobrinha uma "mente invulgar" trabalhando com "seus invulgares problemas" (p. 90).

Dentro dessa mesma ordem de ideias, recolho uma inteligente observação da mãe de Temple, em carta à filha, transcrita à página 117, aconselhando-a a não se preocupar exageradamente com o problema que a atormentava no momento, um aspecto técnico de um de seus projetos destinados ao gado. "A coisa mais difícil na vida" – escreve a sra. Grandin – "consiste em desentranhar as desigualdades da própria mente. Sua parte amadurecida" – conclui sabiamente a sra. Grandin – "sente-se perplexa ante o seu lado imaturo."

As especulações sobre maturidade e imaturidade situam-se, a meu ver, no centro nevrálgico do que estamos aqui a conversar. A própria Temple reconhece uma 'autoridade' dentro de si mesma.

Ao contrário de casos dramáticos que inspiraram a teoria da "mãe-geladeira" – ou, pior que essa, da mãe sádica –, vemos exemplos de mães compreensivas, devotadas e carinhosas que lutam desesperadamente para abrir para seus filhos e filhas o caminho da sanidade. A sra. Grandin, mãe de Temple, é uma destas, como se pode depreender de alguns textos seus incluídos no livro da filha. Em carta ao dr. Stein – um psiquiatra –, ela fala da importância do amor no trato com a menina. "Quando Temple se sente em ambiente seguro, onde perceba, acima de tudo, o amor e a consideração, reduz-se consideravelmente seu comportamento compulsivo" (p. 44). E mais abaixo: "Ela deseja, junto dela, alguém em quem possa confiar. Sua melhora, estou convencida, está condicionada à consideração e ao amor." Ou, ainda: "Em qualquer terapia com Temple (vamos admitir que sua premissa de distúrbio psíquico seja correta), o ponto mais importante parece ser o amor." (A observação entre parênteses está no original.)

Encontramos o mesmo conceito no livro de Barry Neil Kaufman. Quando Francisca, mãe de Robertito, pergunta a ele o que poderia fazer para ajudá-lo mais, ele responde, com a sabedoria intemporal de que é dotado: "Preciso de muito amor."

A própria Temple, no apêndice C – a que caracterizou como "técnico" – incluído no final do livro, passa este importante conselho:

> O tratamento e a terapia devem ser iniciados quando o comportamento anormal é percebido. O componente mais importante de um plano de tratamento é a presença de gente amorosa para trabalhar com a criança. Eu consegui recuperar-me porque minha mãe, tia Ann e Bill Carlock interessaram-se em trabalhar comigo (p. 180).

Em suas longas e constantes meditações em busca de si mesma, de um sentido para a vida e de Deus, ela considerava o abismo que a separava do mundo em que viviam os outros, seus pais e suas irmãs inclusive. Não entendia aquele mundo e os de lá não demonstravam entender a sua lógica pessoal. "Será" – pergunta-se (p. 78) – "que uma ponte de amor não poderia vencer essa barreira?"

Temple Grandin provou que isso é possível. É bem verdade que ela se esforçou em fazer a parte que lhe competia – não queria permanecer aprisionada pelo autismo. A certa altura do livro, ela repete a declaração de independência de Donna Williams, segundo a qual o autismo não é a pessoa, mas apenas uma condição em que a pessoa vive, e que pode ser superada. Acresce ainda que ela, Temple Grandin, é dotada de brilhante inteligência – Q.I. 137, medido em 1959 – e conseguiu colocar a serviço de sua causa todo esse potencial que, de outra forma, teria sido ignorado.

Ficou dito, ali em cima, que Temple estava em busca de si mesma e até de Deus. Vimos alhures, num dos seus papéis escolares, o senso de missionarismo que ela parece ter trazido na sua programação espiritual. Em momentos de sua vida, ainda muito jovem, experimentava certa compulsão a respeito de portas. Imaginava portas que se fechavam diante dela ou que se ofereciam à sua frente. Lembrava-se da passagem evangélica, segundo a qual o Cristo colocou-se como acesso a planos mais elevados de consciência e realização: "Eu sou a porta" – disse ele (João 10:9) – "Se alguém entrar por mim, será salvo..." Temple acabou encontrando a sua porta e experimentou o que considerou um 'despertamento' de sua alma e de sua mente.

Cuidou logo de se precatar para que "nenhum psiquiatra" – a expressão é dela (p. 79) – "me despojasse de meus recém-descobertos tesouros". (Na verdade o seu verbo, em inglês, é *rob* – literalmente *roubar*, mas eu preferi amaciar o contexto. Já sabemos de suas dissonâncias com psicólogos e psiquiatras.) Por ocasião daquele 'despertamento', ela estava aos cuidados de um psiquiatra particularmente difícil. "Ele tentava, pelos seus métodos habituais" – escreve naquela mesma página – "fixar seus pacientes nele próprio, a fim de controlá-los (e continuar recebendo os respectivos honorários), mas eu resisti."

"Temple" – disse ele –, "você sabe que não deve ir ao Crow's Nest. É contra o regulamento. Além disso, perigoso. Está certo?"

*Crow's Nest* (Ninho do Corvo) era um pequeno cômodo, no alto do edifício da escola, de onde se podia contemplar, como de uma torre, larga faixa da paisagem local. Temple costumava ir para lá para isolar-se e meditar.

– Eu não – foi a resposta.
– Ora, vem cá, Temple. O que há lá em cima?
– Eu. Minha vida. Deus.
– Você está se portando como mulher de marinheiro a caminhar pelo cais à espera de um navio que nunca chega. Jamais há de chegar. Prometa-me que não irá mais lá em cima.

Temple não respondeu nem obedeceu. Continuou a frequentar seu posto de observação, de onde podia ver a si mesma, à sua vida e a Deus, dentro dela. Até a sua controvertida máquina de espremer – uma espécie de colo mecânico – entrava nesse contexto de busca. A engenhoca, segundo ela (p. 110), nada tinha a ver com qualquer tipo de doutrina à qual a sociedade desejasse que a gente se submeta, mas, algo destinado a "habilitar a pessoa a uma completa busca de sua alma".

Na página anterior havia dito que provavelmente estava nos propósitos de Deus – ou do destino, acrescenta – fazê-la "inventar um método ou instrumento que ajudasse os outros".

Eram muitos e profundos os questionamentos. O objetivo de encontrar um sentido para a vida, especialmente a dela, impulsionava-a irresistivelmente. Punha-se também, em atitude interrogativa perante o problema da morte e do medo que praticamente todos têm dela. Afinal de contas, a morte faz parte integrante do conjunto de especulações alinhadas em busca de um entendimento acerca da vida. Os animais, por exemplo, que passaram a exercer relevante papel em sua vida, eram criação divina e, por isso, "deviam ser tratados com respeito" (p. 126), mesmo porque, "a essência da individualidade deles retornaria a Deus. Para que qualquer coisa viva continuasse vivendo" – acrescenta mais adiante – "outra coisa viva tem de morrer."

Ao dr. Oliver Saks – no memorável encontro de alguns dias que tiveram e do qual surgiu o texto que o neurologista incluiu em seu livro – ela declarou-

-se inclinada a uma noção "mais científica de Deus. Acredito" – acrescentou (Saks, p.301) – "que exista uma determinação final para o bem do universo".

Suas últimas palavras a Saks, a caminho do aeroporto, assumiram um conteúdo altamente emocional: "Li que é nas bibliotecas – disse a chorar – que reside a imortalidade... Não quero que meus pensamentos morram comigo..." Ela não deseja poder ou "montes de dinheiro"; quer partir com a sensação do dever cumprido, deixando atrás de si uma "contribuição positiva", consciente de que sua vida fez sentido.

A temática da busca espiritual – alma, Deus, significado da vida e da morte, imortalidade – é abordada de modo dramático, mas sumário, em seu primeiro livro. No segundo, contudo, ela se amplia e alcança patamares mais claramente identificados. Veremos isso no momento certo.

*Emergence labeled autistic*, que acabamos de estudar, é uma abordagem preliminar à complexa problemática do autismo na infância e na juventude, os anos formadores. Escrita de parceria com Margaret M. Scariano, a obra nos leva às lutas iniciais de uma menina tão generosamente dotada de inteligência, de um lado, quanto inibida, pelo outro, pelas severas limitações impostas pelo autismo. O livro é de 1986 e causou, necessariamente, considerável impacto, como vimos. Em *Thinking in pictures*, publicado nove anos depois, Temple Grandin dispensa a parceria, revela-se mais amadurecida e tem oportunidade de mergulhar mais fundo em si mesma, a fim de partilhar com seus leitores e leitoras o que se passa lá e como ela vê seu mundo pessoal e o nosso.

O que ela tem a dizer é surpreendente, revelador, fascinante e profundamente humano e comovente. Seu depoimento, na opinião do dr. Oliver Sacks, no prefácio, quebrou um "dogma médico" – expressão dele – que prevalecia há quarenta anos ou mais, ou seja, a 'convicção' de que nada havia dentro do autista, nenhum tipo de atividade inteligente – apenas um espaço mental nebuloso, onírico, sem vida interior e sem ninguém para vivê-la.

O título do livro de Hugo Bettelheim – *A fortaleza vazia* –, de 1967, caracteriza com veemência a visão científica que por tanto tempo predominou na abordagem ao autismo. Mesmo que à custa de esforço considerável e de toda uma estratégia terapêutica, se alguém conseguisse invadir e conquistar aquele misterioso espaço tão bravamente protegido, só restaria ao vencedor a perplexidade de não ter o vencido diante de si para o confronto final ou, na melhor das expectativas, para negociar a paz.

Por isso, diz Sacks (p. 11) que "a voz de Temple Grandin vem de um local que nunca teve voz". O eminente neurologista espera que o surpreendente depoimento suscite "um agudo e salutar efeito no pensamento médico e científico". Deseja que o texto de Temple "permita – exija" – retifica ele – "uma conceituação mais ampla e mais generosa do que significa ser autista".

Sem comprometimentos acadêmicos, sinto-me encorajado a dizer que me parece longo o caminho a percorrer para melhor entendimento do drama vivido pelos nossos irmãos e irmãs autistas, tanto quanto por suas famílias. Insisto, e voltarei sempre a reiterar esse entendimento – que a abordagem mais ampla que o dr. Sacks deseja e que os fatos exigem continuará na dependência de uma visão espiritual, que a ciência ainda não está disposta para assumir, nem preparada para fazê-lo.

Evidência desse daltonismo cultural não é nada difícil de encontrar-se nos depoimentos de pessoas que lidam com autistas, especialmente mães e pais, menos preocupados com dogmas científicos, como diz Sacks, e mais interessados em explorar o conteúdo humano do autismo com experimentações e métodos alternativos.

Dispomos, aliás, de uma evidência dessas no próprio texto que o dr. Sacks escreveu para prefaciar o livro da dra. Grandin. Causou-lhe impactante estupefação – o termo inglês é *awe* – "a súbita revelação (em Temple) – escreve ele – "de profundezas morais e espirituais que eu pensava não existirem em nenhuma pessoa autista" (p. 15). A frase de Temple, no entanto, foi quase singela na sua expressão, ainda que relevante no conteúdo: "Não quero que meus pensamentos morram comigo" – disse ela. E prosseguiu: "Quero realizar alguma coisa... Quero saber que minha vida tem um sentido... Estou falando de coisas que se acham no verdadeiro âmago de minha existência."

Teremos oportunidade de encontrar em *Thinking in pictures* – muito mais do que em *Emergence labeled austistic* – uma busca mais ativa, consciente e responsável de um sentido para a vida, a morte, a alma, Deus, o destino, ou seja, na terminologia que costumo empregar, a busca da realidade espiritual. Temple Grandin sente essa realidade subjacente aos mecanismos da vida. Ela percebe intuitivamente, com a sua magnífica inteligência não-verbal, que tem uma tarefa a realizar na vida que lhe foi concedida. Que existe um plano para as nossas existências, um projeto a executar. No entanto, no seu papel de antropóloga que, de repente, pousasse no planeta Marte, num disco voador terráqueo, ela não está entendendo nada, porque nada lhe dizem dessa abrangente realidade invisível e ordenadora. Seu interesse pelo ser humano, que vive de modo tão estranho na Terra, abrange também – e, talvez, principalmente –, o conhecimento dessa realidade sobre a qual pouco se fala, a não ser em grupos religiosos. Lamentavelmente, queixa-se – eu diria felizmente –, ela prefere aquilo que considera uma "visão mais científica" de Deus, ou seja, mais inteligente. Não de um deus com minúscula, como que envolvido pessoalmente no varejo da vida de cada uma de suas criaturas. Um deus que despacha arbitrariamente uns para o inferno eterno e concede a outros privilégios celestiais. Como também, não um deus-objeto, analisável em laboratório de física, química e biologia.

Temple Grandin é autista; genial, mas autista. Não era de esperar-se que tivesse uma vida interior tão rica. Suas especulações e seus questionamentos deixam perplexos a quem a ouve e a lê. Parece a muitos que essa busca não confere com suas aparentes deficiências mentais e emocionais. Ela se confessa, por exemplo, incapaz de entender o que se passa entre Romeu e Julieta. Mesmo como pessoa adulta, culta, brilhante, realizada, ela declara (p. 133) que "relacionamento pessoal constitui algo que realmente não compreendo". Revela dificuldades praticamente intransponíveis em perceber ironias, falsidades e as hipocrisias habituais ao processo de relacionamento entre as pessoas.

Não obstante essas características pessoais tidas por deficiências de comportamento ou desordens mentais e emocionais, Temple Grandin constitui exemplo vivo e convincente da equivocada avaliação que há décadas – na realidade, séculos – se vem fazendo dos autistas, mesmo antes de terem sido identificados com esse termo. Pensar em imagens, por exemplo, segundo ela, é a sua maneira peculiar de perceber o mundo que a cerca e interagir com ele. É o seu modo de ser. Tal característica pode ser "considerada 'primitiva', se a gente quiser" – diz Sacks (p. 16) –, "mas não 'patológica' ". Ou seja, não é uma doença, um erro da natureza, um desequilíbrio, mas um modo diferente de percepção.

Minha proposta aqui é a de que importantes conceitos de vida permanecem inexplorados atrás de tudo isso. Por que nasce um pessoa com um diferente mecanismo de relacionamento com a vida? Para mim, a resposta vigente ainda é provisória – a de que o procedimento fora dos padrões habituais se deve a lesões neurológicas. E o que causou tais lesões? Genes que não se articulam como deviam – dizem. E por que não se articulam?

Acho, por isso, que incumbe a todos nós empreender, com determinação e explícito desejo de aprender, buscas do tipo daquelas em que se empenhou Temple Grandin. Por que teríamos de procurar explicações para tudo isso somente no âmbito da matéria densa? Estou convencido de que não estamos formulando corretamente as perguntas para as quais desejamos respostas. Ou não as formulamos de todo, inibidos por tabus filosóficos ou por dogmas científicos. Ou, simplesmente, porque não estamos ousando suficientemente, perguntando até o que habitualmente seria considerado imperg* untável.

Com todas as 'deficiências' (chamo atenção para as aspas) catalogadas pelos padrões vigentes de avaliação, Temple Grandin é uma pessoa do melhor conteúdo humano. "Se Temple é profundamente diferente da maioria" – escreve Sacks, no prefácio (p. 16) –, "não é menos humana por isso, mas é, antes, outro modo de ser humana."

Temple Grandin abre seu segundo livro com duas frases simples e objetivas: "Penso em imagens. As palavras são como uma segunda linguagem para mim" (p. 19). É uma das suas maneiras diferentes de ser humana, não um defeito. Estamos acostumados a ler que o autismo é uma desordem mental e emocional, de comportamento ou de aprendizado. Ficamos a repetir isso, naquilo que dizemos ou escrevemos sobre o autismo, mas acho que o enfoque deveria mudar. Assim, por exemplo: o autismo não é uma desordem, mas ordenação diferente nas técnicas de viver.

Grandin converte as palavras lidas ou ouvidas em imagens – "em filmes coloridos" – diz ela –, "completos, sonorizados, que rodam na minha cabeça como uma fita de vídeo". Nós, ao contrário, convertemos imagens mentais ou sensoriais – gravuras, paisagens, desenhos, cenas de rua, objetos – em palavras quando desejamos descrevê-las. O mecanismo pode ser reconhecidamente difícil de entender-se, mas tem a sua lógica. Os autistas operam basicamente com o hemisfério cerebral direito, onde predominam as funções espaciais e não-verbais.

O que poderia ser interpretado como incongruência limitadora, constitui – pelo menos esse é o caso de Grandin – recurso a mais que ela aprendeu a usar com rara eficácia no trabalho profissional de projetista de instalações industriais. Ela não precisa de complicados programas de computador para criar simulações tridimensionais e fazê-las girar sobre eixos imaginários a fim de vê-las em diferentes posições. Faz isso mentalmente, com maior rapidez e flexibilidade. É capaz de visualizar todo um projeto, desenhá-lo, nos seus mínimos detalhes e testar-lhe o funcionamento, a fim de localizar e eliminar pontos de estrangulamento ou irregularidades operacionais, antes que ocorram, depois de montados. É capaz de por-se, literalmente, dentro do pesado corpo de uma vaca e visualizar o ambiente com os olhos do animal e com sua maneira peculiar de apreender a perspectiva. Para desenhar uma rampa de acesso, imagina que, se tivesse o corpo de um bovino, experimentaria a tensão de ter de caminhar sobre uma rampa metálica, necessariamente escorregadia para os 'seus' cascos. Ela não apenas imagina isso, ela se vê e sente como o animal.

Tudo o que lê e ouve é imediatamente 'traduzido' em imagens e vai para os indeléveis arquivos a que ela chama de sua videoteca. "Tenho vídeo-memórias de todos os projetos nos quais haja trabalhado" – informa (p. 21). Mas não é uma visão de conjunto, já esmaecida e vaga – está tudo ali, ao seu alcance para inspeção de qualquer detalhe – os portões, as cercas, as trancas, as paredes, tudo.

Uma vez colocadas em seus arquivos mentais, as imagens permanecem lá intactas, para sempre. Ela pode consultá-las a qualquer momento para uma releitura meticulosa de quaisquer de seus aspectos. Da mesma forma pela qual você coloca o CD-ROM no computador para consulta, ou um vídeo no seu VCR. Da mesma forma, não; é preciso retificar: de modo muito mais eficiente e rápido. Não é necessário ligar o aparelho à rede elétrica, convocar programas, expedir comandos, nem operar manualmente discos ou cassetes, ou apertar botões aqui e ali. Basta querer.

É, no mínimo, incorreto e até injusto considerar uma faculdade portentosa dessa natureza como desordem, disfunção, deficiência ou desarranjo mental.

Outro detalhe: os vídeos ou CD-ROMs conservados no seu arquivo de imagens têm entre si uma inexplicada articulação, como se fossem providos de *links* que os unem uns aos outros e um a todos. Ao examinar qualquer um, o sistema começa a mostrar imagens associadas localizadas em outros pontos da memória visual. Ela é capaz de tomar uma imagem aqui, outra ali, mais uma acolá, dar-lhes novo arranjo e criar com esses fragmentos algo diferente.

A precisão fotográfica da mente está aliada à sua espantosa faculdade de arquivar imagens. Basta ver uma cerca de arame uma só vez, ao passar por ela de carro, que fica tudo gravado. Grandin é capaz de rodar o vídeo novamente na cabeça e verificar onde é que existe um buraco na cerca ou um portão mal fechado.

Toda essa maravilhosa videoteca mental, diz ela, é gerenciada por uma programação específica que parece ter sido desenvolvida e testada ao longo do tempo, à medida em que os dados se acumulam na memória.

Há um problema operacional. Não é que a dra. Grandin tenha dificuldade com a generalização de conceitos – ela tem uma espécie de *software* para isso também –, mas precisa de um procedimento específico. Ela nos ajuda a entender o fenômeno com exemplos. Neste caso, explica (p. 28) que o conceito genérico sobre cães está inextricavelmente ligado a todos os cães que ela conheceu na vida. Todos eles tem lá, na sua mente, o seu próprio vídeo, um arquivo, aliás, que está sempre a crescer, com cada cachorro que ela fica conhecendo. Perguntada sobre o que é um cão dinamarquês, por exemplo, ela vai à sua videoteca e lá encontra todos os dinamarqueses que passaram até aquele momento por ela, ainda que fortuitamente, desde o que pertenceu à sua professora no ginásio. Ela os vê, sabe o nome deles, a quem pertenceram e até aqueles que viu em material de publicidade, como o dinamarquês que figurou num anúncio de capas para estofados. Tudo em ordem cronológica e cada um com suas características individuais. A despeito disso, ela não tem um conceito genérico para cães, ou, especificamente, para cães dinamarqueses. Não há para ela o cão dinamarquês e, sim, uma coleção deles.

Por causa desse condicionamento às imagens – lembra ela (p. 29) – os autistas "têm dificuldade em aprender coisas que não possam ser pensadas em imagens. As palavras mais fáceis para uma criança autista aprender" – continua – "são os substantivos, porque podem ser relacionados com imagens".

Daí a confessada dificuldade com as palavras escritas, que lhe parecem demasiado abstratas. Pela mesma razão, crianças autistas oferecem melhor condição de aprendizado quando as palavras são escritas em letras sólidas, de plástico, que possam ser tocadas, movimentadas e colocadas em diferentes posições.

Para vencer a barreira do aprendizado, Temple aprendeu a visualizar verbos e advérbios. Palavras mais ou menos neutras – sem possibilidade de serem imagificadas (desculpe o neologismo) – foram as mais difíceis para ela assimilar. Estão nesse caso, termos mais ou menos abstratos, sem conteúdo próprio, como 'is' (verbo ser, terceira pessoa do singular), 'the' (artigo definido) e 'it' (pronome pessoal neutro). Também sem sentido lhe pareciam termos como 'of' (preposição) e 'an' (artigo indefinido). Que imagem construir com esses termos?

Uma observação de aparência irrelevante, neste ponto, me chama a atenção. Diz a autora (p. 31) – que até hoje certas conjugações verbais, tais como 'to be' (verbo ser), são absolutamente sem sentido para ela. Curiosamente, no diagrama que imaginei em *Alquimia da mente*, para situar alguns conceitos operacionais básicos dos hemisférios, coloquei o verbo *ser* à direita, por entender que ele representa a permanência, a entidade espiritual em si, a individualidade, ao passo que figurei à esquerda, na personalidade, o verbo *estar*, ou seja, a transitoriedade.

A matização semântica contida na dicotomia ser/estar não existe na língua inglesa, que somente dispõe para ambas as funções do verbo 'to be'. Em português você pode diferenciar uma pessoa que *está* doente de outra que é doente. A primeira está, ocasionalmente, adoentada – estado transitório; a segunda não; trata-se de pessoa acometida de uma doença permanente, irreversível ou muito próxima disso.

Ao mencionar a dificuldade de apreensão do conteúdo do verbo 'to be' não estaria Temple Grandin repercutindo o problema maior de distinguir com clareza a diferença entre o permanente da sua condição espiritual e o transitório de sua estada na terra, acoplada a um corpo material?

Esse e outros aspectos vitais ao melhor entendimento do autismo continuam – recorrendo à terminologia da informática – na dependência de um *software* próprio que leve ao modelo exploratório da síndrome, o até hoje ignorado *input* da realidade espiritual.

Aproveito para citar outros vetores em que a pesquisa em torno do autismo ainda nem deu os primeiros passos. É o caso das faculdades mediúnicas, por exemplo. que também ocorrem em autistas. Robertito, o menino mexicano tratado por Barry Neil Kaufman, percebe figuras humanas invisíveis aos demais circunstantes. É o que acontece também, em escala mais ampla e de melhor definição, com Donna Williams e alguns de seus amigos. Como crianças ditas normais, as autistas e as que desenvolvem a síndrome da personalidade múltipla, também costumam ter "companheiros invisíveis", com os quais falam e brincam.

Tais fenômenos são tidos sumariamente por alucinações. Será que botando-lhes um rótulo vazio de sentido ou ignorando o problema torna-os mais compreensíveis? Que é alucinação? Devaneio, delírio, ilusão, como ensinam os dicionários? Visão enganosa de coisas e pessoas que não existem? Ou será que tais objetos, pessoas e cenas não existem apenas para os que não dispõem de faculdades apropriadas para perceber sensorialmente dimensões fora do alcance dos demais?

Temple Grandin não menciona fenômenos desse tipo, mas chega a ser dramática sua busca por um sentido mais inteligente para a vida. Seus mecanismos intuitivos sopram-lhe secretamente, sem palavras, a convicção de que há mais coisas entre céu e terra do que sonha nossa vã filosofia.

Quando esses 'pontos cegos' do conhecimento começarão a ser examinados com seriedade e humildade intelectual?

Temple Grandin oferece, com o seu depoimento, uma visão privilegiada do seu mundo pessoal. As informações que coloca no livro surpreendem cientistas experimentados como o dr. Oliver Sacks. Ela demonstra que os autistas podem ser geniais, criativos e tão competentes quanto os melhores dos chamados normais. Ficamos sabendo por ela que há na mente humana dispositivos inusitados, insuspeitados, praticamente inexplorados para gerir a vida terrena. Ela nos leva a pensar na multidão de crianças autistas que podem estar sendo privadas de oportunidades impensáveis de autorrealização que fariam delas seres úteis à sociedade e relevantes ao entendimento de enigmas que ainda não tivemos competência para decifrar. Em suma, o autista, tanto quanto o múltiplo, o esquizofrênico e o *savant*, têm um recado para nós todos, uma mensagem que ainda não conseguimos decodificar.

Proponho, neste ponto, voltarmos alguns passos atrás, a fim de conversar sobre uma das muitas e importantes chamadas contidas no livro da doutora. Vimos, logo no início de sua dissertação, que ela é dotada da faculdade de pensar em imagens. Encontramos logo adiante, outra observação que está assim redigida:

> Um dos mais profundos mistérios do autismo tem sido a notável faculdade que a maioria dos autistas possui de se destacar em tarefas de natureza espacial, ao mesmo tempo em que tão pouco conseguem com as faculdades verbais (p. 19-20).

O mistério existe de fato e é profundo, pelo menos para as sondas, ainda insuficientes, a que temos recorrido para explorá-lo adequadamente. É relativamente recente o interesse concentrado no autismo em si, como problema identificável no contexto do psiquismo humano. Até o estudo de Kanner e Asperger, na década de 40 – e vimos também, que durante várias décadas esses estudos passaram despercebidos – o autismo nem tinha rótulo próprio e estava embutido num aglomerado de distúrbios mentais e emocionais de variada natureza. Assim como os pesquisadores laboratoriais isolam um bacilo e o identificam para melhor estudá-lo, conhecê-lo e, eventualmente, neutralizá-lo com drogas apropriadas, Kanner e Asperger distinguiram o autismo como entidade autônoma, desentranhando-o de um conjunto dentro do qual ele se confundia com outros distúrbios de comportamento, oculto, pelo anonimato, no grupo maior.

Mesmo identificado e rotulado, contudo, o autismo continuou sendo um desafio à argúcia dos estudiosos. Teorias inicialmente acolhidas – como a da "mãe-geladeira" – passaram a ser questionadas e, posteriormente, abandonadas por inservíveis. Tentou-se a hipótese psicogênica, sem melhor êxito. Experimentou-se com a ideia de uma causação genética, mas sem muita convicção, pois, no dizer de Temple Grandin, não se encontrou até hoje o gene do autismo, se é que existe (Acho eu que não, mas isto é outra história.).

Recorro, neste ponto, à autoridade de Julian Jaynes, professor de psicologia na Universidade de Princeton, quando denuncia "a tendência de traduzir fenômenos psicológicos em neuro-anatomia e química" (p. 18). Para Jaynes, só podemos "identificar no sistema neurológico aquilo que tenhamos antes conhecido como comportamento". Mais enfático, linhas adiante, ele opina que, mesmo que conhecêssemos os bilhões de sinapses de todos os cérebros que tenham existido, em todas as espécies conhecidas, os axônios, os dendritos, os neurotransmissores, "ainda assim não poderíamos nunca – *nunca jamais* – a partir do conhecimento do cérebro somente, saber se esse cérebro contém uma consciência semelhante à nossa" (p. 18).

Raramente tenho encontrado declaração tão radical em textos científicos. E olhe que não estou exagerando a ênfase – o destaque em itálicos (*not ever*, em inglês) é do professor.

Julian Jaynes é um pioneiro no estudo da interação dos hemisférios cerebrais. Em posfácio para a segunda edição de seu livro, em 1990, lembra que parte da obra foi escrita na década de 60, quando:

> (...) pouco interesse havia acerca do hemisfério direito. Mesmo mais tarde, em 1964 – prossegue (p. 455) –, alguns destacados neurocientistas proclamavam que o hemisfério direito nada tinha a fazer, como um pneu sobressalente.

Trago esse testemunho para o nosso debate com o propósito de evidenciar o fato de que o cérebro ainda tem muito o que nos dizer acerca de si mesmo e muito mais, ainda, acerca da mente que o faz funcionar. Talvez esteja à espera de algumas dessas ousadias que, de repente, escancaram o acesso a preciosas informações ocultas. Ou, quem sabe, na expectativa da dose certa de humildade intelectual, não apenas para formular perguntas adequadas, como para aceitar respostas que contestem veneráveis dogmas científicos. Profetizo uma de tais respostas – a de que a engenhoca com a qual pensamos – vagamente rotulada de mente – não passa de um instrumento com o qual o espírito imortal interage com a dimensão da matéria pesada.

Seja como for – e para retomar o fio da nossa conversa –, há indícios confiáveis de que "um dos mais profundos mistérios do autismo", no dizer da dra. Grandin, tenha muito a ver com o funcionamento dos hemisférios cerebrais. "... muitos dos meus melhores projetos – depõe Grandin (p. 24) – me ocorrem com grande clareza pouco antes de adormecer, à noite". Ela está falando do estado hipnagógico, entre vigília e sono, quando ficam mais tênues as linhas que separam (e unem) consciente e inconsciente. É um momento meio mágico, no qual o hemisfério esquerdo começa a calar a sua infindável tagarelice verbal, abrindo espaço para receber os *inputs* provindos do pensamento não-verbal, plugado no hemisfério direito. Em estado de alerta, no dia-a-dia, o lado esquerdo não percebe o que se passa à direita, mesmo porque experimenta certa dificuldade em converter a linguagem não-verbal, dita inconsciente, para sua linguagem verbal, rotulada de consciente. Insisto em opinar que a consciência está presente em ambos os hemisférios, com a diferença fundamental de que o direito percebe o que se passa à esquerda, mas este não tem acesso fácil ao que ocorre à direita.

Uma curiosa observação deve ser encaixada neste ponto. O dualismo direito/esquerdo ou, para dizer a mesma coisa de outra maneira, o intercâmbio entre personalidade e individualidade, produz com frequência uma sensação de duplicidade, como se você tivesse outra pessoa dentro de si a observar o que você faz.

(Desculpe-me uma vez mais pela insistência, mas, para não reproduzir aqui toda a argumentação, sugiro que você leia *Alquimia da mente*, onde encontrará uma dissertação mais ampla sobre o assunto. Se o fenômeno costuma acontecer com você, não se impressione, pois estará em muito boa companhia, com o dr. Carl Jung, por exemplo.)

"Trabalhando com a minha capacidade visual" – escreve a dra. Grandin (p. 137) – "observo a mim mesma à distância. Chamo a isso meu pequeno cientista ali no canto, como se eu fosse um pequeno pássaro *a observar do alto*, o que faço". (O destaque em itálicos é meu.) Esse fenômeno tem sido relatado por outras pessoas com autismo. "Durante toda a minha vida – escrevera Grandin, ainda há pouco (p. 132) – tenho sido uma observadora, e sempre me senti como alguém a observar as coisas do lado de fora."

Há, pois, um desdobramento de consciências na dra. Grandin. Ela dispõe da faculdade de fazer algo com uma das consciências, enquanto, simultaneamente, é observada a certa distância pela outra parte de si mesma, também consciente, à sua maneira.

Mas não é somente com os autistas que isso acontece. O professor Julian Jaynes ouviu, certa vez, uma clara voz dentro de si mesmo a passar-lhe uma sugestão sobre como proceder para resolver um problema de natureza filosófica que ocupava sua mente na ocasião. De início, ele pensou que as palavras vinham de fora e saiu a procurar pela sala a pessoa que as teria pronunciado. Nada. Teve de admitir, então, que a voz era interior mesmo e que provinha, segundo ele, *do alto, à direita*. O que significa que o comando para que ele a ouvisse partira de algum ponto de seu hemisfério cerebral direito. Mas ouvir vozes que, aparentemente, não existem não é coisa de esquizofrênico? – pensou ele, assustado.

Grandin prossegue, dizendo, no seu texto, que o dr. Asperger também observou o fato de que "crianças autistas observam constantemente a si mesmas", e se veem como um dos mais importantes objetos de interesse pessoal. Grandin cita, ainda, Sean Barron, no livro *There's a boy in there* (*Há um menino ali dentro*) – não tenho referências bibliográficas –, que declara manter conversações consigo mesmo, com a finalidade de analisar seus equívocos sociais. "Ele se divide em duas pessoas" – informa Grandin – "e encena a conversação."

O intercâmbio entre os dois hemisférios constitui insofismável realidade em qualquer pessoa, mas varia enormemente o grau de conscientização do que se passa no recesso da mente, que está com uma parte de si mesma ligada de um lado e outra parte, no outro. Sem contar com o desenvolvimento adequado do hemisfério esquerdo, o direito, nos autistas, não pode limitar--se a monitorá-lo. Ao contrário, tem de suprir-lhe as deficiências, assumindo tarefas e responsabilidades que normalmente caberiam ao esquerdo. É a individualidade tutorando a personalidade imatura, inacabada.

Ao que tudo indica, Temple Grandin aprendeu a trabalhar prioritariamente com o hemisfério direito, adaptando-se às suas exigências de pensar em imagens. O esquerdo, incumbido de gerenciar sua interação com o meio ambiente, não chegou a desenvolver um mecanismo eficiente de comunicação verbal. Presta-se, contudo, à execução de determinadas tarefas, como a de desenhar um projeto de engenharia industrial. "A perda da linguagem" – opina Grandin (p. 125) – "pode ser devida à imaturidade do sistema nervoso..." Ela está certa ao dizer isto, mas não devemos deixar passar a oportunidade de reiterar que a imaturidade do sistema nervoso, por sua vez, é efeito de causa mais remota, qual seja, a incapacidade – ou desinteresse – da entidade espiritual reencarnante de 'construir' um sistema nervoso adequado.

Estou esperando sua pergunta e o ajudo, formulando-a eu mesmo. Assim: a incapacidade de montar um mecanismo biológico apropriado também não será efeito de causa, ainda mais distante? Claro que sim, se levarmos em conta a realidade espiritual subjacente em tudo quanto ocorre com o ser humano, e eu acho que *temos de recorrer* a ela. Somente no âmbito de tal conhecimento estaremos sendo informados de que desvios de comportamento acarretam disfunções mentais que, por sua vez, suscitam perturbações de maior ou menor intensidade ou gravidade no processo formador de um corpo humano para viver na terra.

Concordo com você que isto introduz componentes metafísicos na área tida como puramente biológica e, portanto, estritamente material. Não estou preocupado com isso. Para Aristóteles, era metafísico tudo quanto se situasse além das fronteiras da física, a do seu tempo, claro. Uma releitura em seus ensinamentos – formulados, como sabemos, há mais de vinte três séculos –, revela hoje a evidência de que conceitos tidos por metafísicos ao tempo dele, insinuaram-se discretamente pelo vetor da física a dentro. O que nada tem de se admirar, dado que, a física quântica põe-se agora em claro desafio à física contemporânea por não considerá-la suficientemente 'metafísica'.

Estes últimos parágrafos, contudo, constituem apenas uma digressão oportuna e, portanto, necessária, acerca do conceito nuclear de que o autismo tem profundo envolvimento com a dinâmica operacional dos hemisférios cerebrais.

Temple Grandin supõe que sua capacidade de fazer, mentalmente, a rotação de imagens e desenhos provenha do hemisfério direito. Eu diria que sim, pois o direito é o hemisfério da percepção espacial.

À página 41, ela conta como procedeu para testar o sistema hidráulico de um de seus projetos que acabara de ser instalado. Colocou-se diante dos controles e passou a operá-los *inconscientemente*, como quem usa as pernas para caminhar, sem prestar atenção ao que elas fazem e como o fazem. Se, contudo, tentasse operá-los conscientemente, confundia-se toda e começava a movimentá-los na direção errada.

Como se percebe, ocorre nela um conflito entre consciente e inconsciente, ou melhor, entre hemisfério esquerdo e direito. No direito ela dispunha de todos os dados de seu projeto e sabia com precisão onde, quando e como manipular os controles para obter este ou aquele resultado. Tais informações não estavam, no entanto, disponíveis à esquerda. Sempre que ela 'virava a chave' de seu próprio cérebro para a esquerda consciente, desligava-se da outra modalidade de consciência no inconsciente, à direita.

Ainda a respeito da dicotomia direito/esquerdo, encontro à página 160 do livro da dra. Grandin outra curiosa observação que, indiretamente, tem até algo a ver comigo. Ela vinha discorrendo, nesse ponto do livro, acerca dos animais, que, no seu autorizado entender de especialista, são dotados de capacidade de pensar, dentro de suas óbvias limitações, claro.

(Caso deseje conhecer mais detalhadamente minha opinião sobre o assunto, você encontrará no livro *Alquimia da mente* um módulo especial intitulado "O abismo das verdades", que, por sua vez, consta do capítulo III. "Em busca de um psiquismo na matéria".)

Acrescenta Grandin que, a seu ver, os animais também pensam em imagens, como ela própria. O que, em princípio, não se chocaria com a teoria formulada por Julian Jaynes, segundo o qual, antes de se tornar consciente, o pensamento é inconsciente e reside no hemisfério direito – exatamente o das imagens, ou seja, do pensamento não-verbal. Para concluir, escreve a autora (p. 160):

> Diferenças entre pensamento baseado em linguagem e pensamento baseado em imagens podem explicar porque artistas e contadores não se entendem. Seria como somar maçãs com laranjas.

Devo explicar-me. A cultura americana costuma considerar os contadores pessoas extremamente pragmáticas, objetivas, nada interessadas em especulações filosóficas ou explorações artísticas. A avaliação é, evidentemente, algo caricata, ou, no mínimo, exagerada, servindo apenas para destacar meus colegas de profissão como gente voltada prioritariamente para números, contas, balanços, imposto de renda, custos de produção, orçamentos e coisas aflitivamente prosaicas como essas. Em defesa de minha classe, devo dizer que alguém tem de executar tarefas como essas, para as quais, por exclusão, os artistas não teriam muita vocação nem gosto ou paciência. Lembro-me, a propósito disso, de uma conversa com Harry Grossman, em Nova York, na década de 50. Grossman, familiarizado com a literatura brasileira, traduzira creio que *Dom Casmurro* e *Memórias póstumas de Braz Cubas*, de Machado de Assis, para o inglês. Estávamos ali reunidos para ouvir Érico Veríssimo – que se tinha por um mero (!!) contador de histórias – produzir uma das suas notáveis e descontraídas palestras. Érico deu uma simpática 'esnobada' no auditório, perguntando, de início, se queríamos que ele falasse inglês ou português. Se bem me lembro, optou-se pelo português. Na conversa com Grossman, mencionei um artigo meu sobre a severa crítica que Machado de Assis fizera a *O crime do padre Amaro*, de Eça, queixando-se do exagerado realismo do romancista português, acusando-o de recorrer ao 'traço grosso', a bordejar pela pornografia. Muito admirado por ter encontrado, ao vivo, um contador interessado em literatura, Grossman me pediu uma cópia do artigo, no que o atendi.

A fixação maior da pessoa em atividades geridas pelo hemisfério direito ainda está a merecer estudo mais aprofundado. Grandin mostra-se atenta a esse aspecto, ao passar para nós, leitores, reflexões suscitadas por pesquisas por ela consultadas. Uma destas discute, por exemplo, a interessante temática da genialidade, em confronto com o que se identifica como anormalidade. Acha ela "que o conjunto de genes causador do autismo, da síndrome maníaco-depressiva e da esquizofrenia seja provavelmente benéfico, em dosagem moderada" (p. 178). Não dispomos, aqui, de espaço suficiente para comentar mais amplamente esse tema; creio, contudo, necessário dizer algo.

Em primeiro lugar, você já sabe que não concordo em atribuir pura e simplesmente aos genes a responsabilidade pelos distúrbios mencionados pela doutora. Para mim – deixe-me repetir – os genes foram desarranjados por um comando mental, ou falta de comando certo no momento exato. Atividades geridas pelo hemisfério direito, fortemente apoiadas em mecanismos intuitivos, tendem a parecer um tanto alienadas ou, no mínimo, fora dos padrões estabelecidos pelas maiorias mais plugadas no mundo material, como – vá lá – nós, contadores, do que nas especulações abstratas da filosofia e da arte.

Estudos realizados pela Universidade de Iowa, segundo Grandin (p. 178), revelaram que "oitenta por cento dos escritores criativos estiveram sujeitos a crises de melancolia em alguma época de suas existências". Dean Simonton – também citado em *Alquimia da mente* – é mesmo da opinião de que, "para ser criativo, parece que você tem de ser ligeiramente doido". Talvez a palavra seja forte demais, mas é certo que o procedimento das pessoas geridas predominantemente pelo hemisfério direito pode afigurar-se um tanto excêntrico aos demais, que se consideram normais. Convém lembrar que excêntrico quer dizer *fora do centro*, ou seja, não aquela pessoa que a gente considera bem centrada ou 'certinha', para ser mais coloquial. Ou, para dizer a mesma coisa de outro modo: uma pessoa diferente. Lembro-me, a propósito, de um livro intitulado *Be glad you are a neurotic* (*Alegre-se por ser um neurótico*), que discutia precisamente a tese de que um tantinho de excentricidade pode ser até indício de superior capacidade intelectual e, principalmente, criativa, como assinala Grandin. (Que você me perdoe – lamento dizer que não tenho mais o nome do autor desse livro.)

Segundo Camilla Person Benbour, da Universidade de Iowa, citada por Grandin, há forte evidência de que o gênio matemático e o talento em geral estejam fortemente ligados a anormalidades físicas. Recorrendo à minha hipótese, eu diria que a entidade espiritual reencarnante não conseguiu, em casos dessa natureza, instalar adequadamente do lado esquerdo do cérebro – o da personalidade – a instrumentação necessária ao melhor gerenciamento da vida terrena. Em compensação, o hemisfério direito conserva toda a sua potencialidade, como se pode ver em Stephen Hawkings.

A pesquisa de Camilla Benbour detectou – logicamente, acrescentaria eu –, entre os gênios matemáticos, uma tendência bem maior do que na média da população para três características: são canhotos, sujeitos a alergias e à miopia. Penso que se pode deduzir disso que, sem capacidade para assumir o comando da mão direita, o hemisfério esquerdo foi substituído nessa tarefa pelo direito. Imagino que as mesmas insuficiências do esquerdo suscitem desordens operacionais responsáveis pela maior incidência de alergias. Quanto à miopia não me arrisco a formular hipótese.

A dra. Grandin tem uma coletânea de testemunhos respeitáveis para se convencer (e nos convencer) de que algumas distonias mais ou menos sérias figurem como ingredientes da genialidade. Uma discussão de minha autoria sobre esses e outros aspectos figura em *Alquimia da mente*, obra à qual convido você mais uma vez a visitar.

Uma pesquisa de 1940, por exemplo – informa Grandin (p. 179) –, no McLean Hospital, nas proximidades de Boston, revela que, se fosse possível erradicar a psicose maníaco-depressiva no mundo, estaríamos, ao mesmo tempo, nos privando de uma elite intelectual da melhor qualidade. "Finalmente" – diz o texto –, "sobrariam apenas os secos burocratas e os esquizofrênicos." Acham até os pesquisadores que, numa barganha dessas, seria vantajoso para a civilização aceitar voluntariamente os depressivos em troca de gente considerada sadia, mas sem talentos dignos de nota.

Vinte anos antes – ainda segundo Grandin –, John W. Robertson diria algo semelhante, ao declarar que a erradicação das "diáteses nervosas" produziria uma "geração de estoicos – pessoas sem imaginação, indivíduos incapazes de entusiasmo, cérebros sem personalidade, almas sem gênio".

(Vamos ao dicionário. Diátese – ensina o Aurélio – é "disposição geral em virtude da qual um indivíduo é atacado de várias afecções locais da mesma natureza; predisposição mórbida".)

Acostumadas a serem avaliadas por baixo, pelo nível de suas deficiências, pessoas como Temple Grandin acabam aceitando a injusta qualificação de que são débeis mentais e anormais, quando são apenas diferentes das outras. Ela mesma confessa (p. 180) que levou algum tempo para se dar conta da magnitude de tal diferença. "No decorrer dos três anos passados" – escreve – "me tornei consciente de que minha capacidade de visualização excede a da maioria das pessoas." E acrescenta, significativamente, que jamais gostaria de se tornar 'normal' em troca da perda de tais faculdades.

Aborda, a seguir, outro aspecto que também me tem chamado a atenção – a evidência de que a genialidade tem um componente meio infantil. Escrevendo sobre sete grandes pensadores criativos do século vinte – Einstein, Picasso, T. S. Elliot e outros –, Howard Gardner, descobriu neles o traço comum de certo teor de infantilidade.

Para Gardner, Einstein era capaz de mergulhar no mundo conceptual da criança, onde não se sentia inibido pelos "paradigmas convencionais da física". Se o autor precisasse de minha irrelevante opinião, estaria às suas ordens. Concordo plenamente com ele. Aproveito para promover um pouco mais a tese da localização da individualidade no hemisfério cerebral direito que, nas pessoas criativas e superdotadas, é o lado preponderante. Ao montar a máquina de pensar durante a gestação de seus corpos físicos, elas parecem mais interessadas em preservar a liderança mental à direita. Não cuidam, pois, de formar à esquerda uma personalidade dominadora, que passe a valorizar excessivamente as mordomias que a vida material é capaz de proporcionar, em prejuízo das tarefas e responsabilidades mais nobres da individualidade. Como temos visto, esta última tende a viver, pensar e trabalhar com a permanência, enquanto a personalidade situa-se no contexto da transitoriedade.

A ridicularizada e caricata figura do sábio distraído, 'desligado', e excêntrico fica, dentro desta ótica, com outra dimensão. Trata-se de uma pessoa muito mais envolvida com os problemas transcendentais da vida do que com as rotineiras atividades miúdas do dia-a-dia. Grandin menciona as roupas pouco elegantes do professor e mais sua cabeleira descuidada como aspectos típicos de pessoa com tendências autísticas. A mesma história do sábio desatento que cai no buraco porque se mantém interessado em contemplar as estrelas, em vez de olhar onde pisa. Até o traço infantil, que também se encontra no gênio, como estamos vendo, está lá em Einstein. Basta lembrar a sua mais famosa foto, na qual ele aprece, como um menino levado, de língua de fora.

Lembro-me de um encantador espisódio. Ainda vivia Einstein, estudando, pesquisando e lecionando na Universidade de Princeton, quando eu trabalhei em Nova York na década de 50. (Ele morreu em 18 de abril de 1955, pouco depois que regressei ao Brasil.) Como o velho e excêntrico supercientista era sempre notícia, li, certa vez, uma terna – e verdadeira – historinha sobre ele. Uma menina escrevera-lhe pedindo ajuda para um dever de matemática. No anverso da própria carta, o Professor resolveu carinhosamente o problema e a devolveu pelo correio. Eram duas crianças brincando de escolinha! Foi um momento de inesquecível ternura, aquele em que a grandeza se fez pequenina para mostrar-se em toda a sua digna e descontraída pureza.

Não seria de admirar-se que o hemisfério cerebral esquerdo de tais indivíduos conte apenas com o suficiente para uma atividade terrena satisfatória, não mais que isso, de vez que as prioridades intelectuais localizam-se na área mental regida pelo hemisfério direito. Seja como for, há nessas pessoas, uma "predominância da função cerebral direita", como se lê no livro do dr. Darold A. Treffert (p. 194).

Em contrapartida – é ainda o dr. Treffert quem informa –, observa-se um desenvolvimento menor do lado esquerdo, em comparação ao direito, não apenas nos *idiot-savants*, como nos autistas.

Citados por Treffert (p. 196), os drs. Hauser, Delong e Rosman notaram, em pacientes afetados pelo autismo infantil, "nítidas deficiências de substância cerebral no hemisfério esquerdo". Lembra aquele mesmo autor uma das características já mencionadas aqui – a frequência maior de pessoas canhotas entre autistas e *'idiot-savants*. O que sugere que graves anormalidades estruturais e operacionais no hemisfério esquerdo podem levar o direito a assumir responsabilidades que, usualmente, não são suas, como atividades motoras e linguagem verbal. Seria útil, na opinião do autor, considerar tais lesões neurológicas como "assimetricamente bilaterais".

Treffert acrescenta (p. 235): "O hemisfério cerebral esquerdo desenvolve-se mais tarde, no feto, do que o direito e, portanto, corre maior risco de sofrer influências pré-natais por um período mais extenso de tempo." Na realidade, lemos pouco adiante que o hemisfério direito "fica pronto" antes do esquerdo.

Ao discutir o problema da genialidade, Temple Grandin lembra que Einstein, Ludwig Wittgenstein e Van Gogh "exibiram, todos, anormalidades do desenvolvimento infantil". Acrescenta que Einstein não demonstrou nenhuma capacidade intelectual relevante na infância. Apresentavam-se nele até alguns sintomas específicos do autismo, como o de repetir as frases que lhe eram ditas (ecolalia). Caracteristicamente – por alguma deficiência à esquerda –, tinha dificuldade em escrever corretamente as palavras e revelava-se fraco no aprendizado de línguas estrangeiras. Ainda segundo Grandin (p. 181), era pobre sua memória para coisas que não figurassem no centro de seus interesses pessoais.

O próprio Einstein considerava sua "dedicação à ciência uma tentativa de escapar aos aspectos meramente pessoais, concentrando-se no universo objetivo". É o que dizem Roger Highfield e Paul Garter, na biografia do cientista intitulada *The private lives of Albert Einstein* (apud Grandin, pp.181-182). No fundo, portanto, o mesmo impulso autista de recolher-se ao mundo interior e permanecer lá tanto quanto possível.

Certamente interessada em estabelecer parâmetros de autoaferição e identificar possíveis caraterísticas em comum com ela e outros autistas, a dra. Grandin examinou com atenção a vida de Einstein, principalmente suas singularidades. Segundo apurou, o eminente sábio demonstrava possuir "muitos traços de um adulto afetado por um tipo mais brando de autismo ou pela síndrome de Asperger" (p. 182). Pessoas que assistiam às aulas ministradas por ele testemunham sobre seu discurso algo dispersivo, quando não incompreensível. Os alunos se sentiam perdidos por não conseguirem perceber as conexões entre os exemplos que o mestre lhes apresentava e os princípios gerais sobre os quais ele discorria. "A conexão" – interpreta Gradin – "era óbvia para a mente visual de Einstein, mas não para o pensamento verbal de seus alunos." Em suma, um diálogo de surdos, entre o hemisfério direito do eminente professor e o esquerdo de seus ouvintes.

Outra faceta curiosa vem à superfície na pesquisa de Grandin: às vezes, Einstein perdia o fio do pensamento, enquanto desenvolvia um teorema no quadro negro. "Uns poucos minutos mais tarde" – informa Gradin – "ele *emergia de um transe* e escrevia uma nova hipótese." (O destaque é meu, pois há, a meu ver, um componente mediúnico que se manifesta com certa frequência nos autistas).

Quanto à legendária dificuldade do menino Einstein com o aprendizado, Grandin informa que somente foi superada depois que o encaminharam a uma escola que lhe permitiu trabalhar com as suas faculdades de visualização. O gênio da física diria, mais tarde, ao seu amigo, o psicólogo Max Wertheimer, o seguinte: "Os pensamentos não me ocorrem de maneira verbal. Raramente penso em palavras. O pensamento me ocorre e eu tento expressá-lo posteriormente em palavras." Exemplo típico de comunicação entre a individualidade, plugada à direita do cérebro, e a personalidade, instalada à esquerda; uma visual, outra verbal, uma intuitiva, pensando por sínteses, outra dita racional, incumbida do processo analítico, a fim de traduzir em termos humanos aquilo que ela própria pensou "do lado de lá" de si mesma.

Temple Grandin aproveita a oportunidade de sua dissertação sobre o traço autista em eminentes figuras do passado para citar um contemporâneo. Bill Gates, o gênio da informática, seria – pensa ela – mais um na galeria dos superdotados com pinceladas autísticas. Os dados para assim concluir Temple recolheu em artigo de John Seabrook, na revista *Time*. Segundo esse autor, Gates tem o hábito (autista) de balançar o corpo para frente e para trás quando nervoso, durante as reuniões de trabalho e nos voos que empreende pelo mundo afora. Além disso, são escassas suas 'habilidades sociais', bem como a dificuldade de encarar seu interlocutor, olho no olho. Segundo aquele mesmo autor, o multimilionário da informática não é muito bom no que os americanos chamam de *spelling*. Em português temos uma palavra mais sofisticada – ortografia. A pessoa fraca em ortografia é aquela que pode escrever cebola com s ou passado com cedilha.

Queixa-se Grandin de que haja tão poucos Einsteins hoje em dia. Talvez, especula, todos os Einsteins em potencial estejam conseguindo apenas notas escolares medíocres ou sendo reprovados em vestibulares.

Gregor Mendel, pioneiro da pesquisa genética – lembra Grandin (p. 186) – não passou nos exames em busca de um mero certificado para lecionar em escolas de segundo grau. Seu 'laboratório' era uma modesta plantação de ervilhas num canto de terreno no convento, onde vivia. Apresentada à universidade, sua revolucionária tese foi considerada insuficiente para valer o título acadêmico que ele pleiteava.

Charles Darwin também figura na lista de Grandin. Sabe-se, diz ela, que o idealizador da teoria da evolução das espécies jamais conseguiu dominar uma língua estrangeira. Pouco dado, portanto, ao pensamento verbal, o que aponta para alguma deficiência no hemisfério cerebral esquerdo. Ao deixar a escola, o menino Charles foi considerado medíocre. Ele próprio escreveria na sua autobiografia esta avaliação: "Fui considerado por todos os meus professores e pelo meu pai um menino muito comum, bem abaixo do padrão intelectual médio." Na Universidade de Cambridge, seu desempenho em matemática foi pobre. Sobre que bases teria ele, então, construído tão elevada e sólida reputação científica? Isto pode parecer um tanto ou quanto fantasioso, mas foi o seu hábito – autista, sabe-se hoje – de colecionar coisas. Para muita gente isto seria uma singularidade ou até inocente mania como outra qualquer; para Darwin, foi o ingrediente com o qual criou uma visão nova para o processo evolutivo.

Duas conclusões ressaltam da dissertação da dra. Grandin. *Primeira*, a de que alguns componentes autistas figuram, escancarada ou discretamente, em muitas pessoas dotadas de genialidade. O autismo em si não é, pois, um estigma, mas uma condição que, devidamente trabalhada, pode elevar a pessoa a surpreendentes patamares de realização. *Segunda*, que prefiro expor nas palavras da própria dra. Grandin, com as quais concordo em gênero, número e caso. "Nosso sistema educacional" – diz ela (p. 186) – "capina essas pessoas para fora do sistema, em vez de fazer delas cientistas de categoria internacional."

Como você percebe, a gente poderia ficar aqui por muito tempo a pensar junto com a dra. Temple Grandin – uma autista assumida, não nos esqueçamos –, mas temos ainda, muito chão a percorrer. Proponho que nos demoremos apenas um pouco mais num dos aspectos relevantes do seu notável depoimento – o da sua busca de um sentido para a vida.

Encontramos, aliás, no seu primeiro livro, algumas reflexões a respeito disso, mas é no segundo que ela desenvolve melhor a historinha pessoal de sua busca. Vimos, também, como algumas dessas reflexões suscitaram a admiração e a surpresa do dr. Oliver Sacks, quando esteve com ela.

Detectamos certo nível de interesse de Temple Grandin em Deus desde aquele dever escolar que ela transcreve no livro. A referência a Deus ocorre também em trechos nos quais ela fala de sua fixação no simbolismo das portas. Há sempre portas diante da sua mente – as que vedam acesso dela a outros planos de conhecimento, as que se abrem, as transparentes ou não. Numa dessas passagens, ela menciona uma porta bloqueada que imagina ser "parte de um grande plano que Deus tinha para mim" (p. 110).

Mais adiante (p. 172), discutindo o problema do medo, declara-se capaz de livrar-se de seus temores quando consegue entender o que Deus espera dela. E complementa, dizendo que, a seu ver, "o entendimento intelectual das grandes questões filosóficas eliminaria a ansiedade".

A dra. Grandin reserva, no entanto, a discussão das suas especulações, digamos metafísicas, para o capítulo final, de número "5 – Escadaria para o céu", no qual cuida, não apenas de "religião e crença", como da imortalidade e do sentido da vida.

A abordagem aos temas filosóficos e teológicos é feita do ponto de vista de uma pessoa "totalmente lógica" – diz ela (p. 189) – "e científica". Desse modo, seu conhecimento, tanto quanto suas crenças acerca de Deus, estão em constante processo de atualização. Ela entende, acertadamente, que as novas informações que lhe chegam ao conhecimento podem (e devem, quando necessário) mudar aquilo que ela identifica como "princípios gerais". É, portanto, uma pessoa aberta, disposta a aprender com os fatos, em vez de se entrincheirar em inexpugnáveis posições dogmáticas.

Vimos há pouco, que tais especulações vinham de longa data. E' verdade. Logo no início do capítulo 5, ela transcreve algumas reflexões do tempo de ginásio, indicativas de inesperada maturidade intelectual e sabedoria. "Desenvolvo minhas ideias" – escreveu àquela época – "a partir de um reservatório de conhecimento e modificarei tais ideias à medida em que aprender mais. O único conceito permanente é o de que Deus existe." E mais adiante, ainda na composição escolar: "A religião deveria ser dinâmica e estar sempre em evolução, não estagnada."

Colocou nesse texto – surpreendente para uma pessoa tão jovem, e, ainda mais, considerada mentalmente desajustada – uma sabedoria ao mesmo tempo milenar e avançada. Antiga porque convicta da necessária existência de Deus e progressista por entender que o próprio conceito de religião está sujeito ao processo evolutivo.

Para Grandin (p. 192), "tanto a ciência como a religião precisam dar respostas às grandes interrogações da vida". Como meticulosa observadora dos fenômenos da vida, a autora se revela encantada com a faculdade que demonstra a sabedoria das leis cósmicas em produzir a ordem a partir do caos. Cita, neste ponto, James Gleick , que explica como "os flocos de neve são simetricamente organizados na randômica turbulência do ar".

Diz Allan Kardec que o efeito inteligente provém de uma causa inteligente. Acho que podemos considerar a perfeita e variadíssima simetria do floco de neve um efeito inteligente ou, no mínimo, deliberado, não produzido por uma conjunto inexplicável de acasos. Curiosamente, as grandes e transcendentes lições da vida são, ao mesmo tempo, sutis e evidentes por si mesmas, até na breve existência de um cristal de água.

Podemos observar, portanto, que esses magnos aspectos da vida estão bem resolvidos na mente privilegiada da dra. Temple Grandin, mas ela tem outros questionamentos. Como este: o que acontece quando a gente morre?

Foi num sonho – devidamente anotado em seu diário, em 10 de março de 1971 – que ela parece ter sentido pela primeira vez o impacto da ideia da morte. Sonhou que fôra até a usina de processamento da Swift e, ao colocar as mãos na grande parede branca externa, sentiu como se estivesse "tocando um altar sagrado". Era ali, naquele local, que se processava o grande mistério da passagem dos animais da vida para a morte. Daí a sensação de sacralidade. A ideia de que o gado ficava naquele ponto, à espera do fim de suas vidas, punha em evidência um magno problema filosófico, "horrível demais para ser concebido", escreve ela (p. 194). "Como o conceito de infinito" – continua –, "aquilo era por demais perturbador para que o ego pudesse suportar." Daí porque, a seu ver, o ser humano passou "a acreditar em céu, inferno ou na reencarnação".

Respeito e admiro as reflexões da dra. Grandin, mas eu não poria a reencarnação ali. Céu e inferno são, realmente, crenças – a reencarnação não – é uma lei natural, pesquisável, demonstrável, experimental, como já está suficientemente documentado em numerosos depoimentos do melhor teor científico.

O argumento dela, contudo, é válido. Érico Veríssimo, também interessado na busca de explicações para os enigmas da vida, escreveu certa vez – onde, meu Deus? Seria em *Olhai os lírios do campo*? – que se, depois de contemplar as estrelas, o sujeito olhar para o bico do sapato e achar que é grande, não passa de um pobre coitado. Grandin fala na sensação de esmagamento que nos causa a contemplação intelectual do infinito.

Foi ainda com a usina da Swift que Temple Grandin teve outro sonho relevador. Este ocorreu em 25 de outubro de 1971. Ela se via dentro do edifício de seis andares, sendo que o matadouro funcionava no térreo. No sonho, tomou o elevador – secreto, diz – para os andares superiores. Encontrou por lá

> (...) belos museus e bibliotecas que continham muito da cultura mundial. À medida em que eu caminhava pelos corredores do conhecimento – depõe (p. 195) –, compreendi que a vida é como uma biblioteca e que os livros somente podem ser lidos um de cada vez e que cada um deles revela algo novo.

Se a dra. Grandin precisasse de um intérprete para o seu belo sonho, eu me ofereceria. Diria que ela subiu – pelo elevador secreto –, em espírito, não em corpo físico, a planos superiores da vida, onde contemplou o imenso reservatório cósmico de conhecimento. Toda essa sabedoria está à nossa disposição, mas o acesso a ela é condicionado pelas nossas próprias limitações. Temos de absorver tais conhecimentos em doses menores, um livro de cada vez. Eu até arriscaria dizer-lhe que cada livro corresponde, na sua bela imagem, a uma existência na carne, com as suas experiências, suas retificações, suas alegrias e suas dores. "A cada dia" – ensinou o Cristo – "basta o seu labor."

À época de tais sonhos, declara Grandin, ela ainda não havia lido alguns livros, como *Life after life*, do dr. Raymond Moody, ou *Embraced by the light*, de Betty J. Eddie. Essas e outras obras traziam novas informações para o monumental arquivo mental de Temple Grandin. Consequentemente, segundo seu próprio critério, elas propunham revisões na organização dos "princípios gerais" pelos quais se orienta. Ao que parece, ela se revelou sensível à realidade que essas obras oferecem. É o que se percebe em observações como esta, à página 196: Em certo ponto de sua busca, ela pegou o carro para ir para casa. Ainda no estacionamento, olhou para o céu "e as nuvens estavam realmente espetaculares. Compreendi, então, o paradoxo de que se não houvesse a morte, não teríamos como apreciar a vida."

Grandin, contudo, continua à espera de mais informações para proceder a uma releitura em outros aspectos da sua filosofia de vida. Digo isto porque leio pouco adiante o seguinte:

> A coisa mais perturbadora – depõe – consiste em que não há respostas definitivas para as perguntas sobre o que acontece quando a gente morre. Os filósofos têm escrito, há séculos, sobre isto. E as perguntas irrespondíveis têm forçado as pessoas a recorrerem a Deus.

Não vejo, aí, perguntas *irrespondíveis*, vejo as *irrespondidas* e as mal respondidas. Como também as há mal formuladas, tanto quanto perguntas que não estão sendo formuladas de todo. Um ditado inglês diz que, se você faz uma pergunta tola, recebe uma resposta tola. Pior que a tola, no entanto, é a pergunta que não foi feita, seja porque não ocorreu formulá-la, seja porque a pessoa que deseja fazê-la teme a resposta. Paradoxalmente a resposta afirmativa acerca da continuidade da vida após a morte pode conter um componente perturbador para aqueles que *preferem* a morte como o fim de tudo, o mergulho na fantasia do nada.

Ao contrário do que pensa a dra. Grandin, há respostas corretas acerca da sobrevivência do ser. Provavelmente ela não teria, ainda, consultado as fontes apropriadas ou, se o fez, não conseguiu aceitar como válidas as evidências oferecidas. É que, como tantos dos seus colegas e de suas colegas cientistas, ela desejaria um tipo de comprovação que os mais nobres fenômenos da vida não têm como oferecer à abordagem mecanicista a que se habituou a pesquisa científica.

Daí, ao que tudo indica, a fragilidade de suas crenças e as decepções experimentadas por aquilo que William James identificou como "will to believe" – o desejo de crer.

(Tenho um amigo assim. Velho companheiro de adolescência, formação universitária, cultura razoável e sabedor das minhas convicções, sempre que nos encontramos, procura dirigir a conversa para esse tipo de especulação. Pede-me que fale das minhas ideias e experiências, mas já sei que a conversa vai encerrar-se com o suspiro desalentado de sempre: "Eu queria tanto acreditar nisso!" Fico em dúvida sobre se queria mesmo. Digo-lhe, reiteradamente, porém, que tanto faz ele crer como não – essa é a realidade. E que não perde por esperar, pois é o que ele vai conferir, a partir do momento em que cruzar uma das portas de que tanto fala a dra. Grandin, dado que a porta da morte se abre para outra dimensão da vida.)

Menciono a fragilidade de suas crenças porque se lê no texto da genial autista que muito se abalou sua vontade de crer com dissertações científicas segundo as quais os fenômenos ditos alucinatórios, as vidências e sensações ocorridas nas experiências de morte aparente são suscitados não por uma possível sobrevivência do ser, mas por falta de oxigênio no cérebro. Ela cita um artigo de Ronald Siegel sobre o assunto. Não o conheço, mas tenho o livro, no qual a dra. Susan Blackmore estuda exaustivamente o problema. Não é meu propósito, de forma alguma, esnobar a pesquisa dessa autora, mas seu livro não alterou em nada minhas convicções acerca da realidade espiritual, nisso incluído o fenômeno da morte aparente (NDE). Não há como contestar que a falta de oxigenação cerebral provoca *fenômenos semelhantes* aos que ocorrem na morte aparente. E daí? Em quê tais fenômenos se diferenciam, ou em quê se assemelham? Será a redução do nível de oxigênio no cérebro condição para que ocorram fenômenos de vidência? Classificá-los todos como alucinatórios é apenas pregar neles um rótulo. Ainda que ficasse taxativamente estabelecido que a emocionante experiência de quase morte seja apenas uma vulgar consequência da privação de oxigênio, a observação não seria suficiente para demolir a evidência acumulada até hoje em favor da continuidade da vida após a morte corporal.

Consultada a respeito, uma entidade amiga, informou, em resumo, o seguinte: O cérebro não cria imagens e, portanto, não elabora ilusões ou alucinações. Qualquer atividade não-física é extracerebral e constitui realização do espírito. Ocorre que, tanto no sono natural como nos desdobramentos espontâneos ou provocados (fenômenos de OBE ou projeção), o metabolismo do corpo físico é substancialmente reduzido, numa espécie de hibernação. Com o afastamento temporário do espírito, a atividade meramente biológica reduz-se a nível de mero stand-by, como a de uma usina que passa a operar com capacidade reduzida, em virtude de drástica redução na demanda. O nível mais baixo de atividade orgânica é necessário, por sua vez, para proporcionar o repouso do sistema e refazimento das células. Reduzido o metabolismo, reduz-se, logicamente, a demanda de oxigênio em todo o corpo. Não há como explicar atividades não-físicas – mentais e espirituais – com atividades puramente orgânicas. A cerebração, ou seja, a atividade cerebral resulta da atuação do espírito sobre o cérebro que – vamos reiterar – é apenas um instrumento, uma ferramenta, o *hardware* de um computador. Incapaz, portanto, de criar imagens ou ideias, por si só. Precisa, para isso, de uma programação que expeça comandos para agir desta ou daquela maneira. Em linguagem informática, precisa de um *software*. A atividade do ser humano nos fenômenos de quase-morte e as correspondentes vidências, não resultam da menor oxigenação cerebral, embora ocorram quando a oxigenação é mais baixa, pelas razões indicadas.

(Limito-me a reproduzir essa informação, sem tentar comentar conceitos que não são de minha competência. O assunto fica com os especialistas.)

Pode ser até que as experiências de morte aparente não constituam boa e irresistível evidência da continuidade da vida após a morte física, como alguns têm alegado. Eu penso que elas contribuem com um testemunho a mais em favor da realidade da sobrevivência do ser. Há, porém, todo um acervo de fatos documentados em pesquisas confiáveis que apontam irreversivelmente para a sobrevivência do ser. O jornalista britânico Maurice Barbanell escreveu há anos, na revista *Two Worlds*, que a farta documentação evidencial existente acerca da sobrevivência convenceria qualquer tribunal. A ciência, no entanto, continua a rejeitá-la. Há que compreender suas razões – ela deseja provas concretas, imaculadas, obtidas segundo parâmetros consagrados de pesquisa. O problema está em que tais parâmetros foram elaborados dentro de modelos criados e operados exclusivamente para pesquisar os arcanos da matéria densa e o comportamento dela segundo leis da física e da química.

O certo é que os estudos acerca da privação de oxigênio desestabilizaram as frágeis estruturas de crença da dra. Temple Grandin. Depois de mais ou menos convencida da sobrevivência do ser, ela recaiu no estágio anterior, no qual contava apenas com a sua *vontade de crer*. Voltou ao questionamento. Será que a maravilhosa sensação que ela própria experimentou mais de uma vez da presença de Deus seria apenas uma questão de maior ou menor oxigenação cerebral? – pergunta-se ela. "Para o meu horrorizado assombro" – escreveu no seu diário –, "estariam os produtos químicos bloqueando minha ânsia por sentimentos de religiosidade?" (p. 198).

Foi necessário algum tempo para que se atenuasse a perturbadora frustração causada pela informação científica. A crença em uma forma de vida póstuma, contudo, ficou estilhaçada para ela. No seu engenhoso modo de dizer, ela viu o mágico por trás da cortina. Em outras palavras, a sobrevivência do ser não passaria de ilusionismo barato. Mesmo assim, continuou achando que Deus tem de estar "no alto da escada para o Céu".

Talvez por isso, tenha dado prosseguimento à sua busca. Foi a física quântica – depõe (p. 200) – "que, finalmente, me ajudou a acreditar de novo, uma vez que oferece plausível base científica para a crença na alma e no sobrenatural".

Lendo coisas dessas, mais do que nunca nos damos conta da importância da doutrina dos espíritos, tal como elaborada pelo prof. Rivail (Allan Kardec), e do privilégio em conhecê-la. Colocada dentro dessa moldura, a dra. Temple Grandin não estaria à mercê de vacilações e recuos na sua vontade de crer. O espiritismo não cuida especificamente do problema da crença, preferindo deduzir dos fenômenos observados as leis naturais que regulamentam a vida cósmica. Não existe o sobrenatural, ou seja, uma categoria de fenômenos que operem acima e à margem das leis naturais. Vivemos num universo ordenado, coerente, inteligente. A própria doutora Grandin resgata um texto seu de tempos escolares, no qual declara entender a presença de Deus precisamente na ordem universal, onde tudo tem seu lugar, seu tempo, sua função, sua razão de ser.

Seja como for, a dra. Temple Grandin constitui documento vivo de uma realidade – uma pessoa que conseguiu emergir das limitações do autismo. Melhor ainda, conseguiu fazer das próprias limitações que o autismo lhe impunha sua instrumentação de trabalho e de evolução. Ela se põe como "pessoa cujas incapacidades proporcionaram (a ela) certas capacidades" (p. 200). Por isso declara enfaticamente, alhures no livro (p. 60), o seguinte: "Se eu pudesse, num estalar os dedos, tornar-me uma pessoa não-autista, não o faria. O autismo é parte do que eu sou." Em outras palavras, ela não deixou de ser autista e nem faz a menor questão de deixá-lo; preferiu, com enorme sucesso, criar com as suas 'incapacidades' as 'capacidades' de que necessitava para realizar-se profissionalmente e como ser humano.

Contou, para isso, com ajuda inteligente e competente de pessoas muito especiais, como o quase anônimo mr. Carlock, que, em vez de rir de sua engenhoca para espremer o corpo ou tentar dissuadi-la do projeto considerado meio doido, tomou-o, ao contrário, como recurso para canalizar os talentos que identificava claramente na estranha adolescente. "Você é uma menina bem dotada, Temple" – disse Carlock. Ele acreditou nela, e, em vez de tentar arrastá-la à força para o 'nosso' mundo, esforçou-se por ir, ele próprio, ao mundo dela, não como invasor, mas como aquele que vai generosamente levar uma mensagem de solidariedade e uma oferta de entendimento.

Os importantes papéis de Carlock, da mãe e da tia de Temple não minimizam a façanha dela em emergir da reclusão do autismo para uma vitoriosa existência na sociedade, mas constituem relevante fator na sua formação, ajudando-a a desenvolver os talentos que identificaram nela.

É provável que sua trajetória, do autismo até à sua realização pessoal como PhD em ciência animal, tivesse sido menos íngreme e áspera, se ela houvesse sido acudida mais cedo na vida, pouco depois dos dois anos de idade. Foi o que aconteceu com Rauni, filho de Suzi e Barry Neil Kaufman, por exemplo. Kaufman abandonou tudo quanto vinha fazendo profissionalmente – com grande sucesso, aliás, como publicitário – para montar, com Suzi, uma estratégia de abordagem multilateral ao problema do filho. A criança estava justamente no período em que, após a fase inicial de formação da linguagem no hemisfério esquerdo, o processo paralisa e a deixa estacionada ali. Grandin – que se tornou profunda conhecedora do autismo – declara que, abandonada aos seus próprios recursos, ainda que nas melhores instituições especializadas, a criança se torna um adulto prisioneiro de si mesmo.

Qualquer que seja nossa óptica e nossa postura no caso Grandin, ela constitui evidência de que a condição autista não é irreversível, nem desesperadora, ainda que a pessoa continue sendo autista. Veremos mais adiante neste livro alguns casos em que esse tipo de vitória foi parcial, como em Paul McDonnell, que, aos vinte anos, teve competência suficiente para escrever um capítulo sobre si mesmo, no livro de sua mãe, Jane Taylor McDonnell. Poderemos dar uma espiada no excelente depoimento de Kaufman sobre o caso de Robertito Soto, o menino mexicano, que começou a ser tratado aos seis anos de idade. (Não temos informação de como se encontra hoje – o livro de Kaufman é de 1981). Teremos, ainda, para examinar nove casos de autistas que, mesmo sem grandes conquistas, conseguiram um mínimo de condições para viver com relativa autonomia.

Acho, em suma, que, depois de Donna Williams e, especialmente, depois de Temple Grandin, o autismo começa a deixar de ser uma caixa preta. Já é possível sonhar acordado com possibilidades concretas de entender melhor o fenômeno e fazer das suas supostas deficiências instrumentação adequada para um dramático desenvolvimento de insuspeitados talentos. Não devemos nos esquecer de que as excentricidades do autista são assim consideradas em relação ao que consideramos normalidade, palavra de difícil conceituação. No fundo, excêntricos são aqueles que se posicionam em centros diferentes, não necessariamente anormais. Eles são dotados de centralização alternativa que, no final das contas, pode tornar-se tão criativa e até genial como outra qualquer.

Falei há pouco de caixa preta e volto à imagem. Acho que, à medida em que formos lendo seus registros e interpretando seus símbolos, iremos nos convencendo da necessidade de introduzir a visão da realidade espiritual no modelo de abordagem ao autismo. Retifico a fraseologia – a realidade espiritual *está embutida* na problemática do autismo, faz parte integrante dela e precisa ser considerada com seriedade e competência, se é que estamos, de fato, empenhados em entender melhor a dramática condição autista. E a própria vida, afinal de contas.

# OITO

## Os cáctus não respondem

Paul McDonell estava, àquela altura, com quatro anos de idade. Era uma criança bonita, de boa saúde física, olhar inteligente, se bem que meio vago e incapaz de fixar-se nas pessoas. Tinha também dificuldades de comunicação em vista do escasso vocabulário e da pronúncia imperfeita. Preferia ficar consigo mesmo, sem falar, reproduzindo gestos repetitivos, como balançar a cabeça ou passar horas manipulando um interruptor elétrico, apagando e acedendo luzes. Tinha um medo inexplicável de flores e, no dizer da mãe, encarava sob suspeita os alimentos em geral, tolerando apenas três deles – leite, ovos e passas. Era um menino estranho, de comportamento enigmático. Especialmente traumática para os pais era a deficiência verbal, dado que ambos, pai e mãe, eram professores universitários na área da linguística. Ironia do destino? Se é que era isso, de quê ou de quem estaria rindo o destino?

Para agravar o estado permanente de crise, o menino passou a ser o pomo de discórdia nas constantes disputas entre marido e mulher. O desentendimento foi-se agravando até alcançar situações-limite de extrema gravidade, bordejando por trágicas rupturas. Jane Taylor McDonnell, a mãe e autora do livro, não contorna nem minimiza a gravidade do conflito doméstico. Ela se põe, declaradamente, sem reservas ou tibiezas, ao lado do filho deficiente, disposta a tudo para obter dele um mínimo de normalidade. Perdeu muitas batalhas, mas acabou ganhando a guerra. Não foi uma vitória espetacular e esmagadora contra o autismo, mas a vitória possível.

Por vários anos, aliás, nem saberiam que o problema de Paul chamava--se autismo. Quando, na busca inicial, a sra. McDonnell leu, no livro do dr. Bruno Bettelheim, *A fortaleza vazia*, que o autismo resultava do comportamento frio das mães em relação aos filhos, um sentimento de perplexidade e revolta levantou-se dentro dela. Sempre fora carinhosíssima com Paul e, mais tarde, com Susan. Era dessas mães de conversar com os filhos, acarinhá-los, cercá-los de afeto, de pequenos gestos declaratórios do amor que sempre teve por eles. O confronto com o marido seria, em grande parte, decorrente do que ele considerava seu exagerado devotamento, especialmente a Paul.

Naquele dia, por exemplo, a disputa estava acesa e, como sempre, áspera. Interessada em alimentar o menino, Jane inventara um processo de recortar pedaços de queijo em forma de números – a criança manifestara, logo cedo, notável interesse pela matemática. Os números feitos de queijo constituíram a motivação do dia, mas a discussão vinha de longe. Jim, o marido, perdeu o controle e bradou que o menino estava ficando cada vez pior, regredindo mesmo. "Não está!" O exaltado diálogo prosseguiu na presença da criança, com o marido declarando que o filho era esquizofrênico. Com a mesma veemência, ela contestou: "Como é que você pode dizer uma coisa dessas? Ele não é esquizofrênico! Como você pode pensar nisso?" Nesse ponto, ele se queixava de que ela estava começando tudo de novo e que nem prestava atenção ao que ele dizia, negando os sentimentos dele. Um horror!

Foi por aquele tempo, no Natal, que Jane e Paul viveram uma estranha experiência. Diz ela que, se não tivesse anotado tudo naquele mesmo dia, no diário, não teria, mais tarde, acreditado na realidade do que testemunhara.

Prolongara-se mais do que o comum, naquela noite, o ritual de colocar o menino na cama para dormir. Talvez – imagina ela (p. 120) – a excitação do Natal. O certo é que alguma coisa incomodava Paul. De repente, com surpreendente articulação, ele começou a contar à mãe uma historinha que ela classifica como "estranha fantasiazinha" dele.

"Paul sozinho em ilha deserta" – começou. "Cáctus não responde. Areia não vira neve, mas areia queima e queima."

E depois: "Paul numa gruta durante vinte anos, para sempre. Não há chave para a porta, nenhuma chave em todo o universo.

– Não há nenhuma janela? – perguntou a mãe.

– Não, nenhuma janela.

– Mas a mamãe e o papai estão indo de barco com uma grande chave de ouro para abrir a porta para Paul – disse ela.

– Não – insistiu ele. Nenhuma chave em todo o universo para deixar Paul sair.

A mãe insistiu em dizer que ela e o pai haviam chegado de barco com uma chave para abrir a porta da gruta na ilha deserta onde Paul estava. Ele acabou concordando: "Sim. Agora Paul está subindo a montanha. Mamãe e papai estão puxando ele com uma corda, mas a corda arrebentou e Paul caiu lá embaixo, trezentas e sessenta e duas milhas."

Seguiu-se um diálogo mais longo, infelizmente não registrado por Jane, que acrescentou: "Mamãe e papai puxaram Paul por cima da montanha." Mas ele negou o final feliz declarando: "Não! Paul caiu. Num buraco. Debaixo do chão." E acrescentou: "Paul no Polo Norte. Virou uma gota de gelo. Mas a ponta da gota quebrou e aquilo era a cabeça de Paul. Quebrou. Agora, Paul não tem cabeça."

A mãe-autora declara que Paul não poderia ter encontrado metáfora mais adequada para a sua condição. A solidão na ilha deserta, as areias escaldantes, que nunca viravam neve, a gruta sem janelas e de portas que não se abriam, pois simplesmente não havia nenhuma chave no universo que servisse nas suas fechaduras. E, além do mais, Paul sendo resgatado por cima da montanha e novamente despencando de lá de cima.

A sra. McDonnell encerra o comentário com observações que não podemos deixar passar sem maior atenção. Diz ela (p. 121), referindo-se ao filho: "Perdido, sozinho, incapaz de ser resgatado, *talvez até mesmo resistindo ao resgate*. Nenhuma chave *em todo o universo* podia libertar Paul." E conclui: "Era o que ele temia. E eu também." (O primeiro destaque é meu; o segundo está no original inglês).

Quanto a mim, tenho outra leitura para a dramática fala de Paul, que pode realmente ser metafórica, mas vejo por trás das metáforas uma realidade vivida, não uma fantasia inventada. Se você me der alguns minutos, poderei partilhar minha interpretação com você.

Em primeiro lugar, devemos resolver a aparente incongruência de um relato tão dramático e bem articulado numa criança de quatro anos severamente inibida por deficiências de natureza verbal. Preciso recorrer novamente, neste ponto, à minha hipótese sobre a dicotomia individualidade/personalidade. Mesmo vencendo as limitações impostas por uma personalidade despreparada para a verbalização do pensamento, a individualidade de Paul – o ser integral, o espírito – consegue fazer-se entender, na sua narrativa autobiográfica. Ele não está inventando uma fábula, nem formalizando uma fantasia – está narrando a sua história pessoal, ocorrida em algum ponto no passado. É uma história real, nada tem de fictícia. As imagens mais arrojadas figuram nela como ilustrações para dar ênfase à dramaticidade de sua situação – areias que nunca se convertem em neve, portas para as quais não há chaves, janelas ausentes, cáctus mudos... São imagens de um terrível estado de abandono, de solidão, de vinte anos de encarceramento numa furna escura e esquecida de Deus e das criaturas. Até que duas pessoas – mamãe e papai – aparecem para resgatá-lo da prolongada angústia. Tentam fazê-lo passar por cima da montanha de suas dificuldades, mas a corda se arrebenta e ele novamente despenca lá em baixo, dentro de um buraco no chão.

Ao ler a historinha de Paul, lembrei-me de uma informação aparentemente irrelevante, que lera no início do livro – para ser exato, à página 12 –, onde a sra. McDonnell declara que por muito tempo esperou Paul e que, antes dele, perdera – suponho que por aborto espontâneo – duas outras crianças.

A fim de montar a minha versão da pungente 'fantasia' de Paul, só precisamos, agora, da premissa de que somos todos entidades espirituais preexistentes e, portanto, sobreviventes e reencarnantes.

Paul estaria, portanto, numa condição espiritual angustiante, entre a existência anterior e aquela na qual seria Paul, filho de James e Jane Taylor McDonnell. Por alguma razão poderosa que, evidentemente, não nos é revelada, ele tombara numa situação de abandono e sofrimento, da qual não via como sair – não havia chaves com as quais pudesse abrir a portas e libertar-se. Isso teria durado, na sua estimativa (ou conhecimento), vinte anos, o que, para ele, fora o mesmo que uma eternidade – para sempre, disse.

De repente, surge um casal disposto a recebê-lo como filho, em nova existência. Curiosamente, Jane tem a intuição de que sua tarefa junto dele é essa, pois é ela quem procura consolá-lo dizendo que ela e o pai estão indo para a terrível ilha deserta a fim de resgatar Paul da sua tenebrosa caverna. Quando ela afirma, porém, que conseguiram tirá-lo de lá, ele nega enfaticamente, declarando que a 'corda' arrebentou e ele caiu de novo, desta vez, num buraco debaixo da terra. Ou seja, a mãe engravidou e começou a elaboração de um corpo físico para Paul, mas a 'corda' (cordão umbilical?) partiu-se (o aborto!) e ele recaiu na situação de abandono. Provavelmente isso aconteceu duas vezes, pois foram dois os abortos, antes que mãe e filho conseguissem consolidar o processo da gravidez. Ela chegara a experimentar um sentimento de culpa por não ter tomado suficiente hormônio durante as duas vezes anteriores em que ficou grávida. Teria sido essa a causa dos abortos, no entender do médico. Com Paul foi diferente – o possível repouso e o hormônio ajudaram-na, no seu dizer (p. 74) a "sustentar a frágil gravidez com Paul".

Para acomodar-se ao pequeno corpo físico em gestação, a partir de duas minúsculas células, Paul sentiu-se reduzido a uma singela gota de água congelada. Lamentavelmente, contudo, a ponta da gota (a cabeça) danificou-se e Paul não teve como organizar, no corpo físico, um cérebro adequado e ficou, como disse, "sem cabeça".

Restaria, ainda, conhecer as causas de tais angústias, tanto quanto as razões que levaram James e Jane McDonnell à dramática tarefa de resgatar a entidade espiritual (o futuro Paul, filho deles) de sua condição de abandono. Que responsabilidades ou, no mínimo, que ligações teria o casal com aquele ser? Que desvios de comportamento havia, em outra ou outras existências, teria cometido Paul a ponto de tombar em situação tão desesperadora?

São aspectos de extrema delicadeza, esses. Situam-se em território sagrado, inviolável, e dizem respeito exclusivamente às pessoas neles envolvidas.

A reconscientização de tais dramas costuma ocorrer por motivações muito graves e, mesmo assim, se e quando os protagonistas da história estiverem preparados para enfrentar as dolorosas memórias esquecidas. Nesses sensíveis episódios estão os nossos fantasmas, os equívocos, erros mais graves, atritos destruidores com as leis cósmicas que regem o universo ético, em paralelo com as que regem o universo físico. Essas leis não se deixam desrespeitar, e nem poderiam fazê-lo sem prejuízos irreparáveis à ordem universal. Uma vez desobedecidas, exigem a reparação, não necessariamente dolorosa, mas também assim.

Você dirá que estou pregando sermões. Estou. Assumidamente. Não com o propósito de converter você ou quem quer que seja aos postulados deste ou daquele corpo doutrinário – isso é decisão pessoal de cada um de nós. As doutrinas filosóficas ou religiosas são tentativas de interpretação do que observamos em nossa interface com o mundo em que vivemos. Chegamos à verdade por aproximações sucessivas, corrigindo aqui, aparando ali, acrescentando acolá. A realidade espiritual hoje conhecida representa uma destilação de experimentações milenares com a verdade. Certamente a visão que hoje temos dela ainda aceitará aperfeiçoamentos e ampliações, mas aspectos como os da existência, preexistência e sobrevivência do ser à morte corporal constituem cristalizações irreversíveis de conhecimento consolidado. Há muito deixaram de ser meros objetos de fé ou crença. Só não os vê assim aquele que, no dizer do Cristo, não tem olhos de ver.

Seja com for, volto a martelar a mesma tecla de sempre – falta o componente espiritual para melhor entendimento daquilo que Teilhard de Chardin identificou como o "fenômeno humano".

Aliás, para retomar o texto da sra. McDonnell, ela também sente que algo está faltando na leitura dos enigmas do autismo e, por extensão, da vida como um todo. Às vezes ela menciona um componente metafísico ou teológico que estaria faltando para compor um sentido para tudo aquilo que estava vivendo de modo tão dramático.

Ao referir-se, por exemplo, às duas crianças que perdera – eu acho que eram a mesma entidade espiritual, ou seja, seu futuro filho Paul – escreve McDonnell (p. 74).

> Nunca descobrimos (ela e o marido) nada acerca da outra criança nossa, o bebê que foi embora. Esse filho ou filha foi, naturalmente, para outra família. Mas, sentada na banheira em Islington, grávida de nosso segundo filho (aliás, uma filha), pensei novamente naquela outra criança que continuava ligada a nós, não aqui e agora, entre os membros vivos de nossa família, mas entre os fantasmas de bebês que poderiam ter sido nossos.

Em outra ocasião, quando hospitalizada em Londres, Jane iniciou uma boa amizade com a senhora cuja cama ficava ao lado da sua. Chamava-se Toni e tinham as duas algo em comum. Liam os mesmos livros e eram ambas casadas com irlandeses brilhantes que viviam em Londres. Toni não acreditava muito nessa história de autoridade médica e achava que Jane estaria muito melhor se tomasse as doses certas de certos minerais, como magnésio, potássio e cálcio. Nas últimas confidências, Jane descobriu que tinham mais coisas em comum. Sua nova amiga também acreditava em feitiçaria e era capaz de sentir, ao caminhar pelo interior de uma igreja, "a presença de espíritos inquietos que por ali se demoravam" (p. 78).

Em outra ocasião, após uma série de testes e exames clínicos e avaliações psicológicas, sem resultados práticos, Jane se pergunta: "Não se tratará de um problema teológico, afinal de contas?" (p. 226).

Mais adiante, já para o fim do livro, McDonnell reproduz uma de suas longas meditações, em busca de um sentido para aquilo tudo. Essa história de passar a culpa para as mães é, no seu entender, uma das muitas mazelas da sociedade contemporânea.

> Por que – questiona-se (p. 325) – tantos 'especialistas' – a maioria deles homens, que nunca cuidaram ou assumiram a responsabilidade por crianças pequenas – acham que as mães tenham causado tamanho dano às crianças, individualmente e, por extensão, a toda a sociedade? Talvez, comecei a refletir, essa explicação tenha ocorrido após a perda das antigas explicações religiosas, segundo as quais a loucura e as diferenças eram tidas como possessão diabólica. Na falta de uma noção de influência do outro mundo e, abandonados ao modelo psicológico criado para entendimento do comportamento humano, o século vinte, ao que parece, atribuiu às mães todo o bem ou o mal que antes eram atribuídos aos demônios.

A autora tem direito à amargura expressa nessa reflexão. No afã de identificar o culpado – no caso, a mãe 'culpada' –, o modelo de abordagem psicológica ignorou por completo o componente espiritual do ser humano. Enquanto isso não for posto no lugar que lhe compete, continuaremos expostos a uma psicologia – ciência da alma, por definição – sem alma. E continuaremos a ser tratados como mecanismos cibernéticos biológicos, criados pelo 'acaso' de imprevisíveis e randômicas combinações genéticas.

Jane McDonnell teria encontrado apoio para uma parte de suas compreensíveis queixas no livro *God bless the devil*, de Luís J. Rodriguez. Segundo Rodriguez, pelo menos os xamãs, sacerdotes e pastores exorcistas identificavam em certos distúrbios mentais a presença do demônio, ou seja, de uma personalidade invasora, estranha à economia espiritual do possesso. Enquanto isso, a ciência propõe a teoria da cisão da mente, por exemplo, em casos de esquizofrenia ou de personalidade múltipla. Como se racha a mente?

– pergunta-se Rodriguez. Cerca de um século após o pioneirismo do dr. Carl Wickland, no século XIX, a dra. Edith Fiore, retomaria o conceito de que o envolvimento de entidades espirituais desencarnadas – ela prefere dizer sem corpo, *desimbodied* – figura na gênese de problemas de ordem mental como os de personalidade múltipla, e alguns distúrbios de natureza psicossomática.

Não é meu propósito aqui enfatizar ou particularizar a possessão como um dos componentes do quadro, já de si suficientemente complexo, do autismo. Isso é até possível, de vez que os autistas também podem ser dotados de faculdades mediúnicas. O que desejo reiterar é a necessidade de se levar em conta a realidade espiritual como um todo na abordagem ao autismo, como a todas as disfunções mentais ou emocionais. Eu disse todas, dado que, mesmo que não haja uma interferência espiritual exógena – invasão ou influenciação –, o ser humano afetado pelo autismo, pela personalidade múltipla, pela esquizofrenia ou pela síndrome dos *idiot-savants* é uma entidade espiritual atrelada a um corpo físico.

Essa entidade tem um passado que se desdobra por muitas e muitas vidas e tem, pela frente, um futuro que se perde nas longínquas trilhas da imortalidade. Um passeio pela literatura especializada em autismo, contudo, revela, mais que o desconhecimento acerca do polo espiritual da criatura afetada, um desinteresse praticamente unânime pelo assunto. Quando não uma explícita hostilidade.

As pessoas que cercam o autista e cuidam dele, no lar, nos consultórios, nas escolas, nas clínicas, nos hospitais, não costumam estar preparadas sequer para formular perguntas, explorar ângulos insuspeitados da problemática que têm diante de si. Robertito, o menino mexicano tratado por Barry Neil Kaufman, vê diante dele figuras humanas invisíveis aos demais circunstantes. O fenômeno é sumariamente considerado fantasioso ou alucinatório, sem maiores aprofundamentos. Quem são as pessoas invisíveis que ele vê? O que estão fazendo ali? Há alguma coisa que queiram dizer? Têm alguma contribuição a oferecer? Demonstram intenção maligna? Que envolvimento teriam com o caso de Robertito?

Jane Taylor McDonnell, como vimos, revela algum interesse pela face espiritual da vida. Sua intuição lhe diz que, antes de serem nossos filhos, os seres são espíritos. Ela os imagina a vagarem por aí, como *ghosts* (fantasmas) e supõe que aqueles que perdeu nos dois abortos espontâneos tenham sido encaminhados, possivelmente, a outras famílias. Não demonstra, contudo, suficiente conhecimento dessa realidade a fim de investigar mais fundo a curiosa historinha que Paul lhe contou aos quatro anos de idade.

Que estaria por trás de tudo aquilo? Onde, quando e por que teria aquilo acontecido? Que problemas cármicos e que aspectos éticos teriam suscitado aquilo a que ela considera uma engenhosa coleção de metáforas. Metáforas são, de fato, mas não têm o colorido da fantasia. Não é uma historinha fictícia – tem um forte conteúdo emocional. O menino está, naquele colóquio com a mãe, vivendo um momento mágico, recordando-se de algo muito doloroso em seu passado. Algo que o marcou fundo, tão fundo, que a memória da dor consegue vencer as barreiras das suas próprias deficiências de comunicação para alcançar a mãe. É uma história tão dramática e surpreendente que, ela própria, a mãe, não teria acreditado nela mais tarde se não a tivesse anotado ainda sob o impacto da emoção que o relato lhe causou.

Não lhe ocorre, entretanto, investigar o episódio em amplitude e profundidade. Talvez não tivesse nem a quem recorrer, em busca de mais informações, ou não soubesse de livros que a ajudassem a entender melhor o que se passou. Perguntas que precisavam ser feitas não são sequer imaginadas. Por isso, faltam ainda tantas respostas para melhor compreensão do perturbador elenco de disfunções mentais e emocionais. Tais distúrbios lidam com gente, seres conscientes, responsáveis, em trânsito de um passado de muitos equívocos e desvios para um futuro promissor de paz e harmonia, mas que ainda está por ser construído, passo a passo, pedra por pedra.

No entanto, não faltam conhecimentos consolidados sobre tais realidades e nem instrumentos adequados para pesquisá-las e entendê-las melhor. Técnicas de regressão de memória estão hoje disponíveis para buscar, no passado, informações e esclarecimentos que ajudariam à melhor compreensão dos dramas vividos. Com isso, seria menos difícil trabalhar para resolver o que pudesse ser resolvido e aceitar serenamente, ou, no mínimo, sem desespero, o que não possa ser modificado. Nossa tendência perante a dor física ou moral é a de removê-la prontamente por um analgésico ou um passe de mágica, um milagre, mas não é assim que se passam as coisas. Por mais que a gente se rebele contra a dor, ela costuma ser exatamente o remédio de que necessitamos para curar as mazelas espirituais que as suscitam no corpo físico. Se estou pregando de novo? Claro que estou.

A pungente narrativa de Paul é bem mais do que uma simples e "estranha fantasiazinha" da criança, o que já seria algo de extraordinário. Seu conteúdo emocional atesta-lhe a autenticidade. Paul viveu aquilo de alguma forma, em alguma encruzilhada do seu passado. A agonia experimentada cravou na sua memória integral o quadro indelével da dor. O que está acontecendo naquela noite de Natal é um episódio de regressão espontânea de memória, que leva Paul a buscar, no fundo de suas lembranças, as razões pelas quais ele saiu à procura das chaves com as quais pudesse abrir as portas da sua caverna escura, perdida no tempo e no espaço.

Ao que se pode depreender do pouco que ficou explicitado e do tanto que permaneceu nas entrelinhas, Paul terá sido um daqueles autistas que se encaixa com perfeição na doutrina da rejeição da vida, proposta pela dra. Helen Wambach. Intuitivamente, a mãe percebe que ele parece resistir ao resgate, provavelmente assustado ante as dificuldades que terá pela frente no decorrer da nova existência na carne. Sabe que terá de submeter-se às aflições de novas dores para curar-se das antigas. Algo assim como a terapia homeopática, que recorre ao semelhante para curar o semelhante – *similia similibus*.

A rejeição à vida – ou, mais explicitamente, na palavra da dra. Wambach, à reencarnação – parece confirmada na tendência de Paul para o suicídio. O primeiro episódio foi o mais dramático.

Jane saíra com ele, para fazer algumas compras. O menino sentia-se, obviamente, infeliz e mal-humorado. Na mercearia, fez desabar uma pirâmide de maçãs e aprontou a maior choradeira. Não gostava de muita gente à sua volta. Sua queixa costumeira era a mesma, pronunciada à sua maneira: *All the people*. (Toda essa gente!) Gente demais para ele, onde quer que fosse. Preferia estar sozinho, consigo mesmo, recolhido ao seu mundo particular.

Jane apressou as compras, colocou tudo num carrinho dotado de uma bolsa de lona, pegou Paul pela mão e saiu para a rua. Ainda relutante, o menino arrastava-se atrás dela. Ao atravessar o sinal, a luz mudou e ela apressou o passo, vendo que um enorme caminhão já se movia na direção deles. Ela sabia que havia tempo e distância suficientes para o motorista frear, mas ele, provavelmente, esperava que mãe e filho chegassem à calçada e apenas reduziu a marcha. De repente, Paul soltou-se da mão dela e deitou-se no meio da rua, convidando o atropelamento. O motorista conseguiu frear o caminhão a tempo, evitando, por um triz, o esmagamento do menino. Outros carros frearam estrepitosamente, o coro de buzinas foi ensurdecedor e a confusão se estabeleceu. O carrinho das compras começava a rolar pela rua, enquanto Paul continuava deitado no asfalto. Uma senhora idosa socorreu Jane, tomando-lhe o carro e curvando-se para ajudar o menino a levantar-se.

Do outro lado da rua, já em segurança, a simpática velhinha, tocou-lhe mansamente o braço e, com a maior inocência do mundo, despachou um verdadeiro petardo: "Tudo bem, minha querida. Eu também tenho um filho retardado. Sei o que é isso. Eu me lembro." Retardado? pensou Jane, em pânico. Paul não era um retardado! Ou será que era?

Anos mais tarde, num período crítico de depressão, ele falou insistentemente em suicidar-se. Era vigiado pela família em permanente estado de tensão. Nunca era deixado sozinho. Poderia sair correndo para atirar-se na frente de um caminhão. Já adolescente, após romper sucessivamente com duas namoradas, pensou novamente em se matar. Tiraram-lhe as chaves do carro (havia aprendido a dirigir) e esconderam as facas de cozinha. Ele próprio diria, no texto que escreveu sobre si mesmo para o livro da mãe, que o suposto suicídio, quando brigou com a namorada Karen, fora apenas uma ameaça; não tivera a intenção de matar-se. Algum tempo depois, contudo, ainda por causa de Karen, cuja falta sentia, admitiria ter voltado a pensar em suicídio. Ao escrever isso, parece convencido, afinal, de que matar-se é uma grande tolice, uma burrice mesmo.

Seja como for, a observação da velhinha que identificou Paul como criança retardada causou enorme impacto em Jane e suscitou nela modificações importantes na maneira de considerar o problema de Paul. Começara a busca de explicações e de tratamento para aquela estranha criança como que 'extraviada' neste mundo, sem as condições que se exige de quem venha para cá.

Paul nasceu em 1972. Ainda no correr da primeira infância, e até na adolescência, eram limitadas as informações acerca do autismo e, compreensivelmente, escassas as chances de o problema ser identificado como tal, após retirado da assustadora categoria geral de retardamento mental. O drama era particularmente agudo para os McDonnells, um casal sadio, de inteligência brilhante e magnífica formação profissional universitária.

Uma das primeiras leituras de Jane McDonnell sobre a temática dos distúrbios mentais foi o livro do dr. Bruno Bettelheim, *A fortaleza vazia*, lançado em 1967. Ficou chocada com o que leu, logo ao abrir o livro ao acaso. Dizia assim o texto sobre o qual caíram seus olhos:

> Buscando nas origens de situações limite na primeira infância – escreve Bettelheim – pode-se dizer que a patologia da mãe é sempre severa, e, em muitos casos, seu comportamento com a criança constitui fascinante exemplo de relações anormais.

Bettelheim, na opinião de McDonnell, estava mais ocupado em descrever a mãe do que o filho. Era evidente, por outro lado, que o autor considerava o autismo infantil resultante da falta de amor por parte das mães.

Em nova consulta aleatória a páginas anteriores, no início do livro, ela verificou que, na avaliação do autor, as mães exercem papel semelhante ao dos guardas da SS nazista, nos campos de concentração. Com uma agravante ainda mais desoladora – as crianças autistas não podiam contar jamais com qualquer "oportunidade de desenvolver a personalidade". Um horror! A essa altura, Jane estava trêmula. Seria ela pior do que um guarda da temível SS? Fora ela, então, que destruíra seu próprio filho?

A batalha pelo entendimento do autismo e, principalmente, a busca de recursos profissionais para tratar do menino estavam apenas começando. Ao cabo de alguns anos – não muito tempo, em si, mas um período vivido em agonias insuportáveis –, Jane sentia-se ainda sem saber por onde começar. Por outro lado, sua convivência diuturna com o problema, suas leituras, seus questionamentos acabaram por constituir respeitável acervo de experiência, que a levava frequentemente a por em dúvida os longos discursos dos profissionais da saúde mental acerca do autismo. Percebia claramente que alguns deles não entendiam absolutamente nada do assunto. Até que encontrou uma jovem terapista – entre vinte e tantos e trinta anos, avalia – que lhe confessou honestamente nada saber de autismo, mas que já estava estudando a sério o problema. Recuperada do choque, e de certa forma aliviada, Jane sentiu-se grata, pelo menos, por uma particularidade – a jovem terapeuta não iria atirar-lhe à face as teorias do dr. Bruno Bettelheim. "Ignorância, pensei, era melhor do que falso conhecimento" – escreve Jane (p. 289).

Uma série de testes e exames neurológicos identificou em Paul um quociente médio de inteligência, ao passo que o teste Halstead-Reitan situou-o no nível "moderadamente prejudicado". Identificaram nele "uma lesão no substrato orgânico dos hemisférios cerebrais" (p. 291). Na avaliação do médico responsável pelos testes, Paul tinha deficiências no trato social tanto quanto no raciocínio prático. Era de esperar-se dele um relacionamento "algo imaturo e talvez mesmo regressivo", em vista das apontadas insuficiências de natureza orgânica (neurológicas). Perguntado, nos testes, sobre o que gostaria de mudar em sua família, Paul respondeu que "mudaria o jeito que eles têm de me forçarem a fazer coisas que não gosto de fazer". Quanto ao que mais gostaria de fazer, declarou: "Gostaria de entender o mundo." Em seguida, acrescentou: "Gostaria de entender os outros."

Os dados revelados nesses testes enquadram-se na hipótese de formação inadequada da personalidade, instrumento com o qual gerenciamos a interface com o mundo em que vivemos e com as pessoas que nos cercam. Barry Neil Kaufman diria que o hemisfério cerebral esquerdo era, em Paul, como nos demais autistas em geral, uma "cidade fantasma", não propriamente abandonada ou destruída, diria eu, mas que não chegou a ser construída – tinha apenas o esboço de umas poucas ruas e os alicerces de casas que nunca saíram do chão.

Depois desses, vieram os exames de ressonância magnética. Dr. Nolan chamou Jane para ouvi-lo falar sobre as imagens recolhidas na chapa. "Está vendo isto aqui?" – perguntou. "É o cerebelo." Fez uma pausa e continuou, em voz baixa: "É pequeno demais. Vê esta área atrás dele, esta mancha mais escura?" Era a "cisterna magna", um espaço vazio em torno do tecido cerebral. Grande demais, na avaliação do dr. Nolan. "Demasiado espaço vazio em torno do cerebelo." Mas e daí? O que significava aquilo? Quis saber Jane McDonnell. "Não sei o que isto quer dizer" – disse o doutor. "Mas sei que encontramos a mesma coisa em todos os autistas que fazem ressonância magnética. Todos eles parecem ter anormalidades no cerebelo."

Jane manifestou a esperança de que, afinal, pudessem estar no encalço de alguma informação preciosa. O doutor confirmou a presença da anomalia em cem por cento dos autistas. "Mas" – concluiu – "não sabemos realmente o que isso significa."

Três anos mais tarde, Jane ouviu o dr. Eric Courchesne declarar numa conferência que

> (...) o cerebelo parece estar envolvido na faculdade de coordenar as mudanças voluntárias de atenção e que defeitos nessa área do cérebro poderiam explicar profundas deficiências na comunicação social, inclusive problemas de atenção social conjunta, que, por sua vez, constituem características dos autistas (p. 297).

Sugeria que mais pesquisas fossem empreendidas em outras áreas do cérebro, com o objetivo de identificar quais delas estariam envolvidas com a problemática do autismo.

Há muito Jane vinha observando em Paul dificuldades em interpretar expressões faciais "e outros aspectos da linguagem não-verbal". Problema semelhante vimos em Donna Williams e em Temple Grandin, que nunca sabiam ao certo se a pessoa com quem conversavam estava zangada, amável ou apenas fingindo emoções inexistentes.

Além disso, o menino era incapaz de apreender mais de uma coisa de cada vez. Se ele começava a contar-lhe algo, era necessário esperar que concluísse seu pensamento, a fim de que ela pudesse fazer-lhe perguntas. Lembramos que esse é também o problema de Temple Grandin e de Donna Williams, que não têm condições de processar um volume maior e mais veloz de informação. Seja como for, Jane começou a ter tênue esperança de moderado êxito terapêutico, ancorada no conceito de uma base neurológica para o autismo.

Como podemos perceber, Jane McDonnell estudava a fundo o problema do autismo, em leituras, palestras, encontros com famílias envolvidas e muita, muita meditação. Desenvolvia um esforço sobre-humano para entender o mecanismo, a fim de alimentar a esperança de cura ou, no mínimo, de uma atenuação para a deficiência de seu filho. Muito longe sempre esteve ela da "mãe-geladeira", negligente ou indiferente, imaginada pelo dr. Bettelheim. Aliás, o que mais se vê nos quadros familiares afetados pelo autismo são os pais devotados – especialmente mães –, empenhados em sacrifícios e renúncias, batendo de porta em porta, em consultórios, hospitais, instituições de variada natureza, onde quer que vislumbrem alguma esperança.

Há mães desajustadas, claro. Vimos um exemplo desses com Donna Williams. Sem dúvida as há também frias e até cruéis. Mas a regra geral é a mãe extremamente dedicada, na luta aberta, corajosa, valente, em busca de melhor entendimento do que se passa com filhos e filhas autistas, a fim de mudar-lhes o quadro psicológico e emocional. A infeliz doutrina do dr. Bettelheim ficou, no correr do tempo, completamente demolida. Mesmo porque mães desequilibradas de autistas costumam ter outros filhos não-autistas.

É precisamente por causa da inconformação com muitas das numerosas teorias elaboradas acerca do autismo, que mães e pais entram em choque com certos profissionais da saúde mental. Estamos vendo isso no depoimento de Jane Taylor McDonnell e veremos a mesma coisa no livro do jornalista e escritor brasileiro Nilton Salvador.

Sempre a revolver na mente as numerosas informações que estava colhendo acerca do autismo, Jane McDonnell concluiu, após os testes e a ressonância magnética, que o "comportamento de Paul, sua agoniada retração nos dias de tratamento (psicológico), era um aspecto do seu autismo, seu modo autístico de proteger-se de um mundo confuso, e, de forma alguma, uma neurose curável por aqueles métodos" (p. 301). Pelo contrário – observou ela, assustada –, aquele programa terapêutico havia tornado Paul ainda pior, mais recolhido para dentro de si mesmo, mais temeroso do mundo e das pessoas, com um sentimento mais agudo de inadequação.

Por isso, continuava a busca de novas abordagens e novas estratégias terapêuticas num contexto científico no qual tantas opiniões contraditórias se chocavam umas com as outras. Poucas vezes se encontrava alguém suficientemente corajoso e honesto para reconhecer que o autismo era uma incógnita, uma dolorosa equação humana para a qual não se tinha ainda uma resposta satisfatória ou, pelo menos, alentadora.

O livro de Jane Taylor McDonnell cobre um período de cerca de vinte anos, entre o nascimento de Paul em 1972 e sua publicação em 1993, cinquenta anos depois que Kanner e Asperger identificaram o autismo, tornando-o visível no seu isolamento em relação a outros distúrbios mentais e emocionais.

Seria injusto dizer-se que o problema do autismo continua onde estava àquela época. Houve progressos apreciáveis nesse período, como podemos verificar no debate que estamos trazendo para dentro deste livro. É forçoso admitir, contudo, que se desenhou melhor a metodologia para o diagnóstico do que estratégias terapêuticas. Enquanto escrevo estas reflexões (1997) ganha maior expressão a tendência de considerar-se a etiologia do autismo com uma abordagem orgânica, ou mais especificamente, neurológica. Mas ainda há quem insista na visão psicológica ou psiquiátrica para o distúrbio.

Discussões paralelas, como também temos visto aqui, desenvolvem-se em torno do emprego ou não de medicamentos. A despeito de tais desencontros de opinião, já é possível sonhar, senão com a cura radical do autismo, pelo menos com métodos que façam do autista uma pessoa, ainda deficiente em certos aspectos de sua personalidade, mas suficientemente preparada para satisfatória interação com o ambiente em que vive e com as pessoas com as quais convive.

Continua faltando ao modelo clínico, contudo, o componente da realidade espiritual, usualmente ignorado e consistentemente rejeitado, mesmo quando evidências fenomênicas ocorrem no contexto do autismo, como vidências – tidas, sistematicamente, por alucinações –, conhecimentos e capacidades inatas, recordações inexplicáveis fora do espaço cultural da doutrina da reencarnação.

Ao reproduzir o episódio em que Paul parece mergulhado em estado onírico, a relatar seu drama pessoal, lembrei o procedimento da regressão de memória como técnica disponível para uma viagem à raiz de tais enigmas. Devo explicitar melhor o que desejo dizer com isso.

A regressão não constitui uma panaceia, desatentamente recomendada para qualquer tipo de distúrbio emocional ou psíquico. É uma técnica indicada para propiciar o mergulho mais fundo nas causas que costumam gerar disfunções dessa natureza. A rigor, na abordagem à problemática do autismo, a regressão propriamente dita, ao passado mais recente ou mais remoto, nem seria necessária. Talvez seja de maior interesse aqui, destacar o fato de que a metodologia da indução à regressão – hipnose, magnetização ou as diversas técnicas desenvolvidas, como a da psiquiatra brasileira dra. Maria Júlia Prieto Peres – proporciona acesso à memória integral e, portanto, a informações que podem resultar em considerável importância na correta avaliação do problema do autismo em geral e das causas disparadoras da síndrome.

Não estou sugerindo, com isto, que se promova a indução no autista, que talvez nem ofereça condições suficientes de concentração para isso. (Não sei de experimentações nesse sentido.) O trato com as múltiplas facetas da realidade espiritual, em atividades pessoais minhas em mais de trinta anos, me convenceu de que os grupos familiares são compostos de pessoas que, de uma forma ou outra, já se conheceram e conviveram no passado, em outras existências. Não precisaria, contudo, recorrer à minha própria experiência, que provavelmente de nada serviria para os duvidadores de plantão. Nas numerosas regressões promovidas pela psicóloga americana dra. Helen Wambach, essa realidade emerge com toda nitidez nos depoimentos de pessoas regredidas no tempo às suas memórias anteriores. É comum a informação de que o nascituro conheceu, em existências passadas, mãe e pai, ou ambos, e mais irmãos e irmãs e até amigos e inimigos.

Admitida essa realidade – proponho aos queridos 'plantonistas' da dúvida que o façam como hipótese de trabalho –, não seria nada incongruente supor-se que uma pessoa como Jane Taylor McDonnell e Paul McDonnell, seu filho, tenham tido uma forte vinculação anterior, alhures, no passado. Ao recebê-lo como filho, incumbida de gerar um corpo físico no qual ele possa dar prosseguimento às suas experiências com a vida, Jane assumiu uma tarefa reconhecidamente difícil e até angustiante, mas nobre, disposta a resgatar aquele ser de tão profundas angústias. A troco de quê? – você poderá perguntar. E por quê? Não tenho as respostas, mas ela, certamente, as tem.

Posso até imaginar – pois assim nos ensina a experiência com numerosas entidades espirituais – que a sra. McDonnell se sinta responsável pelo estado de desespero em que mergulhou aquele ser. A hipotética, mas possível, responsabilidade, certamente estará documentada nos arquivos inconscientes de sua individualidade.

Curiosamente, percebemos nela um dramático – e consciente – senso de culpabilidade em relação ao filho deficiente. Não que o tenha tratado inadequadamente desde que nasceu. Diziam-lhe até que aquela criança dificilmente seria autista de tanto que a assistia e acarinhava. Sua explícita rejeição à teoria da mãe-geladeira proposta por Bettelheim não apenas a escandalizou, como suscitou nela indignada reação. Ainda que haja esse tipo de mãe, o papel era inaceitável para ela. A incômoda e aparentemente inexplicável sensação de inadequabilidade que experimentava em relação ao filho, contudo, ali estava a indicar alguma causa mais profunda e antiga, conscientemente ignorada. Teria ela contribuído para as aflições daquele ser que se via abandonado numa tenebrosa furna na ilha deserta?

Essa é uma das questões cuja resposta poderá ser encontrada nos arquivos secretos da memória integral. Os registros mnemônicos, assegurou Freud, são indeléveis. Uma vez levados à memória, lá permanecerão intactos, como o demonstra a hipnose clínica. Faltou ao eminente fundador da psicanálise imaginar que tais registros não se limitam apenas a uma existência na carne, mas a todas, desde que a consciência começou a luzir lá atrás, nos primórdios do processo evolutivo. Freud, o grande desbravador do inconsciente, não chegou a perceber que nossos arquivos psíquicos são muito mais abrangentes e ricos do que ele próprio supunha. Talvez o tenha percebido mais tarde, no crepúsculo da sua própria vida, quando declarou que, se tivesse de recomeçar suas sondagens nos enigmas propostos pelo ser humano, encetaria suas pesquisas examinando os fenômenos de natureza inabitual, hoje chamados de parapsicológicos. Fenômenos espíritas, mediúnicos, para colocar as coisas na minha terminologia predileta.

É preciso esclarecer que o conhecimento consciente das razões de ordem espiritual que levam um ser reencarnante às aflições do autismo não produzem, automaticamente, a cura do distúrbio, como que por um passe de mágica – ele apenas explica porque as coisas estão acontecendo. Com o que contribuem para gerar uma atitude de aceitação, em substituição à perplexidade, à revolta e à sensação de injustiça – o por que eu? Por que meu filho ou minha filha?

Por outro lado, não é por acaso que as pessoas recebem a difícil incumbência de gerar filhas e filhos – ou, mais precisamente, gerar corpos físicos para seres programados para uma existência aparentemente frustrada pelas severas limitações impostas pelo autismo. Pais e filhos costumam ter vínculos específicos uns com os outros e, portanto, programações comuns, tarefas a cumprir, erros a corrigir, conflitos a ajustar, ou seja, mútuas responsabilidades que precisam ser consideradas e resolvidas a contento.

Eis porque a regressão de memória ou o simples diálogo com o inconsciente (=individualidade) das pessoas envolvidas no drama do autismo, não é recomendada indiscriminadamente. Ao contrário, a técnica deve ser empregada parcimoniosamente, em casos especiais. Seria reservada às situações nas quais o conhecimento das causas remotas do sofrimento seja considerado estritamente necessário para colocar a angustiante situação em clima desarmado, emocionalmente estável. O objetivo seria o de criar um clima de melhor entendimento entre os componentes do grupo familiar e, por conseguinte, uma abordagem mais serena e equilibrada à problemática do autismo.

Essas cautelas precisam ser lembradas, porque para muitos de nós, senão todos, é extremamente penoso revolver lembranças de antigos desatinos cometidos contra o próximo. O filho ou a filha autista pode muito bem ser aquela pessoa que, numa existência anterior, a gente destruiu física e moralmente.

Estou bem consciente de estar atribuindo ao autismo em particular, e aos distúrbios mentais e emocionais em geral, uma forte conotação ética. Eles têm, de fato, esse conteúdo, de vez que resultam de desvios de comportamento, de choques frontais com as leis morais que regem o universo. Nossos atos, palavras e até pensamentos são atitudes pessoais responsáveis e por eles temos de responder, mais cedo ou mais tarde. Temos, de um lado, de pacificar a consciência espicaçada pelo arrependimento ou pelo remorso, e, de outro, o dever de repor as coisas na ordem em que estavam antes que o nosso desatino as perturbasse. Seja como for, há sempre uma causa precipitadora de torturantes situações como a do autismo, que costumam produzir desamparada sensação de impotência.

Essa causa geradora está, invariavelmente, no passado, como costumam soprar aos nossos ouvidos os mecanismos da intuição, instalados no hemisfério direito. Jane McDonnell demonstra, em mais de uma passagem de seu livro, esse tipo de intuição. Uma de tais referências consta à página 95, onde ela relata que sua linda e saudável filha Kate serviu de modelo para demonstração a outras mães de como se deve banhar um bebê. Uma das recomendações da instrutora, uma enfermeira especializada, foi a de que jamais se deve deixar a criança sozinha em cima da mesa em que está sendo banhada e arrumada. Nem por um momento sequer.

Enquanto assiste a aula, com o justo orgulho de mãe, ela fica a imaginar que, em algum ponto, no fundo da sua mente, está registrado o conhecimento de que o recém-nascido tem um "velho cérebro", ou seja, uma espécie de memória inata, que o leva a dar uns passos quando apoiado, a agarrar a mão que alguém lhe estende, ou a rastejar para a borda da mesa.

> (...) esse cérebro – escreve a sra. McDonnell – se desfaz e as células são reabsorvidas por um novo e mais complexo cérebro. E é esse novo cérebro que deve reaprender as mesmas faculdades e comportamentos que foram apenas instintivos. Teríamos de esperar para ver se o novo cérebro de Kate aprenderia as novas faculdades.

A inteligência desse texto só é possível se levarmos em conta o mecanismo da reencarnação. O cérebro (material) é desfeito pela decomposição orgânica desencadeada pela morte e é refeito, na existência seguinte, a partir de novas células que vão constituir um novo e mais complexo cérebro a ser reprogramado com faculdades semelhantes às que lhe serviram na existência anterior.

Suponho, em meu livro *A memória e o tempo*, que o núcleo primitivo dos instintos constitua o alicerce sobre o qual a inteligência vai-se desenvolvendo no correr dos milênios. O instinto já é uma forma rudimentar de inteligência. É com ele que começa o aprendizado da tomada de decisões, que trará, no tempo devido, a nobre faculdade do livre arbítrio e, consequentemente, a da responsabilidade.

Na verdade, os instrutores espirituais do prof. Rivail (Allan Kardec) ensinaram que o instinto não erra, afirmativa que a ciência contemporânea certamente subscreve. O instinto representa a destilação de um processo evolutivo que consolidou opções que garantem a sobrevivência do mais apto, como imaginou *sir* Charles Darwin. Pode-se garantir, portanto, que a programação dos instintos, como suspeita Jane McDonnell, seja das primeiras a ser transferida, de algum ponto da memória anterior, para a atual.

A autora preferiu não explicitar suas reflexões, deixando-as aproximadamente no estágio em que sua intuição as entregou sinteticamente. Percebemos que se trata de típica mensagem que o hemisfério direito despachou para o esquerdo, o analítico, a fim de que este a elaborasse e a traduzisse em palavras. Em vez de trabalhar com a fagulha intuitiva e acender com ela uma luz maior, a autora a abandona, com estas significativas palavras: "Imediatamente, censurei esse *conhecimento*", pensando que "Kate era uma nova pessoa, não era Paul" e não havia por que se preocupar. (Os itálicos são meus).

Estamos aqui, diante de um exemplo de censura dita racional e consciente de uma ideia legítima gerada pelo *conhecimento* que existe arquivado no âmbito (inconsciente) da individualidade.

Seja como for, há uma espécie de consenso na literatura que estamos consultando acerca da importância de melhor entendimento do cérebro para uma abordagem mais criativa ao problema do autismo. Jane McDonnell menciona (p. 223) uma palestra que foi ouvir em companhia de outros pais e mães de autistas. Na realidade, o médico programara-se para falar sobre algumas drogas experimentais que estavam sendo ministradas a crianças autistas. A fala começou, contudo, assim: "Sem o cérebro, nunca saberemos o que é o autismo. Pode ser um defeito no *vermis* (parte central do cerebelo), pode ser no hipocampo, talvez no córtex cerebral, talvez nos ventrículos laterais."

O doutor falou por alguns minutos acerca das suspeitas em torno deste ou daquele aspecto do cérebro como causadores do autismo. Entre eles, a de que o problema poderia estar no tronco cerebral, mas a única anomalia detectada nessa área havia sido a redução no tamanho de certos neurônios na oliva inferior. Isso foi observado num "único caso de autópsia".

A sugestão do doutor ao auditório foi, para dizer o mínimo, anticlímax. Se alguém soubesse – diz ele – "de alguma criança ou jovem adulto autista vitimado por acidente fatal..."

A frase ficou suspensa, o conferencista "desviou os olhos do auditório, contemplou o teto, apanhou suas anotações, botou os óculos de volta no nariz e disse: Agora, quero falar-lhes acerca da fenfluoramina" (p. 224).

O doutor estava, portanto, pedindo cadáveres para serem autopsiados e isso causou enorme mal estar. Não era, certamente, uma solicitação que os seus ouvintes acolhessem com simpatia e boa vontade – era apenas a tradução meio desastrada da sua ansiedade por uma pesquisa mais ampla e específica na área cerebral, em busca de lesões que, eventualmente, pudessem ser responsabilizadas pela eclosão do autismo.

Acredito que, no tempo devido, esse mapeamento cerebral seja concluído, mas ainda assim, acho eu, continuaremos sem saber as causas suscitadoras do autismo. Saberemos que tais ou quais lesões neurológicas produzem tais ou quais repercussões de natureza autística, mas continuaremos com a pergunta maior: que causas produzem as lesões neurológicas? Se a responsabilidade for atribuída aos genes, a pergunta se desloca novamente e se reformula assim: que causas produzem desarranjos nos complexos encaixes genéticos?

Já sabemos que Paul conseguiu superar algumas das deficiências que o autismo lhe impunha, tornando-se um autista de alto desempenho. Também ele, como tantos outros – os *idiot-savants* inclusive –, possuía suas "ilhas de brilhantismo". Demonstrou ser bom em matemática e dotado de incrível capacidade de memorização para dados meteorológicos. Muito criança, ainda, a mãe ouviu-o certa vez, a murmurar 'trilhões, quatrilhões, quintilhões...". A certa altura, levantou-se de onde estava, foi até ela, na cozinha e fez-lhe uma pergunta espantosa: "Quanto é infinito menos um?"

Desenvolveu linguagem verbal, saiu-se razoavelmente bem no aprendizado escolar e, mais tarde, nas matérias universitárias de sua escolha. Capaz de executar tarefas úteis, trabalha, tem seu dinheirinho, seus amigos, sua vida, enfim, com relativa autonomia.

Quanto à outra filha, Kate, é um encanto de pessoa. Bonita, saudável, generosa, compreensiva e sempre dedicada ao irmão mais velho. Foi importante o papel que ela desempenhou na recuperação de Paul. Jane acha que ela também é um tanto autista, não porque apresente qualquer distúrbio típico do autismo, a não ser alguma dificuldade de aprendizado, mas por características – digamos – positivas que também ocorrem no autismo.

Ao escrever sobre isso, Jane Taylor McDonnell menciona (pp. 308-9) a aptidão da menina para as artes: "teatro, canto, dança, escrita, artes visuais". Ao tornar-se adolescente, a mãe notou que seus talentos constituem "o outro lado de sua leve deficiência no aprendizado, talvez" – prossegue – "decorrente da paralisia cerebral na infância". Assim pensa a mãe porque Kate é, não apenas canhota, como inteiramente gerida pelo hemisfério cerebral direito.

Paul é, enfim, um eloquente testemunho vivo do tenaz devotamento de sua mãe. Ela enfrentou tudo, mas tudo mesmo, ao ponto de colocar em risco a estabilidade do casamento, para conseguir um lugar ao sol para seu filho. O depoimento da sra. McDonnell é um relato dramático, feito de coração aberto, sem reservas, sem esconder nada, nem mesmo os perturbadores conflitos com o marido. Seu livro é um documento pungente escrito com rara competência literária e humana, por uma mulher lutadora, vencedora que nunca aceitou o 'não' como resposta naquilo que tivesse qualquer peso no futuro de Paul. Ela ganhou a guerra, como general e como soldado. Estudou o inimigo, inspecionou suas posições, observou suas fraquezas, traçou a estratégia e foi pessoalmente para o combate. Seu texto é uma grande lição de vida e um foco de luz a clarear esperanças. Paul é a sua condecoração.

# Tito Soto e seu 'Shangri-la'

Como temos visto, o autismo tem alguns aspectos em comum, mas conserva, paradoxalmente, uma espécie de individualização que acaba distinguindo um caso de outro, em certas sutilezas de comportamento ou na ênfase em que algumas de suas manifestações têm entre si. Daí, também, a necessidade de um modelo clínico flexível na sua abordagem terapêutica. Quero dizer com isto que, mesmo dentro de algumas regras mais ou menos estáveis, cada caso será um caso e deve ser trabalhado segundo suas peculiaridades, com senso de humildade e sem dogmatismos.

O autismo é problema espiritual que se projeta, por mecanismos psicossomáticos, na estruturação do corpo físico, afetando eletivamente, como é de se esperar, o sistema neurológico. Acontece que os problemas de natureza espiritual, de inevitável conotação ética, não se deixam aferir, avaliar e nem tratar, por metodologias centradas no materialismo. À falta de um modelo que inclua na sua armação a realidade espiritual, o que temos visto é que funcionam melhor na abordagem ao autismo as técnicas que consideram o calor humano, o amor, ingredientes imprescindíveis no atendimento ao autista, uma determinação de aceitá-lo como é, mas, ao mesmo tempo, trabalhar para que ele se interesse em promover, em seu próprio benefício, mudanças necessárias à sua adaptação ao ambiente em que veio instalar-se.

Não há como invadir o mundo particular do autista e arrastá-lo à força para o nosso. Mesmo sem esse propósito, contudo, nenhuma atitude invasiva deve ser adotada com ele ou ela. Temos de encontrar meios e modos de aproximação que lhe conquistem a confiança. É necessário construir um sistema de comunicação e mútua aceitação que possa, eventualmente, consolidar-se num intercâmbio criativo. Dificilmente o autista terá condições de aderir completamente e sem reservas ao sistema sob o qual vivemos, no 'lado de cá'.

Na busca de um consenso, não é tão difícil entender e respeitar as singularidades de seu comportamento. O testemunho de Temple Grandin, nesse ponto, é iluminativo – ela andou metade de seu caminho, para encontrar-se com os que estavam do 'nosso lado', mas revela-se suficientemente lúcida para declarar que, se pudesse, num estalar de dedos, deixar de ser autista, não o faria. Sente-se bem, pois, com a sua maneira de ser, ainda que, na interface do dia-a-dia com as pessoas ditas 'normais', identifique carências e deficiências. É preciso notar, contudo, que isso não a perturba. Suspeito mesmo que ela nem as considere, no fundo, reais desajustes seus, apenas dissonâncias no relacionamento com a vida 'lá fora', o que, afinal de contas, acontece com todos nós. Ou será que tais deficiências não resultam de incapacidade nossa em nos relacionarmos com os autistas em geral?

Convoquei no texto acima duas palavras-chave: *aceitação* e *amor* no trato com os autistas. Penso que o testemunho de Barry Neil Kaufman nesse aspecto é decisivo, tanto em *Son rise*, livro no qual conta a história do resgate de seu próprio filho Raun Kahlil, quanto em *A miracle to believe in*, no qual se ocupa do tratamento de Robertito Soto, um menino mexicano.

O respeito pelas dificuldades do menino, a aceitação da criança exatamente como ela se apresenta e o empenho afetivo em construir um sistema de comunicação entre o abismo que separa os dois mundos – o dele e o nosso – constituem uma inspiradora narrativa de devotamento. Muitas vezes a gente tem a impressão de que toda a equipe de resgate e o próprio Tito estão a caminhar, como diz a curiosa expressão inglesa, sobre o fio da navalha. Ou sobre um esgarçado barbante estendido por cima do abismo. Mas Kaufman e sua incrível esposa Suzi seguem em frente, no esforço quase sobre-humano de convencer aquele belo menino a, pelo menos, partilhar alguns aspectos da nossa vida. Enquanto isso, todos na equipe procuraram viver, tanto quanto possível, a vida dele e suas peculiaridades.

Kaufman, um bem sucedido publicitário, que abandonou tudo para cuidar do filho autista, revela-se um escritor criativo e competente na cunhagem de expressões de inesperado conteúdo emocional. A diretriz básica adotada pela equipe é a de que "amar consiste em ser feliz com", ou seja, conviver com aquilo que o outro pode dar, não exigir dele ou dela o que não tem para dar. Procurou, ainda, desenvolver no seu grupo – do qual participam a esposa, os filhos, amigos e ajudantes – uma atitude construtiva de aprendizado. Sobre autismo e autistas, todos estão ali para aprender mais do que para ensinar.

Ao dedicar o livro a Robertito, entre outros, ele escreve: "Robertito, você nos beijou com sua espantosa calma e suavidade...tivemos de crescer para retribuir o seu beijo." Para o Raun Kahlil, o filho totalmente resgatado ao autismo, ele expressou o reconhecimento por ter o menino "...ousado pegar outra criança pela mão, a fim de atravessar a ponte que uma vez você atravessou sozinho".

Suzi e Barry traziam para o caso Tito, como era chamado o menino mexicano, as credenciais do resgate de seu próprio filho Raun.

Aos dezessete meses de idade, Raun, no dizer do pai, em *A miracle do believe in* (p. 15), "retirou-se de qualquer contato humano e deslizou para trás de uma parede invisível e impenetrável". Por lá ficou e lá ficaria se nada fosse feito. A literatura e os profissionais consultados tinham a mesma desoladora mensagem – não havia como alimentar esperanças, o distúrbio era incurável. Não faltou quem sugerisse ao casal que internasse a criança – de cerca de ano e meio de idade – numa instituição que cuidasse dela pelo resto de seus dias.

O texto de Kaufman para descrever o estado de Raun tem um conteúdo dramático, assustador, mesmo.

> Ele passava – depõe (p. 15) – horas inteiras imerso em rituais autoestimulantes; balançando o corpo, agitando os dedos da mão em frente aos olhos, fazendo rodar todos os objetos que pudesse encontrar e, finalmente, rodando, ele próprio sobre si mesmo. Nenhum sinal de linguagem. Nenhuma palavra, nenhum gesto apontando para alguma coisa. Nenhuma expressão de suas próprias necessidades. Nunca chorou para ser alimentado, nunca indicou que desejasse que lhe trocassem a fralda, nem se levantou do berço. Às vezes parecia cego; outras vezes, surdo. Silencioso e distante, congelado no seu isolamento.

Kaufman abandonou a bem sucedida carreira de publicitário e, mais ligado do que nunca a Suzi, resolveram partir para a luta, rejeitando formalmente a perspectiva de entregar a criança a um depósito de gente inútil e irrecuperável. Criaram um programa que respeitasse aquilo a que chama "a dignidade" da criança em vez de forçá-la com imposições. Era necessário entender Raun tal como ele se apresentava, partindo do princípio de que, como todos nós, "ele estava fazendo tudo quanto lhe era possível" (p. 16). Para entendê-lo melhor e procurar meios e métodos de ajudá-lo, decidiram viver com ele, no mundo dele, em vez de tentar arrastá-lo à força para *o lado de cá*.

Foi uma batalha sem tréguas. Trabalharam com a criança durante três anos, um total de quase dez mil horas, em verdadeiro corpo-a-corpo. Ganharam a guerra. Raun tornou-se um menino absolutamente normal segundo os padrões vigentes. Aos sete anos – época em que Kaufman escreveu o livro sobre Tito, em 1981 –, Raun Kahlil era um menino de excelente relacionamento social, verbalmente muito bem dotado, afetuoso, com talentos que o situavam além de sua idade biológica. Frequentava, por essa época, não uma instituição especializada em 'excepcionais', mas uma escola comum, na qual se destacava por recursos acima da média em comunicação verbal e social, sem nenhum traço dos distúrbios que exibira na infância.

"Ajudá-lo" – acrescenta Kaufman (p. 17) – "significou amá-lo e aceitá-lo como ele era, não pelo que ele pudesse vir a ser." Para isso, confessa o pai-autor, foi necessário, primeiro, a Suzi e a ele, encararem-se a si mesmos e também se aceitarem.

Esse drama pungente, que acabou se convertendo, de uma potencial tragédia, numa explosão de alegria, está narrado em *Son rise*, o livro anterior de Barry Neil Kaufman e foi convertido num comovente episódio para a televisão.

Foi a divulgação da bem sucedida experiência dos Kaufmans que levou o casal mexicano Francisca e Roberto Soto a enfrentar dificuldades que pareciam insuperáveis, em busca de *know how* com o qual pudessem resgatar o pequeno Tito de sua aparentemente inexpugnável prisão. A primeira dificuldade a ser superada era a da língua – os Sotos não falavam inglês e os Kaufmans não falavam espanhol.

A despeito de tudo, a equipe montada por Kaufman empenhou-se em regime de tempo integral na abordagem ao autismo de Tito, com o objetivo de estabelecer as linhas mestras de um plano de trabalho que os pais pudessem implementar e desenvolver no México. Não deu certo. O menino apresentou encorajadoras melhoras em breve espaço de tempo, enquanto esteve sob a orientação de Suzi e Barry, mas, de volta ao lar, recaiu nos seus anteriores autismos e recolheu-se de novo ao silêncio de seu próprio universo.

Os Sotos voltaram a apelar para os Kaufmans e acabaram trazendo Tito novamente para Nova York, onde permaneceriam durante um ano e sete meses, em tratamento pelos métodos desenvolvidos por Suzi e Barry Kaufman. Roberto Soto, o pai, retornou ao México e deixou Francisca com o menino entregue aos Kaufmans. Ele não podia dar-se ao luxo de abandonar sua loja de calçados, especialmente agora que eram tão volumosas as despesas, ainda que nada cobrassem os Kaufmans pelo trabalho que faziam junto a Tito.

Ao encerrar-se o tratamento, senão de todo recuperado, estabelecera-se um sistema de comunicação entre o universo pessoal de Tito e o lado de cá do mundo. Ele já falava e se interessava por pessoas e não apenas por objetos. Daí em diante, tornava-se mais fácil – ou melhor, menos difícil – ajudá-lo a entender o nosso mundo e aprender a conviver com aquilo que talvez ele considerasse como *nossos autismos*.

Seria impraticável para os propósitos de economia de espaço neste livro reproduzir, ainda que sumariamente, as peripécias do tratamento. Para isso você, terá de recorrer ao livro de Kaufman. Não tenha a menor dúvida de que terá pela frente uma leitura proveitosa, para dizer o mínimo, empolgante mesmo. Barry Kaufman escreve de modo competente e criativo, coloca bem suas emoções e sabe como suscitá-las naqueles que o lerem. Neste texto, estaremos limitados a examinar alguns aspectos prioritários de interesse para o nosso debate.

Destaco um desses aspectos, retomando-o em diversos momentos do livro – é o da interface do autista (e, logicamente, de sua família) com os terapeutas em geral.

Ainda no México, um desses profissionais, especializado em psicologia infantil, traçou um programa destinado a modificar o comportamento do menino. Francisca e Roberto assistiam às sessões terapêuticas e logo as avaliaram como "mecânicas, robotizadas e frias", ou seja, sem nenhum impulso afetivo, sem nenhum calor humano. O máximo que havia sido conseguido com uma das crianças resumia-se em que ela aprendeu a alimentar-se sozinha e a colocar uns cubos sobre os outros. Nada mais. Terminada a tarefa programada, a criança ficava a rodar pela sala, sem saber o que fazer de si mesma, como que abandonada à sua própria sorte.

Barry Neil Kaufman habituou-se a ver duramente criticada sua maneira nada ortodoxa de abordagem aos problemas humanos em geral e não apenas ao autismo, no qual testara sua técnica pessoal com o próprio filho.

Seu objetivo inicial consiste em procurar aceitar a pessoa como é, mas, ao mesmo tempo, desarmá-la de qualquer atitude de julgamento. Entende, acertadamente, a meu ver, que qualquer postura crítica que ultrapasse certos invisíveis, mas sensíveis limites, gera agressividade e azedume, que frustram as tentativas de colocar as coisas em ordem.

Em palestra dada em meio universitário, na qual experimentou contestações razoavelmente educadas, mas severas, Kaufman lembra o caso de uma senhora, manifestamente furiosa porque se sentiu tratada numa clínica – tinha um cálculo renal – como se fosse "um pedaço de carne" e não uma pessoa. Kaufman conseguiu desarmá-la. Ao encerrar-se a conversa, a mulher estava calma e prometera ler o livro – indicado por ele – acerca do poder da vontade no equilíbrio das funções corporais e do bem-estar.

Um de tais civilizados confrontos partiu do dr. Brewster, coordenador do encontro, diretor do Departamento de Psicologia da Universidade. O homem levantou-se, sorriu para Kaufman e com voz suave despachou a sua crítica.

Admitia honestamente que as alternativas terapêuticas apresentadas pelo conferencista eram fascinantes. Ainda em consonância com a postura de Kaufman, estava consciente das implicações dos julgamentos e das atitudes assumidas pelos terapeutas em relação aos seus clientes. Sentia-se, contudo, "desconfortável ante a ausência de uma forte base teórica" para o procedimento preconizado por Kaufman.

Acrescentou que, em vez de suscitar polêmica, queria apenas formular uma pergunta: "O senhor já tratou alguma vez de uma criança autodestrutiva?"

Tão honesto como ele, Kaufman respondeu que não. O eminente professor sorriu, saboreando a vitória inicial. Embora anunciando que não queria provocar polêmica, formulou outra questão. Queria saber qual seria a abordagem de Kaufman ao caso de uma criança autodestrutiva. "Em nada diferente da que seria adotada com qualquer outra criança", foi a resposta. Mas o homem insistiu: "Estou lhe perguntando o que o senhor faria" "Não sei." – retrucou o orador. "Não sabe" – comentou o professor. "Como pode o senhor ajudar os outros se não tem uma base firme para lidar com a situação a não ser aquela decorrente do que já fez?"

O dr. Brewster ainda não se dera por satisfeito. Insistia em obter uma resposta sim/não, que expusesse as fraquezas que via na metodologia de Kaufman, pessoa não qualificada como profissional da saúde mental. Kaufman argumentou com a sua maneira de ver as coisas: manter-se aberto, receptivo e disposto a aprender com a criança, dado que, a seu ver, cada caso é um caso. Não poderia traçar um plano de trabalho antes de observar o comportamento da criança, "respeitando aquela pessoinha".

Já impaciente com o que considerava respostas evasivas, o doutor voltou à carga: E se a criança entrasse no aposento batendo com a cabeça nas paredes, ele deixaria aquilo acontecer e, em seguida, a imitaria? Mais uma vez Kaufman declarou honestamente não saber o que faria. "Ter um plano formulado antes de ver a criança" – argumentou – "equivale a não vê-la."

Aliás, pergunto eu, não é esse o procedimento de qualquer médico? Como traçar uma estratégia terapêutica, antes de se informar minuciosamente sobre as condições de cada paciente?

Embora algo desconcertado, no dizer de Kaufman (p. 91), o dr. Brewster encerrou o diálogo, dizendo: "Sou um homem de ciência, mr. Kaufman. E a psicologia é uma ciência cujas premissas são compreensíveis e prováveis. Talvez estejamos aqui a falar línguas diferentes."

Com os Sotos de volta a Nova York, Kaufman começou a busca de um profissional familiarizado com a língua espanhola que procedesse a alguns testes em Tito. O resultado foi desanimador. Sete deles se consideraram despreparados para a tarefa. Dois psicólogos que conheciam o trabalho dos Kaufmans alegaram falta de tempo. Outro declarou não concordar em que os testes feitos por ele fossem submetidos a outros profissionais. Um médico mais atencioso perguntou-lhe por que investir todo aquele tempo e energia numa criança com um perfil clínico tão sem esperança. Ele ouvira argumentos semelhantes anos antes, quando peregrinava pelos consultórios em busca de recursos para salvar seu filho.

É preciso, contudo, compreender tais atitudes. O autismo é um problema difícil e a experiência acumulada na interface com seus enigmas ainda é insuficiente, como temos visto aqui nesta exposição. O caso de Raun Kahlil Kaufman foi tratado – ainda que com uma estratégia considerada não-científica – na segunda metade da década de 70; o de Robertito, no início da década de 80. Poucos profissionais estariam, àquele tempo, preparados para lidar com o autismo. Muitos se revelavam confessadamente insuficientes para diagnosticar o problema. Entre os que o conheciam melhor, há que supor um percentual de pessoas profissionalmente bem informadas, mas nem sempre dotadas de atributos pessoais de empatia, de calor humano. Se mais amenas disfunções orgânicas ou psíquicas respondem com dificuldade ou não respondem de todo a um tratamento frígido, como se o paciente fosse "um pedaço de carne", no dizer da irada senhora de que fala Kaufman, imagine-se um distúrbio como o autismo, no qual a criança se fecha dentro de uma fortaleza.

Certamente ainda existem instituições que se limitam a operar um depósito de gente robotizada por uma rotina alienante e limitada, mas, felizmente, muita coisa aconteceu em relação ao entendimento do autismo e à sua abordagem terapêutica, nos últimos anos. Os livros que estamos consultando para este estudo mencionam profissionais e centros de tratamento humanizados, bem como grupos de discussão e debate, nos quais se envolvem mães, pais, terapeutas e demais pessoas interessadas na decifração dos enigmas que ainda persistem no autismo.

Em termos de especulação e debate na busca permanente e concentrada de respostas, há que se admitir até contribuições não-ortodoxas de abordagem, metodologias alternativas tidas por não-científicas, conceitos considerados não-acadêmicos. Recomenda-se uma abertura dessa ordem a qualquer tipo de pesquisa ou experimentação, mas ela se torna praticamente uma exigência no trato de questões que, mais de perto, cuidem do ser humano, ou melhor, de sua alma, como as ciências marcadas com o radical *psique*. É de vital importância nestas o bem definido propósito de aprender com os fatos, com as observações ao vivo, com o exame desprenconceituoso do material recolhido. Normas de procedimento e técnicas terapêuticas terão de ser deduzidas dos fatos observados e não impostas 'de fora', a partir de modelos cristalizados, considerados definitivos, insubstituíveis e insuscetíveis de aperfeiçoamento ou correção. Em outras palavras – só há espaço nesse contexto, para um dogma – o de que não há dogmas.

Se resultados positivos e promissores são obtidos com a metodologia da compreensão e do amor, porque não admiti-los regularmente? Se parece razoável, aceitável ou mesmo discutível, mas digna de avaliação, a proposta da realidade espiritual, por que não lhe dar uma oportunidade de teste sem ideias preconcebidas? Quando o dr. Delacato evidencia que o investimento clínico no esforço de desenvolver certas faculdades latentes no autista repercute favoravelmente na ampliação do sistema neurológico, temos de prestar atenção ao que ele está dizendo. Quando Temple Grandin demonstra, ao vivo, de maneira eloquente, que a fortaleza na qual ela se escondia não era vazia, como supunha Bettelheim, está criando um fato novo que merece e precisa ser examinado com respeito e desejo de aprender. Assim como caiu o dogma da "mãe-geladeira", que infelicitou tanta gente, outras posturas ainda tidas por inamovíveis podem e devem ser igualmente revistas, melhoradas e até mesmo sumariamente descartadas. Só assim se poderá abrir espaços para novas conquistas.

Um médico, consultado ainda no México, em Puebla, examinou meticulosamente o menino e, embora não tenha conseguido detectar nenhuma razão para a dor de cabeça que afligia a criança, declarou convictamente que não se tratava de um caso de autismo. Concluiu recomendando um especialista americano, a quem os Sotos recorreram. Era o sexto exame psiquiátrico a que submetiam a criança, desta vez, com um pedido de eletroencefalograma. O laudo trazia informes perturbadores – "as ondas cerebrais de Robertito no lobo frontal esquerdo mostravam-se fracas e intermitentes, o que sugeria severa lesão cerebral" (p. 68). "Uma vez que essa área controla a cognição, a memória, a linguagem e a comunicação" – prossegue Kaufman, reproduzindo a opinião do doutor – "não havia esperança para desenvolverem-se, no menino, a fala, o pensamento e o processamento de informações."

Os Sotos permaneceram nos Estados Unidos cerca de um ano, de médico em médico, sem nenhum resultado – comenta Kaufman – "a não ser uma sensível exacerbação da irritação e da infelicidade".

Por esse tempo, Robertito completou quatro anos de idade. Não se poderia dizer que o caso se tornasse irrecuperável por essa época. Vimos exemplos animadores em Donna Williams, Temple Grandin e Paul McDonnell, mas a data limite para sustentação de um índice mais otimista de esperança situa-se nas proximidades do segundo aniversário. Raun Kahlil, por exemplo, começou a ser intensamente trabalhado quando contava apenas dezessete meses. Estamos sabendo, pelos diversos estudos consultados, que o hemisfério direito somente tutora o esquerdo, na sua tarefa de montar um sistema de comunicação, até os dois ou três anos de idade. Depois disso, recua para o seu próprio e silencioso espaço à direita.

A questão dos hemisférios cerebrais continuaria a emergir no relato de Kaufman. Já se sabia, contudo, desde o EEG feito aos quatro anos, que o lobo esquerdo estava seriamente comprometido e que, segundo o médico, nada havia a fazer por aquela estranha criança e pelos seus desesperados pais. O menino, no dizer de Kaufman (p. 117), era como "uma boa máquina operando com piloto automático", expressão, aliás, empregada recorrentemente por Donna Williams, como também vimos.

A partir do momento em que, apoiado por sua equipe, dedicou-se ao tratamento, em regime de tempo integral, Kaufman descobriu características de comportamento padrão no menino. Cerca de noventa por cento dos movimentos repetitivos, incluindo um dos mais comuns 'autismos' – o da agitação das mãos, eram realizados com os membros direitos. "Será" – pergunta-se Kaufman (p. 118) – "que as funções corporais refletem uma preferência da função cerebral?"

Tito – com seis anos a esse tempo – era capaz de apanhar o alimento oferecido, mas, se o alimento fosse colocado atrás de uma folha de papel ou cartolina que lhe vedasse o campo visual, ele não manifestaria qualquer reação. Não existiam, na sua mente, as coisas que ele não estivesse a enxergar e que, logicamente, não figuravam no conteúdo de sua memória. Temple Grandin queixa-se da mesma dificuldade em reter informações na memória. Donna Williams menciona sua inaptidão para processar informações sequenciais. Tinha de ser uma coisa de cada vez, a espaços que lhe permitissem gerenciar o fluxo. Submetida a um ritmo mais intenso, ela entrava em pânico, sufocada pela sobrecarga. Essa deficiência de processamento mental parece explicar o hábito de muitos autistas de repetirem tudo o que ouvem, ou seja, a ecolalia (literalmente, palavras em eco). Enquanto repete o que acaba de ouvir, o autista fala consigo mesmo e ganha tempo para absorver o que ouviu. Ora, o mecanismo de retenção mnemônica desenvolve-se na criança aí pelos seis meses, como informa Kaufman. Sem essa faculdade, o autista limita-se a viver mentalmente na milimétrica faixa do presente, o momento que passa.

Dessa maneira, Robertito, aos seis anos, sem ter desenvolvido o potencial do hemisfério esquerdo – o da personalidade –, permanecia no estágio em que a criança funciona sob o comando do hemisfério direito – a individualidade –, o que bate com as informações que colhemos no estudo do dr. Julian Jaynes. Nessa etapa, o mundo se reduz a uma coleção caótica de imagens, aparentemente desconexas. A partir de então, até os dois anos de idade, aproximadamente, ocorre, do hemisfério direito, a migração de certas funções, que se fixam no hemisfério esquerdo, usualmente incumbido de tarefas de comunicação e aprendizado, para o que necessita da palavra.

Cada vez que Robertito olhava para a mãe – informa Kaufman (p. 119) –, era como se a visse pela primeira vez. Seria apenas mais uma das imagens que estavam constantemente a passar diante de seus olhos, pela frincha do presente, vindas não se sabe de onde e desaparecendo nos ignotos abismos do nada. Alguma coisa falhou, portanto, no momento em que a criança iniciava o processo de migração mental do hemisfério direito para o esquerdo. Em minha terminologia, eu diria que não chegou a ser montada a complexa estrutura operacional da personalidade. Por alguma razão ainda desconhecida, a individualidade retirou-se para o aconchego do hemisfério direito, deixando a personalidade abandonada à sua própria sorte e sem os dispositivos indispensáveis ao desempenho do ofício de viver.

Na hipótese sugerida pela dra. Helen Wambach, esse estranho abandono de uma parte de si mesmo aos azares da penúria mental e emocional seria devido à rejeição à vida na matéria. Não porque Wambach *acreditasse* na realidade espiritual – preexistência, sobrevivência e reencarnação inclusive –; ela *sabia* ser assim que as coisas acontecem. Eu até corrijo o tempo do verbo – ela *sabe*, ainda mais a partir de 1985, quando deixou o corpo físico, aos 65 anos de idade e passou a viver na dimensão póstuma.

A rejeição à vida, ou, mais especificamente, à reencarnação, seria, portanto, uma das explicações para o desencadeamento do autismo. Não creio, contudo, que seja a única. Rejeição pressupõe deliberação consciente, livre escolha, opção meditada. E, portanto, extremamente difícil de ser modificada ou revertida depois que a entidade se instala num corpo material que não desejou, para viver uma existência igualmente indesejada. Há que se considerar, em paralelo, a alternativa da incapacidade mental e emocional para organizar um corpo sadio e operacionalmente adequado. Neste caso, não foi porque não quis, mas porque não conseguiu gerir corretamente os complexos processos da formação do corpo físico. É como se os 'moldes' mentais e espirituais – que, realmente, existem – estivessem danificados pelos abusos éticos cometidos e, portanto, incapacitados para produzir um organismo livre de defeitos e insuficiências.

A respeito disso, constitui leitura obrigatória *Blueprint for immortality*, do dr. Harold Saxton Burr, que criou para aquilo a que Allan Kardec chamou *perispírito* o rótulo de "L-fields" – campos vitais.

Ao juntarem-se as peças do quebra-cabeça, sempre se vai ter na encruzilhada crítica onde se situam os dois hemisférios cerebrais. É ali que são instalados os *softwares* destinados a gerir adequadamente (ou não) o sistema operacional da vida na carne. É por ali que passam, necessariamente, os caminhos que levam ao que nos acostumamos a chamar de normalidade e o que rotulamos, arbitrariamente, de anormalidade. Invoco o conceito de arbitrariedade neste ponto, porque, ao que começamos a perceber com Temple Grandin e com Donna Williams ou Paul McDonnell, por exemplo, há *softwares* mentais capazes de viabilizar notáveis, ainda que diferentes tarefas e funções intelectuais em cérebros até aqui tidos por imprestáveis e irrecuperáveis.

Robertito Soto, no dizer de Kaufman (p. 120), em vez de fazer a transição da direita para a esquerda, no momento certo, ficou como que 'engastalhado'. Teria sido essa uma decisão consciente de quem não quer mergulhar nas restrições impostas pela matéria densa? Ou teria sido a resultante de uma incapacidade operacional suscitada por invisíveis 'lesões' perispirituais, tanto quanto as há também neurológicas, orgânicas? Que, aliás, são – estas últimas – projeções daquelas que preexistem à formação do corpo físico e nele se implantam.

Experimentando com ambas as pernas do menino, simultânea e alternativamente, Kaufman verificou que reagiam de modo diferenciado. Como se, no seu dizer, Robertito tivesse, no hemisfério esquerdo, células vazias, formando uma "cidade fantasma". Embora costumasse agitar a mão direita, os objetos eram sempre manipulados com a esquerda. Para ouvir, inclinava a cabeça de modo a captar os sons com o ouvido esquerdo. Seriam as deficiências no hemisfério esquerdo resultantes da falta de uso? – pergunta-se Kaufman. Seria possível estimulá-las de modo a fazê-las funcionar? Seria viável levar Tito a forçar a circulação do pensamento pelos inacabados circuitos cerebrais?

Ele achou que isso era possível, que Robertito "tinha que regenerar as diversas áreas cerebrais e abrir novos caminhos". Esse propósito, não obstante, suscitava outras tantas especulações. Tito parecia viver em permanente estado alfa, "mergulhado em calma e paz hipnóticas, raramente alcançadas por qualquer de nós. Por que, então, interferir? Por Francisca? Por Roby (o pai)? Por Robertito?" Ele achou que a resposta a essas especulações – caso houvesse realmente uma resposta – teria que partir do próprio menino. Não por causa dos outros. Ele teria de decidir. Aos outros competia oferecer-lhe a oportunidade da escolha, da decisão. Seja como for, Kaufman escreve (p. 121): "Eu percebia uma profunda inteligência trancada atrás da espantosa calma refletida no seu rosto."

Não falta a Kaufman intuição semelhante à da dra. Wambach. Robertito, a seu ver (p. 122), era "um raro ser humano hipersensível que se viu forçado a cortar seus próprios fios, num desesperado gesto de autoproteção ao nascer... ou talvez até antes, ainda no ventre."

Como se vê, os sensores da intuição nem sempre alcançam mais longe e mais fundo, para apalpar o vulto de passadas existências, mas, pelo menos, estendem-se na direção correta, em busca de razões para o dramático gesto de cortar os circuitos que nos mantêm ligados ao mundo em que viemos viver por algum tempo, acoplados a um corpo físico.

Com Raun, seu filho, havia sido possível a Kaufman reverter a queda livre nas profundezas do silêncio mental, mas Raun tinha pouco mais de ano e meio quando mãe e pai começaram a trabalhar com ele. Ainda estava em tempo de soprar vida nos circuitos cerebrais que começaram a estacionar na ociosidade. Com Robertito o desafio era de mais amplas proporções, pois já havia ultrapassado os seis anos de idade. Seria ainda possível reverter o processo e voltar os passos até o ponto em que os circuitos foram desligados? Ou não chegaram a ser ligados? Era o que restava apurar.

Para obter essa resposta, a única chance estava em trabalhar intensamente, sem desfalecimentos, acreditando na possibilidade do sucesso e, principalmente, acreditando em Robertito e na sua inata sabedoria. Se é que ele rejeitava a vida, era necessário convencê-lo a mudar de opinião. Havia defeitos mecânicos a reparar. No cérebro ou, mais precisamente, no hemisfério cerebral esquerdo. E não havia ferramentas para isso, senão a terapia da palavra e, principalmente, da palavra apoiada no amor por aquele ser humano aprisionado – voluntária ou involuntariamente – no corpo de uma criança, com todo o seu potencial.

Mas não era só na palavra que se baseava a terapia desenvolvida pelos Kaufmans. Junto da vibração amorosa que sustentava a palavra, estavam os gestos, que expressavam a participação da equipe no mundo de Robertito, sem tentar invadi-lo. O menino era acompanhado em todos os seus próprios gestos, posturas e sons, reproduzidos fielmente pelos componentes da equipe. A primeira reação de Tito foi de surpresa. Reação altamente positiva, por indicar que a atenção dele fora solicitada para algo que acontecia 'fora dele'. Parece que ele percebia na manifestação um componente de solidariedade e compreensão. Pela primeira vez os outros 'falavam' com ele na sua própria linguagem gestual. Estava sendo correspondido e entendido seu esforço em expressar-se.

Com a atenção suscitada para o papel dos hemisférios cerebrais no drama do autismo, Kaufman passou a observar mais de perto qualquer aspecto no comportamento de Robertito que o ajudasse a decifrar alguns dos enigmas que pareciam localizar-se naquela região do cérebro.

Um pequeno incidente acendeu em Kaufman o clarão de uma ideia que parecia ter estado sempre ali, à espera de ser testada. Percebendo que Tito tinha as calças ligeiramente úmidas, Francisca apanhou uma fralda seca, desatou-lhe o cinto e puxou o *jeans* para baixo. Robertito resistia, mas ela acabou conseguindo trocar-lhe a fralda, como sempre fizera. Era evidente, contudo, o desconforto dele. Comandado basicamente pela amadurecida entidade instalada no hemisfério direito, ele deveria sentir-se como um adulto que tem sua privacidade indevidamente invadida, obrigado a submeter-se a uma situação que ficava, como se diz em inglês, abaixo de sua dignidade. A Kaufman, sempre na observação de tudo quanto se passava, ocorreu subitamente, que a cena da troca da fralda seria rotineira se nela figurasse um bebê de seis meses, não um menino de seis anos.

Nesse ínterim, Francisca pusera o gravador para tocar uma música, explicando ao filho que aquilo era música. *Mu-si-ca*, repetiu, sempre em espanhol. Enquanto isso, esforçava-se por pegar-lhe as mãos. Ao cabo de algum tempo, ele concordou em ceder-lhe a esquerda, mas começou a agitar a direita, num dos seus acessos autísticos.

Era um momento raro, aquele, muito especial. Tito não gostava de ser tocado, nem mesmo pela mãe. Como os autistas em geral, não suportava, sequer, olhar outra pessoa, olho no olho. Enquanto a mãe, emocionada, segurava-lhe a mão esquerda, ele continuava a agitar a direita e, simultaneamente – observou Kaufman –, o pé direito. Alguma coisa, subitamente, pareceu familiar a Kaufman. Pôs-se de pé, num salto, assustando Francisca e Roby, o pai de Tito. Aguardou alguns momentos para tranquilizá-los, desceu a escada aos pulos, em busca de uma agulha! Parecia, na opinião de Charlotte, uma das auxiliares, um lunático.

Para encurtar a história, Tito não experimentava a mínima reação a picadas de agulha na mão direita. Nenhum movimento de recuo, nenhum olhar de espanto, nada! O lado direito, tecnicamente de responsabilidade do hemisfério esquerdo, estava desconectado com os centros nervosos, ou, em outras palavras, a 'cidade fantasma' existente à esquerda do cérebro não se mostrava interessada no que se passava no seu território, à direita.

Kaufman deduziu que, se lhes fosse possível 'despertar' a mão direita de sua letargia, conseguiriam, simultaneamente, 'massagear' o cérebro, através do tato. Trabalhando com os membros direitos, esperava levar os impulsos às áreas neurológicas sonolentas. O raciocínio tinha sua lógica, mas uma grande pergunta pairava sobre ele – funcionaria na prática? Era o que restava conferir. O dr. Delacato diria que sim, como vimos no seu livro; não há, contudo, indícios de que Kaufman tivesse, pelo menos àquela altura, conhecimento do trabalho dele.

O que se pode conservar, no entanto, é que, mais uma vez, o problema do autismo ficava, de alguma forma, envolvido com a interface dos hemisférios cerebrais entre si e com o corpo físico em geral.

O tratamento passou a ser direcionado segundo tais premissas. Ao cabo de algum tempo, começaram a ocorrer tímidas respostas. Certa vez em que Roby tinha seu turno no trabalho, propôs ao filho um jogo. Se, de fato, ele quisesse comer, que dissesse "co", primeira sílaba do termo espanhol *comida*. A reação não foi imediata. Tito parecia, no entanto, interessado em responder. Fez, com os lábios, um círculo, conseguiu emitir um som rudimentar, repetiu-o ainda com grande dificuldade, mas, na terceira tentativa, disse em voz alta e firme: "Co". Roby encheu a colher de atum e o filho a aceitou. "Meu Deus!" – disse o pai, enquanto as lágrimas lhe desciam pelo rosto. Carol – outra componente da equipe – lembrou-se do pai dela e comentou "sobre a beleza que era um homem a chorar" (p. 216).

> Robertito – comenta Kaufman, de modo irretocável – emitiu novamente o som "Co". Seu rosto tinha a aparência plácida e inescrutável de sempre, mesmo ao cruzar a ponte que nos separava dele, *do lado direito do seu cérebro para o esquerdo*, da mudez para o primeiro passo em comunicação verbal.

(O destaque é meu, para que você fique certo de que não estou pondo palavras minhas no texto de Kaufman, mas que me sinto feliz por tê-las encontrado ali).

A individualidade, plugada à direita, concordara em passar à personalidade a programação de que esta necessitava nas suas negociações com a vida na matéria. Que fato ou evidência a teria levado à decisão de tal magnitude? O processo de revitalização da personalidade inacabada, aliás, apenas começada, significava uma clara reversão na atitude primitiva de que a vida na carne não valia a pena ser vivida. Parece que, a partir de certo momento, Tito-individualidade teria chegado à conclusão de que, afinal de contas, era possível ou tolerável e até desejável integrar-se naquele mundo que, de início, lhe parecera tão hostil.

Alguma coisa mudara nele, por certo, mas aspectos importantes haviam mudado também na dimensão que ficava, para ele, do outro lado do abismo. Seja como for, ele resolvera ceder um pouco, tentar caminhar até o meio da ponte. Havia gente, do outro lado, lutando por ele, desejosa de que ele se decidisse, afinal, a viver as experiências que o mundo material tinha a lhe oferecer. Gente que lhe estava cumulando de inequívocas demonstrações de solidariedade e de amor. O mundo não seria, afinal de contas, tão hostil como ele pensara.

Fazia apenas uma semana que Kaufman testara com a agulha a sensibilidade da mão direita de Robertito. Uma semana de intenso trabalho de massagens e toques estimuladores à direita, especialmente nas mãos. A esquerda já apresentava sensibilidade quase igual à da direita. "À medida em que ele punha seu hemisfério esquerdo mais e mais a trabalhar" – comenta Kaufman (p. 332) – "notávamos dramáticas alterações para melhor nas suas sensações físicas".

Paralelamente, desenvolvia-se o mecanismo verbal. A certa altura, Jeannie – outra colaboradora – friccionava as mãos de Tito e murmurou consigo mesma: "Parecem pequenas patas de um animalzinho". Enquanto o massageava, procurava conversar com ele. Daquela vez, perguntou-lhe qual era o seu nome. E ele: Robertito. "Robertito de quê?" – insistiu ela. "Ro-ber-ti-to-So-to" – declarou ele. Ela achou ótimo, fantástico, mas desejava que ele melhorasse a proeza. Explicou-lhe que não era bem Ro-ber-ti-to-So-to, mas Robertito Soto. Ele concordou em aperfeiçoar a dicção e o conseguiu. Ele era Robertito Soto.

Parecia realmente interessado em estabelecer um intercâmbio mais intenso e, melhor que isso, espontâneo e até desejado, entre o seu lado direito e o esquerdo. Vejo nesse trabalho pessoal dele um esforço consciente e deliberado em montar, ainda que com bastante atraso, as estruturas de personalidade, que deixaram de ser instaladas no tempo devido. Para quê iria fazê-lo, naquele tempo, se não desejava viver nesta dimensão? Agora as coisas haviam mudado – ele resolvera aceitar o convite de toda aquela gente que tanto se empenhava em trazê-lo para o lado de lá. Estava respondendo às expectativas que se criavam em torno dele.

Consciente disso, de alguma forma ele procurava realizar a sua parte do trabalho. Depois que o punham na cama à noite, para dormir, alguns membros da equipe ficavam de fora do quarto. Ouviam-no por longo tempo, horas, a brincar com as palavras, ainda desconectadas de texto e contexto, mas palavras, afinal de contas. Murmurava até uma cançãozinha que aprendera, em inglês, de tanto ouvir. Intitulava-se "I like you just the way you are", ou seja, significativamente, "Gosto de você do jeito que você é". Continuava, pois, sua jornada da direita para a esquerda. A personalidade treinava-se para assumir, afinal, suas responsabilidades e tarefas, na difícil arte de viver no mundo. Ele sabia que ia precisar – e muito – das palavras. Por isso, ficava um tempo dilatado, antes de dormir, a brincar com elas, como se as revolvesse na memória que, também, começava a despertar e funcionar.

Por esse tempo, Chella, uma das moças que trabalhavam com ele, descobriu um interessante mecanismo de comunicação com Tito. Como todos se empenhavam em direcionar o treinamento para despertar nele a instrumentação verbal, ela percebeu que, se pensasse numa palavra, ele não saberia repeti-la, mas se, em lugar da palavra, ela se fixasse na imagem de um objeto, ele tomava o objeto pensado nas mãos. Com o que demonstrava estar operando basicamente do hemisfério direito – o das imagens, como vimos evidenciado em Temple Grandin. Continuava, lembra Kaufman, a migrar da direita para a esquerda do cérebro (p. 339).

Mais do que isso, contudo, identificava-se em Robertito uma faculdade de captação telepática, segundo a qual sua individualidade (= inconsciente, plantada no hemisfério direito) e a de Chella comunicam-se sem recorrer ao recurso da palavra. A imagem proposta pela moça é recebida por Tito como imagem, provavelmente inconsciente, e suscita nele os comandos mentais necessários ao gesto de apanhar o objeto imaginado.

Mecanismo semelhante opera na mediunidade, quando o ser dotado da faculdade mediúnica recebe de uma entidade espiritual o pensamento não--verbal e o converte em palavras, falando ou escrevendo. Do mesmo modo funciona o processo conhecido, em inglês, por escrita automática (*automatic writing*), segundo o qual a pessoa converte seus próprios pensamentos inconscientes – vindos do hemisfério direito – em textos produzidos por impulsos gerados no hemisfério esquerdo.

Em mais de uma ocasião, como já vimos aqui mesmo neste livro, Robertito percebe visualmente a presença de seres invisíveis às demais pessoas que com ele estejam no mesmo ambiente. Despreparada para correta avaliação do fenômeno, a pessoa que no momento cuida dele como que desconversa e lhe pergunta se as 'caras' que o menino vê estão alegres ou zangadas. E muda prontamente de assunto. Perde-se, dessa maneira, excelente oportunidade para se apurar quem são aquelas entidades, o que fazem ali, que interesse podem ter pelo que ali se passa, que possível relação têm com Robertito, que contribuição podem dar ao melhor direcionamento da terapia ou, reversamente, se estão ali para perturbar o procedimento.

Laura, uma pessoa familiarizada com tais aspectos da realidade espiritual, mostra-se mais perceptiva. A certa altura, num dos debates diários de avaliação, do qual todos participam, ela diz que, quando Robertito está presente – ou seja, ligado no ambiente – ele é espantoso. "Só que agora" – conclui (p. 292) –, "bem, ele está fora, no espaço, a maior parte do tempo". Ela parece perceber, portanto, que, pelo pensamento não-verbal à direita, a individualidade permanece mais atenta a outras dimensões da realidade do que ocupada com o varejo da vida, no dia-a-dia. Mesmo porque não construíra, para isto, sua própria personalidade, aquela parte de si mesmo incumbida da tarefa de viver no mundo.

Mencionamos há pouco a percepção inconsciente, localizando-a no hemisfério direito, o que pressupõe a contraparte consciente, à esquerda. A distinção, contudo, é meramente didática e acomodada a uma tradição cultural ainda não devidamente questionada. Na realidade, o pensamento não-verbal não é inconsciente e, sim, uma diferente manifestação de consciência, como está bem documentado no depoimento autobiográfico de Temple Grandin. Em outras palavras, não há pensamento consciente e pensamento inconsciente – o que existe são duas manifestações distintas de consciência, uma ao alcance de nossa instrumentação cerebral em vigília, à esquerda, e outra fora do alcance do que poderíamos chamar de consciência de vigília.

E mais: a consciência inconsciente, se me permitem o paradoxo, é praticamente inacessível à de vigília. Mesmo que esta consiga como que 'saltar' para dentro da outra, irá encontrar lá não a linguagem verbal, mas aquilo a que a dra. Grandin chamou de "pensamento em imagens". Já o inconsciente tem acesso permanente ao que se passa na consciência de vigília e até interfere nela por meio de *flashes* de intuição. Afinal de contas, o hemisfério direito, até hoje tido por secundário e quase dispensável, como vimos em Anthony Smith, é que é o dominante. O sonho – como intuiu corretamente o dr. Freud – é recurso de que se vale o inconsciente para enviar mensagens não-verbais ao chamado consciente. Se este não consegue traduzir e interpretar corretamente as imagens que vê agitarem-se na sua mente enquanto o corpo repousa no sono fisiológico, perde-se seu conteúdo, muitas vezes precioso e decisivo nas numerosas e constantes opções que temos de fazer pela vida afora.

No autismo, a individualidade (inconsciente, insisto em lembrar) continua mergulhada no silêncio não-verbal do cosmos, abandonando a personalidade terrena (consciente) à sua própria sorte, praticamente vazia de pensamentos, desprovida de memória, sem poder verbal e, portanto, isolada, sem condições de comunicar-se com o mundo em que vive o corpo físico. Robertito, na correta visão de Laura, permanecia a maior parte do tempo 'no espaço', desligado da sua condição terrena, irrelevante para ele. A certa altura do livro (p. 301), Kaufman chama a esse território particular de Tito de 'Shangri-la', o paraíso terrestre imaginado por James Hilton, em *Horizonte perdido*. Para lá disparava ele, tanto quanto Temple Grandin e Donna Williams o faziam, ao primeiro sinal de desconforto ou temor.

Dentro desse "casulo autista" – outra expressão cunhada pelo autor (p. 303) – Kaufman via Robertito com um olhar como que de "drogado, quase eufórico, distante". Cumpridos os rituais autísticos, estacionava numa postura literalmente extraterrena.

> Grande suavidade envolvia sua expressão – escreve poeticamente Kaufman – uma luminosidade extraterrena irradiava-se de seus olhos brilhantes. Eu imaginava seu cérebro inundado de ondas alfa, elevando-o a um platô de suave energia que tantos mestres e praticantes da meditação buscam alcançar.

Era dessa dimensão, na qual ele girava em torno de seu próprio eixo invisível, que todos desejavam que ele saísse. Valeria a pena? provavelmente ele próprio se perguntava. Talvez por isso, ele ainda hesitasse em dar o passo definitivo e irreversível. Certamente por isso, Kaufman diria ao dr. Paul Goodman uma frase reveladora.

O psiquiatra visitava os Sotos a intervalos regulares, para acompanhar o tratamento. Na última visita, antes que a família retornasse ao México, Kaufman percebeu que, após examinar o menino, ele se demorava mais do que o esperado na escadaria. Parecia meditativo, pondo em ordem suas próprias ideias. Kaufman, provavelmente ansioso, perguntou-lhe: "E daí?" "Às vezes ele ainda se agarra aos seus autismos" – foi a resposta do psiquiatra. "Sempre permitimos isso a ele" – comentou Kaufman.

Sentimo-nos inclinados a concordar com ele. Embora empenhados em trazê-lo para o nosso mundo, não é mesmo para deixar o autista mergulhar de vez em quando no seu paraíso invisível?

O doutor tinha suas razões para estar pensativo. Sete meses haviam decorrido desde o início do tratamento com a equipe de Kaufman. Na sua experiência, os autistas eram considerados praticamente irrecuperáveis. "Quando o ouvi falar" – confessou (p. 360) – "mal podia crer nos meus ouvidos. Como? Em tão curto espaço de tempo, qualquer que fosse o tempo. Como vocês conseguiram?" Kaufman foi honesto e enfático: "Não fomos nós. Robertito o conseguiu, ele próprio."

Barry Neil Kaufman possui o dom de colocar suas emoções – e a dos outros – naquilo que escreve. Temos, aqui (p. 368), um desses textos, ainda úmido de lágrimas de emoção. Roby, o pai, havia regressado ao México para cuidar de seus negócios, deixando Francisca e Tito entregues aos Kaufmans, nas vizinhanças de Nova York. Foi um período difícil para todos, sem exceção. Roby era um sujeito bom, que, no dizer de Kaufman, tinha, às vezes, suas dificuldades em "espremer as palavras através da garganta". Se não cuidasse da sua modesta loja de calçados no México, não teria como manter Francisca e Tito nos Estados Unidos. (Entre parênteses: os Kaufmans não lhe cobraram nada, absolutamente nada, pelos seus serviços. Dedicação não tem preço).

Decorridos cinco meses, ele veio visitar a mulher e o filho. Kaufman viu o táxi chegar, à noitinha, mas não dava para identificar os passageiros. Desceu um homem encapotado, que pegou a mala e pagou o motorista. Era Roby Soto, que lá ficou, sem saber o que fazer de si mesmo. Apontava para Barry, para a casa, para a neve, visivelmente emocionado. Era "... o meu amigo" – escreve Kaufman –, "o pai de meu segundo filho". Barry saiu ao encontro dele, na varanda, e os dois se abraçaram, como dois:

> (...) ursos enormes, dando tapinhas nas costas e levantando-nos um ao outro alternadamente, do chão. E, então, num gesto que usualmente reservo para meu pai, beijei-o em ambas as faces. Quando nos separamos, sorríamos um para o outro através dos olhos úmidos.

Entrou e, pelo caminho, foi encontrando as demais pessoas. Não conseguia dizer mais do um muito obrigado, por estarem cuidando de seu filho. Em seguida, virou-se para Kaufman, mas ainda não conseguia "espremer as palavras através da garganta", limitando-se a cobrir os olhos com as mãos. "Coloquei meu braço em torno dele" – prossegue Kaufman –. "Ficamos todos ali, de pé, naquele cômodo, tocando-nos mutuamente através do silêncio."

Faltava a cena do encontro maior. A porta do banheiro estava aberta. Ajoelhada no piso, Francisca ajudava Tito a prender as calças com o cinto. Tito virou a cabeça e viu aquele homem, ainda lá no corredor. Olhou-o com curiosidade. De repente – escreve Kaufman (p.368):

> (...) seus olhos brilharam. Desprendeu-se da mãe, correu pelo corredor e saltou para os braços do pai. "Papa, papa!" – disse. Francisca emitiu um grito, mas logo acionou o freio de suas emoções. Não queria interromper aquele momento entre Roby e o filho dele. Enquanto acarinhava seu pequeno menino, tentando segurar a torrente de lágrimas, aquele homem terno e gentil olhou para a esposa, ainda ajoelhada no piso do banheiro. Ele a beijou com seus olhos.

Robertito começava a concordar em viver do lado de cá do mundo, junto daqueles que o estavam conquistando com a pura magia do amor. Havia, ainda, muito trabalho a fazer, mas cinco meses haviam sido suficientes para demonstrar que o milagre também existe.

P.S. – É claro que a história de Robertito Soto e de toda aquela gente não termina aí e assim. E esta é uma frustração que o livro de Barry Neil Kaufman nos deixa na alma. O que teria acontecido depois? O livro tem o *copyright* registrado em 1981 e foi publicado em 1982. No momento em que escrevo estas linhas – maio de 1997 –, Robertito estará com mais de vinte anos de idade, provavelmente, vinte e três. Como será ele? Que anda fazendo? Que pretende da vida? O que pensa de tudo isso? De si mesmo, de seu pai, de sua mãe, do mundo? Ainda escapa de vez em quando, para o seu 'Shangri-la'?

Tentei alcançar os Kaufmans pela internet, mas não o consegui. Ao terminar este livro, não tenho ainda como saber. Estou certo, porém, de que, tanto quanto eu, você estará torcendo por ele. Como também por Suzi, Barry, os filhos deste incrível casal – duas meninas – mulheres feitas, hoje – e do não menos incrível Raun Kahlil Kaufman, que também cruzou a ponte sobre o abismo, aceitando a vida daquele outro lado, onde via tanta gente acenando com a mímica inimitável do amor.

# Germano atravessa a ponte

Verifiquei, em minhas pesquisas para escrever este livro, que, em contraste com a vasta e crescente literatura sobre o autismo em língua inglesa, por exemplo, ainda são escassos os estudos e depoimentos em português sobre essa temática. Ao adquirir, em Londres, o livro de Francesca Happé – já comentado aqui –, o dr. José Roberto O' Shea, meu genro, me disse ter encontrado na livraria toda uma estante de obras sobre autismo. O estudo de Marion Leboyer, que também tivemos oportunidade de examinar alhures em nosso livro, é uma tradução do francês.

Incidentalmente, tive acesso a textos escritos diretamente em português, que me foram gentilmente oferecidos pelo caro amigo médico dr. Maurício Teixeira de Figueiredo, que sabe de meu interesse pelo assunto. Trata-se de monografia preparada para o curso realizado em São Paulo nos dias 4 e 5 de maio de 1990. Não tenho notícia de que o material haja sido publicado posteriormente em livro.

Ainda incidentalmente, fiquei sabendo do pungente depoimento do jornalista brasileiro Nilton Salvador, que me enviou um exemplar valorizado por generosa dedicatória. Encontramos na primeira orelha do livro a declaração de que o livro "foi escrito quase por obrigação". E prossegue: "Certas batalhas, por mais solitárias que pareçam, acabam por nos comprometer com milhares de outras, idênticas às nossas, até na sua solitude." E conclui, caracterizando o livro como "um libelo contra a discriminação e o preconceito".

Concordo com a postura do autor, tanto quanto me solidarizo com a verdadeira guerra que a esposa e ele desencadearam para disputar o filho ao silêncio e ao isolamento do autismo. Um exemplo a mais – como se deles ainda precisássemos – de mães e pais que nada têm da frieza gelada que o dr. Bettelheim lhes atribuiu. No dizer do próprio autor, a história é a de um casal que "não se amedrontou", não se acovardou e nem se conformou perante o insistente diagnóstico de que Germano estaria condenado para sempre ao alheamento, tanto quanto os pais às suas angústias.

Destaco a observação de que a luta em busca da sanidade de um ente querido realmente nos envolve inevitavelmente com todas as batalhas semelhantes que, pelos mesmos motivos, estão sendo disputadas pelo mundo afora. Não vejo esse envolvimento limitado aos membros mais próximos da família, amigos e terapeutas – para mim, o autismo, como outras formas de distonias dessa natureza, pede, ou melhor, exige a atenção de todos nós, no mínimo com uma contribuição de solidariedade e de compreensão. Para que não fiquem os pais sobrecarregados com o peso adicional da discriminação e do preconceito a que se refere Salvador. Podemos também encontrar isso nos relatos de Jane McDonnell, de Donna Williams, de Temple Grandin e tantos outros.

Na apresentação ao livro de Salvador, Paulo Sérgio Leite Beccon, presidente da APAE, de Porto Alegre, destaca esse aspecto, ao lamentar que:

> Historicamente, o gênero humano insiste em discriminar seus desiguais, expulsar do convívio social os que não são considerados semelhantes, em nome de uma suposta normalidade que serve de padrão e referência para a conduta da espécie.

E a gente se pergunta: que é, mesmo, normalidade? Alguém é anormal simplesmente por ser diferente? A pessoa que nasce com características de comportamento diferenciado deve ser sumariamente rejeitada ou descartada? Será que ela não veio para o nosso meio programada, precisamente, para conviver com as suas singularidades de comportamento? Será que a cura definitiva e radical de seus conflitos pessoais não está exatamente em aprender (e ensinar) alguma coisa com eles?

Assim como o autismo tem suas constantes e suas ênfases específicas nesta ou naquela característica, o quadro familiar também oferece aspectos em comum nas diferentes famílias afetadas. Em primeiro lugar, o fato de que o autismo não é um componente isolável. Ele envolve toda a família, é o eixo em torno do qual gira a pequena comunidade doméstica. É o membro autista que, involuntariamente, impõe uma rotina e estabelece um conjunto de prioridades e empurra os pais – especialmente a mãe – a extremos limites de devotamento a tempo integral.

O roteiro emocional vivido por Nilton e a esposa em torno de Germano necessitaria de mínimos retoques para coincidir com o de Jane e Jim McDonnell à volta de Paul. O casal amoroso, ambos intelectualmente bem dotados, a expectativa de um filho para dar um sentido mais amplo à vida e, em seguida, os primeiros sobressaltos, a busca aflitiva de entendimento e tratamento para as disfunções da criança, as tensões, a desestabilização emocional, a deterioração do relacionamento marido/mulher e até a velada ameaça de uma ruptura no próprio casamento.

Foi assim que, percebidas as diferenças de comportamento, ainda faltava a identificação do problema. Salvador queixa-se da desoladora escassez de literatura sobre o assunto – isso foi na segunda metade da década de 70. A busca se torna frenética, movida por instintiva urgência. É preciso saber, o quanto antes, de que se trata e, imediatamente, dar início a alguma forma de tratamento. Não obstante, o tempo vai passando inexoravelmente, sem trazer respostas; ao contrário, sucessivos desencantos e decepções. Inicia-se a peregrinação pelos consultórios e laboratórios de pesquisa. As opiniões se chocam e quase sempre chocam os pais. Muitas perguntas, muitos exames, relatórios, documentos, chapas... Poucas respostas. Quase nada.

A certa altura, Salvador chega àquele que parece estar situado na mais avançada fronteira da esperança. O homem é considerado uma 'sumidade', o 'papa' do autismo. O jornalista precisou amarrar-se a um empréstimo, a fim de pagar (antecipadamente) a consulta. "Caso contrário" – depõe (p. 41) – "não teria nem como iniciar a conversa com o homem". O menino já havia passado por todos os 'cobras', no dizer do autor, mas era imperioso seguir em frente, continuar comprando esperanças nem que fosse à custa de empréstimos que, por sua vez, iriam esgarçar o já fragilizado orçamento doméstico.

O médico examinou cuidadosamente o extenso relatório sobre o menino preparado pela equipe especializada de uma universidade. Mesmo assim, resolveu fazer sua própria avaliação clínica. O autor nunca se acostumaria com aquela rotina de ver seu filho "virado do avesso cada vez que ia a um especialista". Estava começando tudo de novo e ele a custo se continha ante o inevitável. Tomando de um diapasão, o doutor testou a audição da criança, que "estremeceu como se estivesse com intenso frio, e chorou. Alto e bom som" (p. 42). Era provavelmente, dotado de hipersensibilidade ao som, como vimos no dr. Delacato.

O comentário do médico foi breve e seco: "Bom sinal. Não é surdo" – disse. Terminou pedindo novos exames, desta vez um eletroencefalograma, que deveria ser trazido logo que estivesse pronto. Salvador não se conteve. Educada, mas severamente, reclamou que, mais uma vez, estava saindo de um consultório sem nenhuma informação que os orientasse no tratamento do filho. Entendia que nada mais havia a esquadrinhar no corpo físico do menino, a não ser, talvez, por um ortopedista.

O doutor não se deixou impressionar. Havia dito, ainda há pouco, que passava a ser parte integrante do caso, mas precisava atualizar-se em relação às informações até então colhidas sobre o Germano. O casal já era até capaz de antecipar as respostas dos profissionais consultados, sempre as mesmas.

As providência também eram, consistentemente, as mesmas – novos exames e mais testes, por meio dos quais o caso ia passando de mão em mão, sem nenhum sinal de progresso, sem nenhuma indicação terapêutica.

O eletro foi feito numa clínica luxuosa instalada em imponente mansão, e levado de volta ao 'papa' do autismo. Nada revelava de anormal. O doutor discorreu eruditamente sobre a necessidade de entender-se corretamente "a natureza biológica do autismo", a fim de poder-se abordá-lo adequadamente. O conhecimento do distúrbio ampliava-se e ele tinha esperança de que, se pudesse, no futuro, "abrir-se uma janela" pela qual se divisasse uma solução.

Era muito pouco, mas o suficiente para acender pequenas candeias de esperança na escuridão em que a família vinha tropeçando há tanto tempo. Havia, pelo menos, uma receita com indicação de alguns medicamentos. Salvador não questionou o médico sobre as drogas recomendadas. A reação (ou falta de) normal de uma pessoa que vai à consulta em busca de socorro. Foi na farmácia que o problema se desenhou, literalmente, no preocupado rosto do balconista. Os medicamentos indicados estavam sob controle e era necessário ao comprador identificar-se. Quando soube que a droga fora prescrita para uma criança, o homem assustou-se ainda mais e fez um comentário preocupante – aquilo era suficiente para "derrubar um elefante". Recuou, porém, a tempo, recusando-se a fazer qualquer comentário adicional. A ele cabia vender o remédio e não comentá-lo.

O casal levou a medicação para casa e se pôs a estudar a bula. A notícia de que nada havia de anormal no cérebro do filho proporcionara-lhes algum alento, mas retombavam agora na preocupação e no desencanto. Até então Germano não tomara qualquer tipo de droga.

O debate entre pai e mãe continuou. Aceitariam a autoridade profissional do doutor ou se decidiam a pô-lo de lado, rejeitando a medicação? O pai sentia-se membro de uma família-cobaia. Estavam sendo estudados, como indefesas criaturinhas de laboratório. Haviam sido 'sorteados' – diz ele (p. 46) – um entre dez mil casos, para ter um filho autista. Ao cabo de longa peregrinação, quando pareciam estar alcançando pelo menos um entendimento melhor do problema, colocavam-se diante da dura opção de dopar o filho, de transformá-lo "numa coisa inerte..."

Apesar de a próxima consulta ter ficado marcada para seis meses adiante, Salvador resolveu voltar ao psiquiatra, que o recebeu com surpresa. Expôs com franqueza sua dúvida. Se ninguém, àquela altura, sabia ao certo o que era o autismo, senão que se tratava de um distúrbio de comportamento, por que e para quê aquela potente medicação de psicotrópicos, antidepressivos e estimulantes?

O doutor procurou, com a calma possível, doutrinar o pai impaciente. Sem muito resultado, aliás. Salvador e Isabel não se contentavam em ler, ouvir e conversar sobre o autismo. Queriam saber exatamente como enfrentar o problema e o que fazer com o filho autista. Haviam consultado e conversado com todas as pessoas ao seu alcance que demonstrassem alguma experiência ou conhecimento da matéria, tanto profissionais da saúde mental, como leigos.

Pelo que haviam apurado, na Europa e nos Estados Unidos, centros de mais intensa pesquisa, as respostas eram as mesmas, ou seja, praticamente nenhuma. "Não havia remédio para o autismo", disse Salvador ao psiquiatra. Sabia de casos de gente que não ficara "menos autista" por tê-los tomado. Estaria disposto, claro, a aderir ao uso de medicamentos, quando isso se tornasse viável, mas queria estar convencido de boas razões para fazê-lo. Em suma, recusava-se a dar os medicamentos ao seu filho e se despedia do médico até se e quando houvesse uma ruptura nos limites que mantinham o autismo dentro de uma apertada área cercada de enigmas e suposições.

Enquanto isso, continuariam com o tipo de terapia 'doméstica' que vinham usando – carinho e atenção, especialmente da parte de Isabel, já que Salvador tinha de empenhar-se cada vez mais no trabalho profissional, a fim de conseguir dinheiro suficiente para os pesados encargos familiares. A não ser pelo autismo, aliás, Germano era um menino sadio.

As características do autismo lá estavam presentes, contudo, especialmente quanto ao alheamento em que vivia. O casal sentia a premente necessidade de "trazê-lo ao nosso mundo" (p. 52). Ele ficava horas sentado na sua cadeirinha artesanal de plástico, o olhar vago, parado, aparentemente a contemplar o nada. Em certos aspectos, parecia-se com Robertito Soto. Parecia ver coisas que ninguém mais percebia. Salvador fala de "fantasias".

> Seus estereótipos – depõe Salvador (p. 60) – se resumem às mãos em giro contínuo, mas não é constante. Vez por outra, ao fazer o movimento estereotipado com as mãos, dá a impressão de que quer levantar voo tal a fixação do olhar para cima, como se estivesse vendo alguma coisa no infinito.

Nesses momentos, se punha na ponta dos pés, o que levava a mãe a pedir--lhe que "retornasse", receosa de que ele não voltasse mais.

Um de tais alheamentos ocorreu quando o pai pôs a rodar uma gravação da *Quinta Sinfonia*, de Beethoven. Estirado no tapete da sala, "com o olhar voltado para um lugar que só os autistas sabem onde fica" (p. 69), Germano começou a prestar atenção ao som e, silenciosamente, como sempre, caminhou até o toca-discos. Por gestos, a mãe foi chamada e ali ficaram os três, ouvindo a música. Salvador botou o disco para tocar novamente e Germano continuou ouvindo até o fim, como que hipnotizado.

O gosto do menino pela música, descoberto aos seis anos de idade, constituiu uma das mais curiosas características do seu autismo e mereceu do pai um capítulo especial no livro. O interesse não era pela música popular, perante a qual manifestava até desagrado, mas pela erudita. Seus autores preferidos, Mozart, Beethoven e Vivaldi. Atento a qualquer manifestação de Germano, o pai notou que ele gostava particularmente de uma peça na qual os sons produzidos pela orquestra calavam-se, de repente, para ceder espaço a um intenso e harmonioso bimbalhar de sinos. A peça era *Saturno, o Portador da Velhice*, de autoria de Gustav Holst. O interesse do menino não era, especificamente, pelo efeito sonoro dos sinos, mas pela obra mesma.

Além do texto reproduzido por Salvador em seu livro (p. 105-6), leio na *Britannica* e em Grove curiosas informações acerca desse importante, mas escassamente conhecido, compositor.

Gustav Holst (1874-1934) nasceu em Cheltenham, na Inglaterra. Era descendente de família sueca, que se fixara na Rússia, no início do século dezoito. Foi de lá que Mathias von Holst migrou para a Inglaterra, em 1807. O filho Gustavus Valentin, casou-se com uma moça inglesa e se estabeleceu em Cheltenham. O filho do casal, Adolf von Holst (1846-1901), por sua vez, casou-se com a pianista inglesa Clara Leliard e foi desse matrimônio que nasceu Gustav Holst, aliás, Gustav Theodore Holst, em 1874. (O pai havia deixado de usar o *von* distintivo de nobreza.)

Durante algum tempo, a música de Gustav foi conhecida e apreciada apenas por um pequeno círculo de iniciados. Foi com *Os Planetas* que ele se tornaria uma celebridade. Trata-se de uma suíte composta de sete poemas tonais elaborados em cima de uma concepção astrológica e algo mística, na qual Holst trabalhou durante muito tempo, em pesquisa e elaboração. A fim de aprofundar-se em certos aspectos da mística oriental, estudou sânscrito. A veia mística – esclarece Grove (Vol. II, p.659) – caracteriza-se mais explicitamente nas *Quatro Canções para voz e violino* (sem acompanhamento), e na "complexidade do *Hino de Jesus*, que, como *Os Planetas*, causou profundo impacto no público.

Demorei-me um pouco mais nesta digressão para destacar a singularidade do interesse de Germano pela obra de um compositor tão erudito e competente quanto quase ignorado do grande público. Tenho, a respeito, uma hipótese que você pode considerar fantasiosa. (Terá todo o direito de fazê-lo. Comprometo-me a não me sentir desapontado.) Não seria Germano o próprio Holst reencarnado?

A hipótese, evidentemente, não ocorre a Salvador, que, não obstante se pergunta (p. 106): "... qual seria a ligação que fazia Germano ficar inexplicavelmente absorvido por aquela soberana obra musical? Eu formularia a pergunta de modo diverso, ainda que parecido. Assim: "Qual seria a ligação de Germano com Holst?" Seja como for, coloca outra pergunta relevante: "Autista pensa?" E ele mesmo responde, com segurança e convicção: "Pensa. Da forma que eles querem, mas pensa. Quanto a isso, não há dúvida."

Não sei se Salvador havia lido, àquela altura, a obra do dr. Bruno Bettelheim, ou mesmo se o teria feito posteriormente, mas ele se posiciona explicitamente contra a conclusão do eminente especialista, que não apenas 'culpava' a frieza das mães pelo autismo dos filhos, como entendia que a 'fortaleza' – que supunha inexpugnável – em que viviam os autistas era um espaço vazio, deserto, sem gente lá dentro e, portanto, sem vida. Triplo equívoco. Como vimos aqui mesmo, neste livro, não encontramos o exemplo clássico de mãe-geladeira. Verificamos que, em alguns casos – Temple Grandin, Donna Williams, Paul McDonnell, Raun Kahlil Kaufman, Robertito Soto –, a fortaleza não é inexpugnável e nem está vazia. Não apenas os autistas pensam, como demonstram, às vezes, evidentes traços de genialidade. Prometo a você discutir mais adiante o notável estudo do dr. Dorald Treffert acerca dos *idiot-savants*, que muito tem a ver com a problemática dos autistas.

Retomo, neste ponto, a questão das chamadas *alucinações*, que ficou interrompida porque enveredamos pela digressão acerca da música.

Germano começou a manifestar as tais alucinações em estado de vigília. Por duas vezes teve mesmo de ser fisicamente contido, a fim de não se ferir. O pai fala, em seu texto, em *delírio*, e a gente respeita a sua colocação, mas que é mesmo delírio? Em outras palavras: o que se entende usualmente por delírio?

Aurélio tem um bom verbete sobre o assunto. Admite, inicialmente, tratar-se de:

> Estado de obnubilação (deslumbramentos ou trevas, segundo o mesmo Aurélio) da consciência, com ilusões ou alucinações [Olha a alucinação aí outra vez!] de caráter onírico [de sonho], agitação ou estupor, que ocorre nas moléstias infecciosas, nas intoxicações, em certas doenças mentais e em casos de febre alta.

Ainda que pudéssemos questionar alguns desses aspectos – este não seria o lugar nem o momento adequados –, a definição é abrangente. E ainda acrescenta:

> 2. Transporte, êxtase, arrebatamento. 3. Exaltação do espírito: agitação, desvairamento. 4. Entusiasmo extremo; excitação."

Do que se depreende que o delírio se caracteriza como estado alterado de consciência, não necessariamente perturbação ou desequilíbrio mental e nem fenômeno de natureza maléfica ou ilusória. A mediunidade, por exemplo, corretamente desenvolvida e exercida, constitui preciosa faculdade que proporciona meios e modos de nos relacionarmos com os seres que vivem na dimensão póstuma. A vidência mediúnica nada tem de alucinatória, no sentido de que o vidente esteja percebendo a presença de gente que não existe – está apenas vendo gente, coisas e fenômenos que outras pessoas não têm sensibilidade suficiente para perceber.

Por mais de uma vez, Germano se mostrara inquieto e parecia ver coisas. Em 15 de dezembro de 1990, bastante agitado, pedia a todos que tivessem cuidado com o *caixão*, "palavra agora bem pronunciada e que nunca fora ouvida antes com tanta clareza" – comenta o autor (p. 141). Está, evidentemente, preocupado com a possibilidade de um acontecimento desastroso, pois recomenda a todos que tenham cuidado com as tomadas elétricas e menciona a existência de uma bomba nas imediações.

Não vejo suas supostas alucinações como produzidas por delírios. Suas emoções e sua agitação emprestam autenticidade ao que declara ver. Estaria revivendo alguma experiência extremamente traumática do passado? Bombardeio? Ataque por meio de gazes mortais? Alguém morrera? Quem? Onde? Quando? Como? Por quê?

Em plena crise, chegou o dr. Heron, pessoa que desenvolveu um bom relacionamento com o menino. Conversaram por algum tempo. Em seguida, o doutor recomendou que levassem Germano a uma clínica e o apresentassem ao dr. Ângelo. "Digam a ele" – acrescentou – "que *Germano saiu do estado autístico*" (Destaque no original, p.142). Perplexos, os pais pedem-lhe que repita, por favor. "Digam a ele" – reitera Heron – "que *Germano saiu do estado autístico*. Ele sabe o que fazer."

As surpresas se sucedem. O menino, relativamente calmo, passou a uma desusada hiperatividade. Sem muito êxito, esforçava-se por falar. O 'autismo' da agitação das mãos havia cessado. Parecia aflito por recuperar tempo perdido. Começava a manifestar interesse pelo mundo à sua volta, pegava objetos e vinha perguntar o que era aquilo e esforçava-se por repetir o nome. Passou a selecionar as músicas que queria ouvir e até a tomar banho espontaneamente. O problema, contudo, era sua agitação. Apesar de não ter mais sossego (hiperatividade), não demonstrava o menor cansaço. Passou três noites sem dormir. Mexia-se sem parar na cama, olhos abertos, bem desperto.

A radical alteração fora disparada por um episódio aparentemente banal. Germano andava pelo quintal, quando chegou à casinha de Catita, a cachorra de sua avó e que acabara de ter cria. Não se sabe ao certo o que se passou. Provavelmente ele tentou pegar um filhote ao colo e a cadela não concordou. Seja como for, Catita o atacou e, em lugar de fugir, Germano agarrou um pedaço de pau para se defender e enfrentou o animal. O confronto foi evitado pela oportuna intervenção do avô.

Foi a partir daquele incidente que o comportamento de Germano mudou radicalmente.

Mas o que, realmente, significava essa mudança e que medidas teriam de ser tomadas daí em diante? Salvador procurou tais respostas junto do que qualifica "uma das eminências afetas ao caso e que já tinha trabalhado com Germano". (p. 154). "E agora, doutor?" – foi a pergunta. "Ele levantou as mãos" – escreve Salvador –, "fazendo um gesto de surpresa, como quem está num beco sem saída".

Em suma, não sabia o que fazer. Limitou-se a desejar felicidade e estimulou o casal a dar continuidade ao trabalho que vinha fazendo com ele. Depreende-se do relato que, sem deixar de recorrer aos especialistas, o casal desenvolvia um trabalho, diríamos, artesanal, doméstico, mais voltado para impulsos intuitivos e de amor, do que para medicamentos e técnicas porventura recomendadas pelos profissionais consultados. Haviam criado – como está escrito à página 101 – seus próprios métodos de tratamento, em paralelo com as recomendações dos especialistas.

Certa vez, Salvador teve a rara oportunidade de assistir, em Porto Alegre, a uma palestra do famoso dr. Edward Ritvo, autoridade de projeção internacional em autismo. Embora o evento fosse, por óbvias razões, reservado a profissionais da saúde mental, Nilton Salvador decidiu ir ouvi-lo.

Armou-se da coragem necessária, adotou a postura mais convincente possível de um 'cientista' de ficção: "óculos e cabelo comprido, todo despenteado" (p. 116), e lá se foi. "Seja o que Deus quiser", pensou. Entrou sem fixar a recepcionista posta ali para encaminhar os participantes, assinou o livro de presença e se acomodou na terceira fila de poltronas. Toda a parafernália estava montada e pronta para entrar em ação – retroprojetor, tela, vídeo, microfones, gravadores. O dr. Ritvo entrou solenemente, "acompanhado de séquito, intérprete, tudo com pompa e circunstância" – descreve Salvador (p. 116). "Coisa de Primeiro Mundo", conclui.

A palestra começou rigorosamente no horário previsto e foi ouvida com atenção e interesse. Seguiu-se um espaço para perguntas. As perguntas, no dizer de Salvador, eram as previsíveis, abordando os aspectos já conhecidos e estudados. Nada de novo.

Enchendo-se de coragem, Salvador levantou a mão e formulou sua consulta. Disse ter um paciente autista diagnosticado. O menino tinha doze anos de idade, vinha sendo tratado há dez anos e passara pelas fases que o eminente professor acabara de descrever na sua palestra. O paciente já falava alguma coisa e tinha controle motor. Demonstrava aguda inteligência e memória fotográfica, embora não soubesse ler. Detalhe: nunca fizera qualquer tratamento com drogas. Pouco ou nada se sabia da etiologia do autismo.

Feito esse preâmbulo, que o tradutor ia vertendo para entendimento do dr. Ritvo, Salvador despachou suas perguntas. Primeira: "O senhor conhece algum caso de cura?" Segunda: "Posso ter a pretensão de conseguir a cura do meu paciente?"

O famoso pesquisador respondeu dizendo que o progresso na terapia do autismo "faz parte de um trabalho que, consciente e integrativo, foi desenvolvido da melhor forma possível com o decorrer do tempo" (p. 118). Continuou a discorrer sobre o tema e encerrou com uma espécie de desafio, que Salvador prefere caracterizar como profecia: "Se o senhor conseguir a cura do seu paciente" – declarou – "avise-me. Terei muito prazer de fazer as conclusões definitivas. Nesse momento, dividiremos o Prêmio Nobel de Medicina. Obrigado."

Há algum tempo um amigo lhe dissera que Germano vivia numa redoma. A muito custo e com devotamento incansável, mãe e pai haviam conseguido que o menino aceitasse dar uma espiada no mundo do lado de cá. Cauteloso, porém, ele ainda ficou como que parado à soleira da porta, com um pé lá dentro do seu universo pessoal. Esse amigo achava que, no momento do susto com a cachorra, "alguma coisa que estava separada na mente de Germano se ligou" (p. 155). A partir daquele episódio, Germano teria decidido "atravessar a porta que servia de passagem para o nosso mundo". Deve ter gostado, porque "resolveu ficar por aqui".

As melhoras foram sendo consolidadas e ampliadas. Germano aprendia com facilidade, o vocabulário se expandia e ele se esforçava por corrigir suas deficiências, aceitando com um sorriso, as correções, sempre formuladas em tom amoroso.

Nesse ínterim, o casal teve mais um filho. Chamou-se Lucca. Não se concretizou a temida expectativa de uma rejeição ao irmão por parte de Germano. Pelo contrário, revelou-se muito feliz com a chegada do novo membro da família.

> Lucca, o mais novo – escreve Salvador (p. 171) – é forte e sadio. Isabel sempre repete que ele veio para baixar a crista de todos em casa. É o mandão. Germano nutre grande carinho pelo irmão, tratando-o com ternura e cuidados delicados. Quem sabe, Lucca é o companheiro que ele tanto esperou. Com certeza o tempo não o decepcionará.

É possível que seja o companheiro que teria ficado para trás, do outro lado da vida. Não seria surpresa para mim, se ele fosse uma daquelas entidades que Germano via, às vezes, nas suas chamadas alucinações. Já que estamos fantasiando, poderia ter sido até aquele companheiro querido que outrora – não se sabe onde, nem quando – fora metido num caixão depois que a bomba explodiu.

# ONZE

# Ilhas de sabedoria e genialidade

Vimos, pela resposta do dr. Edward Ritvo ao jornalista Nilton Salvador, que a cura do autismo continua sendo apenas uma esperança, potencialmente tão significativa, porém, que poderá levar os que a descobrirem ao pódio internacional do Prêmio Nobel. Estou convencido de que tal esperança somente poderá ser ativada a partir do momento em que considerar no modelo clínico o componente da realidade espiritual.

Antes de um balanço conclusivo, julguei conveniente trazer para a nossa discussão o iluminativo estudo do dr. Darold A. Treffert, em *Extraordinary people – understanding savant syndrome*. O dr. Treffert, autoridade mundial no assunto, foi o consultor técnico escolhido pela indústria americana do cinema ao produzir o notável filme intitulado *The rain man*, com Dustin Hoffman, em antológico papel, e Tom Cruise.

O dr. Treffert nada tem do cientista frio e impessoal que tende a lidar com gente como se fossem meras fichas de cadastro ou arquivos de computador. Sente-se, no seu livro, o toque humano, o calor da solidariedade, desde a dedicatória colocada no pórtico de sua obra e que está assim redigida: "Este livro acerca de extraordinárias pessoas com as quais tive o privilégio de trabalhar, é dedicado às pessoas especiais com as quais tive o privilégio de conviver."

Lê-se, ainda, na introdução, que as histórias contadas no livro "não são apenas casos de estranhas funções e estranhos circuitos cerebrais, mas, também, histórias de amor, calor humano, fé, incrível perseverança e infatigável determinação" (p. 4).

Os *savants*, para o dr. Treffert,

> (...) são gênios, sem dúvida alguma, paradoxos de deficiência e brilhantismo. Se nos dedicarmos a estudá-los cuidadosamente, eles podem nos passar alguns indícios sobre o gênio que reside, acredito eu, dentro de cada um de nós.

Antes de prosseguir, vamos conversar um pouco acerca da terminologia.

Estamos falando em *idiot-savant* antes de explicar direito o que isso significa. Trata-se de uma expressão francesa que se traduz como *sábio idiota*. Lemos no livro do dr. Treffert (p. 2) que a expressão foi proposta pelo dr. J. Langdon Down – cujo nome ficou ligado à Síndrome de Down –, de Londres, no século XIX. O termo 'idiota' não tinha àquela época, a conotação negativa que hoje lhe é atribuída. A idiotia caracterizava, dos pontos de vista médico e psicológico, por baixo nível de funcionamento intelectual – quociente de inteligência (Q.I.) inferior a vinte e cinco. O dr. Down foi um pioneiro no estudo de tais pessoas que, embora marcadas por severas deficiências mentais, apresentavam surpreendentes faculdades e conhecimentos espantosos.

A terminologia foi aceita e não se cogitou mais de mudá-la, ainda que o sentido da palavra idiota tenha sido substancialmente alterado. O dr. Treffert adotou a expressão *Síndrome de Savant* para caracterizar a condição mental daqueles que ele coloca na categoria de "pessoas extraordinárias", o que realmente são.

O fenômeno das "ilhas de inteligência" – ensina o dr. Treffert (p. 7) – era observado com frequência em pacientes autistas.

A referência ao autismo é pertinente. Praticamente não se distinguia o autismo da Síndrome de Savant. Acho até que vale trazer para aqui o texto em que o dr. Treffert descreve essa condição, dado que se aplica, palavra por palavra, ao autismo:

> Elas [as crianças afetadas pela SS] eram profundamente retraídas, pareciam completamente preocupadas e manifestavam intenso desejo pela mesmice. Eram mudas ou dotadas de uma linguagem inútil para comunicação interpessoal, consistindo apenas no emprego peculiar de pronomes, neologismos e metáforas. Pareciam viver num mundo próprio. Não respondiam quando alguém se dirigisse a elas e pareciam olhar através das pessoas e não para as pessoas. À primeira vista você pensaria que eram surdas.

Confundiam-se, portanto, autistas e *savants* na categoria que o dr. Leo Kanner rotulou de autismo infantil, em 1944. Os trabalhos do dr. Treffert e de outros pesquisadores reclassificaram os *savants*, facilitando o estudo de ambas as categorias separadamente. De certa maneira, contudo, elas guardam algumas características em comum.

Coerente com a tendência contemporânea, Treffert entende autismo e SS como condições de natureza biológica e não psicológica. Lembra mesmo a "horrendamente equivocada teoria" da "mãe-geladeira", que durante algumas décadas prevaleceu como explicação para a gênese do autismo.

Metódico como todo bom cientista, o dr. Treffert escreve um módulo (pp. 15-19) exclusivamente para discutir sua terminologia e definir a Síndrome de Savant, antes de passar à dissertação em si. Precisamos, contudo, estar atentos ao tamanho deste livro que pretende apenas oferecer uma visão panorâmica da questão. Leitores e leitoras interessados terão de recorrer ao livro do doutor. Asseguro-lhes que não perderão seu tempo.

Não menos fascinante é a leitura do capítulo primeiro, adequadamente intitulado "Gênios entre nós", no qual o autor oferece resumos de alguns casos mais conhecidos na história da SS.

Um deles foi James Henry Pullen, surdo e mudo, que passou, em total isolamento, sessenta e seis anos de sua vida no Asilo de Earlswood, para o qual foi recolhido aos quinze anos de idade e onde morreu em 1916.

Sem nunca haver estudado arte, revelou sua genialidade em desenhos, esculturas e nas notáveis peças de marcenaria que era capaz de produzir. Deram-lhe uma oficina e, mais tarde, outra. Ali ele trabalhava da manhã à noite, todos os dias. Depois de recolhido ao quarto de dormir, continuava a produzir desenhos. Um deles agradou à rainha, que lhe mandou, em retribuição, um presente. Também o príncipe de Gales – futuro Edward VI – manifestou profundo interesse por aquele homem singular e mandou-lhe peças de marfim, a fim de que ele esculpisse nelas suas maravilhosas criações.

Aos trinta e cinco anos de idade, Pullen começou a trabalhar na sua obra-prima – um navio, antiga paixão, desde a infância. Deu-lhe o nome de *The great eastern*, para o qual tudo foi previamente desenhado, até os parafusos – mais de um milhão deles. O navio media dez pés de comprimento (pouco mais de três metros), tinha 5.585 rebites e treze barcos salva-vidas. As sete cabines eram decoradas e mobiliadas com cadeiras, beliches e mesas. O convés era removível, para que se pudesse ver o navio por dentro, nos seus mínimos detalhes. Sete anos foram consumidos na confecção da prodigiosa obra de arte. Levada à Exposição da Pesca, em 1883, conquistou, merecidamente, o primeiro prêmio.

Pullen foi sempre um sujeito estranho. Conseguiu aprender algumas palavras, mas nunca a ler e escrever. Não admitia conselhos ou sugestões, desconfiava de pessoas estranhas e se mostrava, às vezes, temperamental e violento. Nos documentos do asilo, era tido como "o supra-sumo do convencimento". Era egocêntrico, fanfarrão e se considerava "muito talentoso", e "maravilhoso". Com toda razão, aliás.

O dr. F. Sano, após detalhada autópsia no cérebro de Pullen, concluiu dizendo que, além do que ali viu, qualquer explicação adicional acerca da personalidade de Pullen "não seria encontrável nas circunvoluções cerebrais". Exemplo, esse, de texto que esconde mais do que ficou revelado.

Embora pendendo para o lado materialista da ciência, o dr. Sano me autoriza a supor que talvez estivesse pensando naquele vago e estranho componente do ser humano que algumas pessoas chamam de alma, ou espírito – eu, por exemplo. Na verdade, o cérebro de Pullen não era espetacularmente diferente da média humana. O gênio surdo-mudo tinha uma arteriosclerose – nada incomum na sua idade –, o corpo caloso – ligação entre os hemisférios – era ligeiramente maior do que a norma. O bom estado geral do cérebro de notaba nele um adequado sistema de comunicação entre os hemisférios e uma bem desenvolvida capacidade

Diz o dr. Treffert, em outras palavras, que Pullen, como tantos outros *savants*, foi um "paradoxo de talento e deficiência". "Ele foi original, único de sua espécie, não será duplicado tão cedo" (p. 36).

O fichário científico internacional dos casos de SS guarda uma das mais impressionantes documentações acerca dos prodígios e enigmas do psiquismo humano.

Veja este, por exemplo.

Certo coronel Bethune comprou de Perry Oliver, na Georgia, Estados Unidos, em 1850, uma escrava negra. O décimo quarto filho da mulher entrou de graça na transação. Era completamente cego, considerado inútil e, portanto, sem valor comercial. Deram-lhe o nome de Thomas Greene Bethune.

Era permitido ao Blind Tom (Cego Tom) – como o chamavam – vagar pelos aposentos da ampla mansão da fazenda do coronel. O menino mostrou logo seu fascínio pelos sons – a chuva, o ruído das engenhocas de beneficiar milho, mas, principalmente, música. Quando as filhas de seu proprietário tocavam piano, ele acompanhava os ritmos com movimentos corporais. "A não ser, aliás, o interesse pela música, ele não falava, mal podia andar e não exibia sinal algum de inteligência" – escreve Treffert (p. 38). No entanto, desde os 4 anos de idade, se o pegavam de onde estivesse, largado em algum canto, e o pusessem ao piano, ele tocava belas melodias, com os dedinhos ainda inadequados.

Envolvido nos seus afazeres, o coronel ignorava as curiosas faculdades do diminuto escravo cego, que lhe viera de 'bonificação' com a compra da mãe. Certa noite, contudo, já tarde, ouviu que alguém tocava piano na sala mergulhada na escuridão. Pensando que fosse uma das filhas – estranho àquela hora da noite –, o coronel desceu as escadarias e lá estava Blind Tom tocando, sem erro, uma sonata de Mozart. Aprendera-a só de ouvi-la tocar por uma das meninas.

O talento foi-se desenvolvendo de maneira surpreendente. Tom era capaz de tocar uma peça complexa, em todos os detalhes, sem errar após ouvi-la apenas uma vez. Aos seis anos, além de tocar música alheia, começou a improvisar suas próprias criações. O coronel contratou músicos profissionais para tocarem para o menino, a fim de que ele ampliasse o repertório.

Sua fama difundiu-se, despertou o interesse da imprensa e, aos sete anos, Tom deu seu primeiro recital público, um sucesso sem precedentes.

Em poucos anos, tinha na sua prodigiosa memória – tocava apenas aquilo que havia escutado – um repertório de cerca de cinco mil peças: Beethoven, Mendelssohn, Bach, Chopin, Verdi, Rossini, Donizetti, Meyerbeer e tantos outros, além das que ele improvisava.

O coronel descobriu que tinha nas mãos uma verdadeira mina de ouro. A fazenda deixou de ser sua prioridade. Deu início a uma série interminável de recitais. Tom tocava quase que diariamente, para plateias fascinadas. Só no primeiro ano o menino 'inútil' rendeu – ao seu proprietário, naturalmente – a incrível quantia para a época de cem mil dólares!

Tom era capaz, ainda, de reproduzir um discurso decorado, de quinze minutos, sem perder uma sílaba e sem saber, obviamente, o que estava dizendo. O mesmo acontecia com canções em francês ou alemão, que cantava após ouvi-las uma única vez.

Aos onze anos de idade, Tom deu um recital na Casa Branca, para o presidente James Buchanan. Certa de que havia alguma trapaça em tudo aquilo e que o coronel e o menino haviam enganado o presidente, uma comissão de músicos testou o pianista escravo, no dia seguinte, no hotel. Tom tocou duas longas peças novas que acabara de ouvir.

Em 1862, realizou outra proeza inacreditável. Deram-lhe a partitura original de quatorze páginas de uma composição inédita, pedindo-lhe que acompanhasse, em *secondo*, o próprio compositor, que tocaria os agudos. Como Tom não podia ler a partitura por ser cego, tinha de improvisar sua parte, o que ele fez com perfeição, do princípio ao fim. Não satisfeito com a façanha, empurrou delicadamente o compositor para fora da banqueta e tocou – melhor do que ele, naturalmente –, a primeira parte que acabara de ouvir.

A carreira pública de Tom encerrou-se aos cinquenta e três anos de idade, quando morreu o coronel Bethune. Tornara-se tão dependente do dono que não quis mais tocar piano e, no dizer de um documento da época, "afundou num sombrio e beligerante estado de espírito", do qual não mais se recuperaria. Morreu em 1908, solitário e abandonado.

O dr. Treffert comenta que, a julgar-se por Blind Tom e tantos outros talentos musicais entre os *savants*, estava com a razão o dr. A. F. Tredgold ao dizer que aquelas sofridas criaturas teriam uma tendência especial para a genialidade musical.

Treffert convoca ainda o depoimento do dr. Ireland, segundo o qual

> (...) a capacidade para o desempenho musical às vezes burla a insanidade; parece-me – continua Ireland, apud Treffert (p. 41) – que essa faculdade esteja localizada em ambos os lados do cérebro e que pode até sobreviver a profundas lesões cerebrais, que tenham prejudicado ou destruído capacidades mentais mais complexas.

Como se pode ver (e rever) a ênfase na avaliação de toda a fenomenologia mental foi e continua sendo pesadamente materialista, ou, mais precisamente, biológica, orgânica, como se pensamento, inteligência, memória, emoção, capacidades fossem invariavelmente geradas nos circuitos cerebrais, quando apenas circulam por eles. O que têm de notável esses casos está em que, mesmo operando sistemas neurológicos danificados e deficientes, pessoas como Pullen ou Tom e tantas outras são capazes de produzir espantosas evidências de genialidade. Usei a palavra *pessoas*, por ser essa a terminologia habitual de leitores e leitoras, mas a palavra correta ali é *espírito*, e mais: espírito reencarnante.

Como explicar de outra maneira o mecanismo psíquico de um menino cego de quatro anos de idade, capaz de tocar de cor, após tê-la ouvido uma única vez, uma sonata de Mozart?

Ao comentar, mais adiante, no seu livro, o caso de S. (pp. 46-48), o dr. Treffert informa que a criança nasceu sadia em família sem nenhum antecedente de deficiência mental. Os pais tinham ambos formação universitária e nenhuma propensão musical. O menino contraiu uma encefalite epidêmica que produziu nele irrecuperável lesão cerebral. Já adulto, seu comportamento era errático, compulsivo, letárgico e preguiçoso; sob muitos aspectos, infantil e excêntrico. Fazia caretas, conversava com espelhos (ou consigo mesmo?), beijava objetos e os equilibrava na cabeça. Salvou-se, nesse caos mental, incrível capacidade de memorizar fatos e textos, bem como extraordinário talento musical. Tocou piano em excelentes orquestras de câmara e em conjuntos musicais.

Apesar de razoável entendimento de teoria musical – comenta Treffert (p. 47) – S. não sabia como explicar esse conhecimento. E quem o saberia, a não ser recorrendo à doutrina das vidas sucessivas, segundo a qual o conhecimento pode 'transbordar' de uma existência para outra ou outras?

> Como tantos outros *savants* – comenta Treffert – de alguma forma, S. incorporou inconscientemente as leis da música, sem nenhuma condição real para usá-las ou explicá-las, cognitivamente ou conscientemente.

O que seria, no entanto, "incorporar inconscientemente as leis da música"? A expressão é até válida e verdadeira, mas somente se torna inteligível se admitirmos que os conhecimentos que os *savants* revelam foram adquiridos em vivências anteriores. Ficaram documentados nos arquivos secretos do inconsciente e, de alguma forma, conseguiram romper as barreiras e 'vazar', mesmo através de mecanismos neurológicos deficientes.

S. foi estudado pelos drs. Anastasi e Levee, que publicaram sobre ele um relato circunstanciado no *American Journal of Mental Deficiency*, número 64, pp. 695-703, 1960, sob o título "*Intellectual defect and musical talent: a case report*". Após meticuloso estudo do caso em si e consulta a toda a literatura disponível à época acerca dos *savants* musicais, os autores oferecem a conclusão de que nenhuma teoria até então formulada era capaz de explicar o fenômeno e nem ao próprio S., que continuava sendo um enigma. Modestamente, os autores, no dizer do dr. Treffert (p. 48), se declararam dispostos a aguardar futuras pesquisas sobre a fascinante temática dos *savants* musicais.

São muitos os casos que o dr. Treffert apresenta no seu notável livro. Estou trazendo apenas alguns, escolhidos aleatoriamente, a fim de mostrar outros tipos de talento que não os estritamente musicais.

Se nos encantam os geniais músicos de Q.I. 23, como S., espantam-nos os *savants* calculadores, que parecem saber tudo sobre calendários. George e Charles, gêmeos idênticos, são dotados dessa estranha faculdade. Eles são capazes de dizer o dia da semana que caiu ou irá cair em qualquer data que você lhes der numa faixa de oitenta mil anos, quarenta mil no passado e quarenta mil no futuro. Se você lhes perguntar em que anos, nos próximos duzentos o domingo de Páscoa cairá no dia 23 de março, a resposta será imediata, mais rápida do que um computador. São capazes de dizer qual era o clima de qualquer dia de suas existências, mas, como acrescenta Treffert, não se lembrarão mais do seu nome, quando você for embora, ao cabo de uma curta visita. Incapazes de contar até trinta, divertem-se trocando números primos de vinte dígitos. Podem lembrar-se de qualquer número de trinta dígitos, embora não saibam somar duas parcelas.

Nascidos prematuros, por cesariana, eram, na realidade, triplos, George, Charles e uma menina, que morreu doze horas depois do parto. Os meninos apresentavam alguns autismos típicos – bater com a cabeça nas paredes, morder as mãos e praticar atos destrutivos. Aos vinte e quatro anos de idade, os Q.I. deles ficavam entre 60 e 70. Um teste anterior havia avaliado os Q.I. entre 40 e 50.

Eles diziam 'ver' o número desejado na mente, mas não tinham a menor ideia de como chegavam aos resultados. "Está na minha cabeça e eu faço" – explicou George a alguém que lhe perguntara como fazia aquilo. Perguntaram-lhe, a seguir, quando nascera George Washington e eles responderam prontamente: 22 de fevereiro de 1732. E se ele estivesse vivo no ano 2000, quantos anos teria? A resposta veio em oito segundos: 268 anos.

Oliver Sacks, que também os examinou, mostrou-se perplexo com a capacidade dos gêmeos. Na presença de Sacks, uma caixa de fósforos despejou-se da mesa ao chão. Os dois disseram, ao mesmo tempo: cento e onze. Contados posteriormente para conferir, foram realmente encontrados cento e onze palitos de fósforos. Curiosamente, ambos explicaram como foi que 'contaram' os palitos em movimento. Muito simples: eram três grupos de trinta e sete. Outra vez, ao mesmo tempo, eles disseram: "trinta e sete, trinta e sete, trinta e sete". No entanto, se você lhes perguntasse quanto eram três vezes seis, provavelmente diriam que são oito.

Sacks acompanhou, por algum tempo, o caso dos irmãos e escreveu um texto de atualização para o seu artigo original sobre eles. O problema que se colocava foi o seguinte. Deveriam ser deixados com suas incríveis faculdades ou deveriam ser ensinados e treinados para viver independentemente suas próprias vidas? Sacks apresenta, segundo o dr. Treffert, um balanço e deixa com o leitor a decisão quanto à grande questão: valeu a pena? Minha resposta, se tivesse de dá-la, seria *não, não valeu*.

Foi assim. Separaram os gêmeos, supostamente "para o bem de ambos". Era necessário interromper aquela "doentia convivência", a fim de que cada um deles pudesse, separadamente, "sair para enfrentar o mundo... de modo apropriado e socialmente aceitável", "conforme o jargão médico e sociológico da época", comenta Saks.

A separação quebrou o encanto, sufocou a magia, evidentemente sustentada pelo estímulo do próprio relacionamento entre os dois gêmeos. Conseguiram, com o tempo, assumir, sob atenta supervisão, tarefas humildes para ganhar uns trocados. Aprenderam a viajar de ônibus, desde que informados precisamente quais deveriam tomar e com a ficha já nas mãos. Conservavam-se razoavelmente apresentáveis e limpos, mas a impressão geral que passavam a um simples olhar era a de psicóticos e retardados. Sem comunicação entre si, desapareceu o fantástico poder de manipular calendários, o que lhes proporcionara inocente prazer e alegria. "Isso, contudo" – comenta Saks (*apud* Treffert, p.65) – "é considerado um baixo preço a pagar, sem dúvida, por terem se tornado quase independentes e 'socialmente aceitáveis'."

Retomaremos, mais adiante, neste livro, a discussão do angustiante dilema entre manter os *savants* tais como são ou forçar mudanças para as quais eles não se revelam preparados.

Em alguns casos, alterações como as que foram impostas a George e Charles revelam-se impensáveis. É o exemplo de uma pessoa de Q.I. 8 (oito)! Nascido em família sadia – três irmãos normais –, teve, ao que parece, uma grave encefalite, que o paralisou irremediavelmente. Não aprendeu a falar. Sua única palavra era algo que soava como "bâ" (*buh*, em inglês), para designar garrafa (*bottle*). No mais, conseguia fazer um pequeno movimento no lábio superior para 'dizer' *não* e esboçar um leve sorriso que significava 'sim'.

Nascido em 1916, tinha vinte e sete anos quando estudado por A. Dudley Roberts. Era capaz de mencionar qual o dia da semana, de 1915 até o seu presente. Respondia negando ou confirmando os dias que lhe iam sendo ditos: foi uma segunda-feira? uma terça? etc.

Também para este caso, as 'explicações' foram meramente especulativas. A capacidade de trabalhar mentalmente com o calendário continuou sendo um mistério, comenta o dr. Treffert (p. 68), "como alguma espécie de habilidade primitiva ou inata".

Costumo dizer que 'inata' constitui uma boa palavra para a situação. Tais capacidades 'nascem' com a pessoa. O que significa que não dependeram de qualquer aprendizado *na presente existência*. Vem, portanto, de trás. Em algum ponto do passado, aquilo deve ter sido, necessariamente, aprendido. É conhecimento adquirido e não simplesmente surgido de modo inexplicável nos circuitos neurológicos da criatura. Na memória só se encontra o que lá foi depositado, ainda que sem passar pelos mecanismos conscientes da vigília. Aristóteles não sabia que o conhecimento viaja também por vias extrasensoriais, quando postulou que tudo quanto vai à mente passa pelos sentidos. Embora muita gente não se tenha dado conta disso, o dr. J. B. Rhine derrubou essa teoria que durou quase dois milênios e meio.

Na busca de um consenso entre as muitas hipóteses imaginadas para explicar os enigmáticos recursos mentais demonstrados pelos calculadores de calendário, o dr. Treffert opina (p. 78) que, pelo menos para alguns deles, "o mecanismo é a memória e somente memória". Têm eles e elas incrível capacidade de memorização, mesmo trabalhando com verdadeiras montanhas áridas de dados, como catálogos telefônicos, tabelas de horário de trens, linhas de ônibus, informações meteorológicas e coisas desse tipo. Parece que a pessoa – tão limitada em todas as suas demais capacidades – deseja demonstrar que a chama da inteligência e da memória – e, portanto, da vida – continua acesa e atuante em algum ponto do seu psiquismo. Às vezes são de tal modo limitados que apenas conseguem responder 'sim' e 'não', como vimos. No caso dos talentos musicais, revelam inexplicável capacidade para construir aquilo a que o doutor chama de "algoritmos inconscientes".

Aurélio ensina que algoritmo é um "processo de cálculo, *ou de resolução de um grupo de problemas semelhantes*, em que se estipulam, com generalidade e sem restrições, regras formais para obtenção do resultado, ou da solução do problema". (O destaque em itálicos é meu.) Em outras palavras: o calculador mental ou o músico *savant*, embora sem conhecerem qualquer regra ou fórmula matemática ou de teoria musical, são capazes de emergir, em poucos minutos e até segundos, com a solução correta para a peça musical ou para o problema que lhes seja proposto.

Bom exemplo disto é o de um prodigioso calculador que figura em relato de autoria do dr. Harold Ellis Jones, da Universidade de Columbia, apenas com a inicial K.

Aos trinta e oito anos de idade, K. tinha a idade mental de onze anos e dez meses apenas, ou seja, um baixíssimo QI. Seu vocabulário era de apenas cinquenta e oito palavras, pronunciadas com evidente dificuldade. Começou contando as mastigadas nos alimentos que ingeria, ou o número de passos que dava pela casa, nas suas tarefas diárias. Alguém lhe sugeriu que ele poderia tornar-se um "artista da memória" se decorasse o censo demográfico americano de 1910 para cidades de mais de dois mil habitantes.

Ele conseguiu realizar a façanha em três semanas, trabalhando seis a oito horas por dia. Daí, partiu para tarefas mais complexas, como memorizar nome, número de quartos e localização de dois mil dos principais hotéis nos Estados Unidos, bem como distâncias entre diferentes cidades americanas.

Até aí a tarefa consistiu em alimentar a memória de seu "computador mental". Como explicar, porém, as proezas subsequentes? Esta, por exemplo: deram-lhe o número 4.836.179.621, que ele estudou cuidadosamente durante trinta e cinco segundos. Quatro horas depois, perguntado, repetiu corretamente o número. A explicação era simples (pelo menos para ele). Ele dividira o número da seguinte maneira 4.836.179.621. Lembrar-se-ia do 4 por causa do 4 de julho, data da Independência dos Estados Unidos. Do 836 ele se lembraria com facilidade, sem nenhum artifício especial, mas se isto fosse necessário, ele se lembraria, de qualquer modo, porque 836 era o número de chineses que havia no Texas em 1910 e isso ele jamais esqueceria. O 179 era fácil porque correspondia ao número de milhas entre Nova York e Harrisburg e o 621 era o número de uma casa que ele conhecia em Denver, no Colorado. Muito simples, mesmo!

Quanto ao número 30249385274 também não oferecia a menor dificuldade. 30 é o número de dias de um mês. No 249 bastava trocar o 2 pelo 1 que seria a distância entre Chicago e Peoria, no Illinois. O 385, fácil, fácil – certa vez ele pagara US$ 3,85 (três dólares e oitenta e cinco centavos) por uma passagem de trem de Cheyenne a Wheatlands, no Wyoming. Quanto ao 274 ele colocara um 6 postiço na frente para se lembrar de 6274, o número de assentos no hipódromo local.

Essa maneira de memorizar era o seu algoritmo pessoal, sua fórmula mágica. O resto era com a memória. Bastava arquivar tudo lá meticulosamente. Tinha maior facilidade de memorização quando via o número escrito (memória visual?) e, melhor ainda, quando ele próprio o escrevia três ou quatro vezes para se certificar de que não o esqueceria mais. Uma vez por ano, fazia uma revisão geral nos seus arquivos mnemônicos, recorrendo às anotações que conservava em cadernos.

O método de K. tinha, portanto, uma participação consciente de dados memorizados, mas a metodologia da busca era criação sua, consistindo sua fórmula em estabelecer associações com informações armazenadas na sua prodigiosa memória.

Já o mesmo não se pode dizer de Thomas Fuller, no qual o processo era totalmente inconsciente. Fuller nascera na África, em 1710, e aos quatorze anos foi trazido, como escravo, para a Virginia, nos Estados Unidos. Não há informações precisas sobre ele, tais como Q.I. – cuja metodologia ainda não havia sido criada. Escolaridade, nenhuma.

Ainda em criança, aprendeu a contar até cem. Algum tempo depois, contou os pelos na cauda de uma vaca. Eram 2872. Não se sabe quem teria conferido esse dado. Passou a contar os grãos de trigo ou de linhaça num alqueire (medida de capacidade correspondente a cerca de trinta e cinco litros nos Estados Unidos e trinta e seis, na Inglaterra).

Em 1788, em experiência controlada, três problemas foram propostos a Fuller. *Primeiro*: quantos segundos há em um ano e meio? Ele precisou de dois minutos para encontrar a resposta: 47.304.000 segundos. Com a segunda questão queriam seus examinadores saber quantos segundos teria vivido uma pessoa com setenta anos, dezessete dias e doze horas de idade. Fuller respondeu em noventa segundos que eram 2.210.500.800. Um dos presentes declarou errada a resposta. O velho escravo 'ignorante' comentou calmamente que o 'sinhô' havia se esquecido dos anos bissextos. O terceiro problema tinha muito a ver com a atividade do incrível escravo africano. Se um criador tivesse seis porcas e cada uma delas produzisse seis leitoas no primeiro ano e assim, sucessivamente, durante oito anos, quantos animais haveria? Fuller precisou de dez minutos para calcular este. Seriam 34.588.806 porcas.

O caso foi estudado pelo dr. Benjamin Rush, considerado o pai da psiquiatria americana, eminente patriota e um dos signatários da veneranda Declaração da Independência. O relato consta de uma longa carta que ele escreveu, em 1789, à Sociedade para Abolição da Escravidão, da Pennsylvania.

Fuller morreu em 1790, aos oitenta anos de idade, ainda analfabeto, a despeito de sua fantástica capacidade de calculador mental. E me pergunto: Como ficam os racistas e aqueles que não acreditam na realidade das vidas sucessivas? Fuller levou para a dimensão póstuma seu mágico algoritmo inconsciente e suas inexplicadas capacidades mentais soterradas na suposta 'ignorância' de um pobre negro escravo, analfabeto e, ao mesmo tempo, genial.

Os calculadores de calendário, na opinião do dr. Treffert (p. 79), parece apossarem-se de um algoritmo ou fórmula específica só de ficarem estudando calendários perpétuos. Não têm a menor ideia consciente, contudo, do que seja uma fórmula matemática, nem sabem que isso possa existir. O mesmo se pode dizer, acho eu, dos músicos intuitivos que, de repente, parece conhecerem técnicas de memorização, interpretação e até complexas regras de composição que, aparentemente, nunca lhes foram ensinadas.

Os calculadores – comenta Treffert –

> não teriam nem como começar o aprendizado de cálculo de calendário se nem sabem conscientemente como calcular datas, porque não sabem calcular nada, nem mesmo somar e subtrair.

Treffert entende não se tratar aqui de um tipo singular de concentração ou de uma compensação pela incapacidade de aprender, mas, sim, de uma condição especial, baseada num circuito neurológico também especial. Ainda na sua abalizada opinião, "certo tipo peculiar de memória constitui condição nuclear para a espantosa e enigmática faculdade dos calculadores de calendário e outros *savants*" (p. 79).

Isso nos leva à impressão de que talentos, capacidades e, portanto, conhecimentos, arquivados na memória inconsciente do ser – a da individualidade – conseguem, através de ignorados circuitos cerebrais, contornar as deficiências neurológicas usuais, abrindo atalhos e vias alternativas, a fim de se expressarem como que através de desconhecidas frestas mentais. Com toda razão, Treffert deposita, no estudo mais aprofundado dos autistas e dos *savants*, esperanças de uma futura compreensão mais nítida dos mecanismos da mente em geral e da genialidade em particular.

"Os *savants*" – escreve (p. 130) – "são gênios com os quais convivemos." E, mais adiante: "Eles podem nos ensinar mais, estou convencido disso. Se pudermos entendê-los melhor, melhor entenderemos a nós mesmos."

Depoimentos e dissertações de especialistas que trabalham com a técnica da regressão de memória trazem convincentes evidências da incrível capacidade de arquivamento do ser humano. Uma vez registrado nesses arquivos indeléveis, qualquer evento, por mais irrelevante que possa parecer, permanece lá, aparentemente para sempre. Pessoas regredidas no tempo são capazes de lembrar-se e até de *reviver* – com todo o apoio testemunhal das emoções –, alegrias e dores, sorrisos e lágrimas suscitados por episódios experimentados há séculos e até milênios, em outras tantas existências terrenas e até na intermissão entre uma vida e outra, na dimensão póstuma.

Parece legítimo deduzir dos numerosos exemplos colhidos pelo dr. Treffert, que o *savant* opera com a sua memória integral, a da individualidade, mais do que com a incerta e vacilante memória da personalidade – a meramente cerebral.

É o caso, por exemplo, relatado em 1897, pelo dr. Martin W. Barr, diretor de uma instituição dedicada a crianças com deficiências mentais, em Filadélfia, na Pensilvânia. Tratava-se de um jovem de vinte e dois anos, tido por epiléptico, com nível mental de uma criança de cinco anos de idade. Sua condição dominante era a ecolalia, ou seja, o hábito de repetir o que acaba de ouvir. Numa experiência controlada, esse jovem repetiu prontamente frases ditas em nove línguas diferentes – inglês, francês, alemão, espanhol, italiano, japonês, latim, grego e norueguês. A pronúncia era correta e o ritmo adequado, uma façanha impraticável para qualquer pessoa dita normal, apoiada apenas pela memória e pelas faculdades mentais utilizadas no dia-a-dia. O que parece justificar a hipótese formulada por Treffert, segundo a qual essas pessoas especiais abandonam os circuitos neurológicos habituais para recorrer a circuitos especiais, instrumentos daquela memória que jamais esquece, a que se refere Freud.

> A memória humana – escreve o dr. Treffert (p. 206) – é enormemente complexa. A tentativa de entendê-la equivale à de apreender o conceito de um universo infinito – ao passo que estamos acostumados a pensar em termos de limites e fronteiras –, ou o conceito de eternidade, quando nos habituamos a pensar em coisas que têm começo e fim.

Essa visão do autor me é sobremaneira atraente porque bate com certos conceitos que eu próprio tentei desenvolver em *Alquimia da mente*, como você poderá conferir.

O sistema neurológico que processa as informações produzidas pelos *savants* tem de ser mesmo especial, de vez que os circuitos usualmente empregados se acham danificados ou são insuficientes. O que indica que a informação é obtida numa área mental inacessível à manipulação consciente. Isto se comprova com o fato de que os próprios *savants* ignoram como as coisas se processam. Eles estão pensando com um dispositivo inconsciente.

Um deles, por exemplo, por nome Fleury, testado em 1927, pelo dr. Eugène Osty, famoso pesquisador francês, realizava prodígios inconcebíveis com os números. Como o de elevar o número dois à trigésima potência, o que fez em quarenta segundos, citando o número 1.073.741.824. Perguntado sobre quais seriam os valores de x e y na equação x + y = 707.353.209, na qual x e y eram integrais e y tinha quatro dígitos, respondeu em vinte e oito segundos: $891^3$ + 5.238. Convidado a expressar o número 6.137 como soma de quatro outros elevados à segunda potência, ofereceu três respostas: primeira resposta, em dois minutos e dez segundos: $74^2 + 20^2 + 15^2 + 6^2$; segunda resposta, em dez segundos, $78^2 + 6^2 + 4^2 + e\ 1^2$; terceira resposta, em um minuto e vinte segundos: $76^2 + 15^2 + 10^2 + 6^2$.

Como explicar o mecanismo mental de tal procedimento? De que processos ou técnicas se serve o *savant* para chegar a esses resultados?

Interessado em não sobrecarregar você com a riqueza de informações contida no livro do dr. Treffert, não posso deixar de tocar ainda em dois aspectos imperdíveis do seu estudo – *primeiro*, o dilema sobre se convém ou não redirecionar a mente do *savant*, numa tentativa de reeducá-lo, ou seja, trazê-lo àquilo a que consideramos normalidade; *segundo*, a estimulante discussão do dr. Treffert acerca do papel dos hemisférios cerebrais no autismo e na síndrome dos *savants*.

Vamos ao primeiro de tais aspectos, o da possibilidade de uma reeducação do *savant*.

O dr. Treffert tem vários casos a oferecer. Fixemo-nos, por enquanto, no de Nádia. A menina tinha seis anos de idade quando a mãe a levou, em 1973, à dra. Elizabeth Newson, da Universidade de Nottingham. Não foi só a menina que a mãe levou, mas também uma quantidade de desenhos feitos pela filha com lapiseiras esferográficas. "Minha primeira reação aos desenhos" – confessaria mais tarde a dra. Newson (p. 108) – "foi de me sentir maravilhada; a segunda, envergonho-me de dizê-lo, foi a de duvidar."

Nádia foi encaminhada à dra. Lorna Selfe, uma psicóloga, que não duvidou, apenas se maravilhou ante a "espetacularmente rara e fenomenal capacidade" da talentosa criança. Foi esta psicóloga que escreveu um livro sobre Nádia.

A menina exibia comportamento tipicamente autista – obsessão pela mesmice, procedimento ritualístico, socialização deficiente, ecolalia e função verbal extremamente limitada. Caracteristicamente, evitava o contato visual com todos os que a cercavam. Os testes médicos apontavam tanto para graves deficiências mentais quanto para a genialidade.

Na opinião de Selfe, Nádia barganhara a capacidade de expressar artisticamente seus talentos, em troca da deficiência verbal. Achava mesmo que, se desenvolvesse a linguagem, sacrificaria o gênio artístico.

Foi exatamente o que aconteceu. Nádia foi encaminhada a uma escola especial, a fim de desenvolver a comunicação verbal. À medida que aprendia a ler, escrever e falar, a função artística foi-se reduzindo, até apagar-se de todo, como se fosse mesmo parte da barganha imaginada pela dra. Selfe. Treffert especula acerca de duas possibilidades – ou a competência mental migrou de uma parte para outra do cérebro, ou simplesmente desapareceu.

Fica, no dizer de Selfe, citada por Treffert (p. 110) –, um pós-escrito a resolver: "Seria isso uma tragédia?" Entende a psicóloga que, para nós que gostamos de nos maravilhar, talvez tenha sido trágica a barganha feita por Nádia. Ela teria mesmo de pagar um preço (Alto? Baixo? Razoável?) pelo dom da fala, mas que provavelmente, ela se consolaria sabendo que foi uma criança prodígio. Seja como for – conclui a autora – "... devemos, penso eu, estar preparados para pagar aquele preço em nome de Nádia".

Não sei. Tenho minhas dúvidas. O problema é de natureza muito pessoal. Não ficamos sabendo se Nádia achou que valeu a pena.

O dr. Treffert, contudo, transcreve opinião de Nigel Dennis, que, em análise crítica do livro sobre Nádia, em 1978, abordou a questão de outro ângulo.

"Ficamos aqui" – escreve Dennis *apud* Treffert (p. 111) – "com um gênio que teve sua genialidade extirpada, deixando nada mais que suas generalizadas deficiências. Que devemos pensar sobre essa estranha cura?"

O crítico não concorda com a psicóloga em que seria suficiente consolo para Nádia saber que fora uma extraordinária criança aos cinco anos de idade. Para ele, mesmo dotada de melhor poder de comunicação verbal, Nádia permaneceu "confinada na sua casa mental". Temos de buscar – continua – "uma visão mais inteligente sobre o que tem a genialidade a nos proporcionar e lamentar a tragédia de sua destruição".

Reitero, de minha parte, que o drama de Nádia é pessoal demais para que alguém possa decidir por ela. Você poderá me perguntar: e ela? Teria condições de decidir por si mesma? Se tivesse, qual seria sua opção? Cada caso é um caso, pois é muito difícil criar padrões confiáveis de comportamento para as pessoas.

Em polêmicos e insuspeitos livros, pois ele próprio é do ramo da saúde mental, o dr. Thomas Szasz denuncia os procedimentos 'inquisitoriais' da psiquiatria na manipulação de seres humanos.

Vejamos, ainda, a história de Richard Wawro. Ao escrever seu livro em 1989, comenta o dr. Treffert (p. 118), Wawro tinha trinta e três anos de idade, era diabético e praticamente cego, por causa de uma extrema miopia (Fizera várias cirurgias para eliminar cataratas em ambos os olhos). Tornara-se, contudo, um artista genial. Aos três anos de idade, seu Q.I. foi estimado em apenas 30, e diagnosticado como retardado mental. Seu comportamento era claramente autista – a obsessão pela mesmice, o isolamento, os maneirismos e, no seu caso, a hiperatividade. Nessa mesma idade, começou a desenhar com giz. Passou, depois, ao creiom, criando pequenas obras-primas, "notáveis pelo colorido e pela profundidade".

Levava cada trabalho completado ao pai, em busca da merecida aprovação, invariavelmente comemorada, com grande espalhafato e alegria, "como se ele tivesse acabado de conquistar o campeonato mundial de box", diz Treffert (p. 119). Pai e filho conservaram essa magia da mútua admiração e isso deve ter contribuído poderosamente para o desenvolvimento de tão raro talento em Richard. Eles se abraçam e dançam como crianças a cada comemoração, como se fosse a primeira. O mesmo apoio amoroso e incondicional admiração Richard recebeu da mãe, enquanto ela viveu (até 1979).

Seus trabalhos estão espalhados hoje por todo o mundo e têm sido expostos em mais de uma centena de exibições. A antiga Dama de Ferro da Inglaterra, hoje lady Tatcher, é uma de suas admiradoras, tanto quanto o papa João Paulo II, que tem vários trabalhos seus. Um filme sobre Wrawo, produzido pelo dr. Laurence Becker, foi lançado em Austin, no Texas, em 15 de maio de 1983.

Certos autismos ainda são evidentes no talentoso artista. Para não alongar, seleciono apenas a competente avaliação escrita pelo dr. Becker sobre o caso e que consta do livro de Treffert à página 121. Becker atribui grande parte do sucesso de Richard à compreensão, ao apoio e estímulo dos pais, que tratavam o filho de maneira algo "reverente". Eles sabiam – informa Becker – que "Seu espírito (de Richard), que durante tanto tempo ficara soterrado dentro dele mesmo, foi cuidadosamente nutrido por uma tranquila força, que confiava nos seus próprios instintos..."

Em contraste com Nádia, Richard Wrawo não teve, necessariamente, que barganhar o dom da fala pela genialidade de sua arte. À medida em que progredia na técnica de expressar-se com os seus desenhos, também se desenvolviam a fala e a capacidade de socialização. Por que isso não aconteceu a Nádia? Teria sido mesmo imperioso trocar o talento artístico pela capacidade verbal?

Perguntas, essas, para as quais ainda não temos respostas.

Ao escrever seu estudo sobre o 'imbecis talentosos', em 1930, Arthur Phillips apresenta Earl, um menino de apenas 65 de Q.I. Em testes realizados aos onze anos de idade, Earl ficou abaixo de 99% dos meninos de sua idade em poder verbal, mas em habilidade e percepção mecânica bem como em destreza, ele se colocou facilmente acima de 99% dos seus pares, mesmo em testes usualmente aplicados em alunos de faculdade.

Phillips sugere que tais casos sejam encaminhados para treinamento vocacional, em lugar do esforço tradicional em ensinar gramática e aritmética. São deploráveis para Phillips métodos de ensino que se esforçam por "eliminar os defeitos, em vez de desenvolver os talentos", uma frase que a gente precisa ter em mente sempre que defrontada com problemas humanos como o autismo e a síndrome dos *savants*. Segundo Phillips (*apud* Treffert), "alguns professores preferem fazer um esforço deliberado para impedir que a criança faça aquilo de que gosta, a fim de exigir dela que faça o de que não gosta".

Alonzo Clemons é outro *savant* genial, capaz de produzir de memória, sem modelos, esculturas maravilhosas, basicamente de animais e, entre estes, o cavalo, como objeto de sua predileção.

Alonzo é um sujeito encantador, tranquilo, cortês e de poucas palavras. Ele certamente ama seu trabalho, e está consciente da qualidade de suas peças. E não é só ele que assim pensa, pois até já tomou chá na Casa Branca, com a sra. Nancy Reagan. Algumas de suas peças alcançam preços vistosos como quarenta e cinco mil dólares. Quando elogiado, contudo, Alonzo sorri docemente e diz, na sua linguagem limitada "*Hands*" (São as mãos) ou "*God gives talent.*" (Deus é quem dá o talento.) "Suas esculturas são notáveis" – escreve Treffert (p. 158) – "não porque são produzidas por uma pessoa mentalmente retardada – elas são notáveis por si mesmas e seriam espetaculares qualquer que fosse o artista que as houvesse feito."

Num programa de televisão, em 1985, Alonzo deixou perplexos milhões de espectadores, ao esculpir em trinta minutos a magnífica figura de um elefante. Ao auditório maravilhado, dr. Treffert inclusive, ele apresentou outra notável peça – um belo potro – que havia modelado nos vinte minutos em que ficou à espera de que o programa se iniciasse. Ao trabalhar perante as câmeras, parecia isolado em seu mundo, com um ligeiro sorriso feliz nos lábios, desligado do ambiente, dos ruídos e das conversas à sua volta. Perguntado, ao final, de onde vinha aquele talento todo, respondeu da sua maneira habitual "Deus me deu esse dom". E será que ele era assim sempre feliz? – perguntou alguém. "Sempre", respondeu a mãe. "É uma das pessoas mais felizes que conheço".

O dr. Treffert confirma e concorda.

Ficou dito há algum tempo, páginas atrás, que tínhamos dois aspectos ainda a ressaltar no livro do dr. Treffert – além de tantos outros que precisamos sacrificar – o primeiro deles era o problema da educação dos *savants*, que acabamos de ver. O segundo é o debate acerca da interface dos hemisférios cerebrais.

É o que veremos a seguir.

Das obras que consultei na preparação para escrever este livro, a do dr. Darold Treffert me pareceu a que mais extensa e profundamente se dedicou à interação dos hemisférios cerebrais entre si e ao papel deles na problemática da síndrome dos *savants* e, por via de consequência, com o autismo. Ele adverte, contudo, logo de início, que, embora tenha havido uma concentração maior de esforços no estudo dos hemisférios, pesquisas mais recentes têm levado em conta outras áreas cerebrais, em busca de informações mais precisas sobre o que se passa no cérebro do *savant* e do autista.

Seja como for, expressiva maioria de estudos tem sugerido que o típico *savant* tende a demonstrar capacidades usualmente atribuídas ao hemisfério direito. É o que temos observado nos exemplos trazidos para o nosso texto, entre os quais o da dra. Temple Grandin, pessoa genial que, por assim dizer, vive à direita. O hemisfério direito – lembra Treffert – "é geralmente superior em tarefas ligadas às relações espaciais, atividades que cuidem de visualização e movimento e de habilidades mecânicas".

Mr. Z., estudado pelo psicólogo T. L. Brink (pp. 124-126), apresenta a peculiaridade de se tratar de um caso de "savantismo adquirido", no dizer de Treffert, por ter resultado de um acidente externo e fortuito.

Aos nove anos de idade, o menino se viu envolvido num tiroteio – no qual morreu seu pai. Uma bala de pistola de pequeno calibre entrou na cabeça do garoto, na altura da linha capilar, na têmpora esquerda, e saiu pela nuca. Por dois anos Z. ficou mudo, surdo e paralisado do lado direito. Aos poucos foi recuperando a audição e o uso dos membros. A fala demorou mais. Havia, contudo, perdido o uso da linguagem, bem como os conhecimentos já adquiridos de ler, escrever e fazer operações aritméticas. Brink informa que o menino se sentia altamente motivado e se empenhava seriamente em praticar seus parcos recursos. Contava, ainda, com decidido apoio da família e de seus professores.

Treffert especula mais adiante (p. 189) sobre se a preponderância do hemisfério direito teria resultado de um processo compensatório (pela perda do esquerdo) ou se ele apenas desenvolvera habilidades herdadas, que teriam emergido posteriormente, para compensar a falta do hemisfério esquerdo.

Eu não optaria por uma solução meramente hereditária num caso desses. Para mim, ocorreu o que o próprio dr. Treffert diz de outros casos – as habilidades simplesmente migraram de um hemisfério danificado para o outro em bom estado. Mesmo porque, assinala ele, as faculdades demonstradas por Z. eram, obviamente, as atribuídas ao direito.

Nesse ponto, o autor traz para o seu texto o depoimento do dr. Tanguay, citado pelo eminente dr. Rimland. Segundo aquele especialista, "as habilidades especiais, na maioria das crianças autistas, são as atribuídas às funções do hemisfério direito, sendo as faculdades inexistentes, essencialmente, atividades do hemisfério esquerdo" (p. 189).

A deficiência do hemisfério esquerdo em autistas e *savants* constitui quase que uma constante, como temos visto. Não deixa, contudo, de advertir o dr. Treffert, nesse mesmo período, que a doutrina da "especialização dos hemisférios constitui exagerada simplificação e nada tem de absoluta". Lembrando ainda, o dr. Rimland, informa o autor sobre "outra importante diferença no funcionamento dos hemisférios, ou seja, a natureza simultânea do direito (percepção imediata com poucas associações de memória) e a natureza sequencial do cérebro esquerdo". De qualquer modo, conclui Treffert, predomina no *savant* autista a função simultânea de pensar em imagens de 'alta fidelidade', atividade principal do hemisfério direito.

Minha opção, neste duelo verbal de especialistas – eu que não o sou –, fica, mais uma vez, com o dr. Rimland, que argumenta com o exemplo de Benj Langdon, um calculador prodígio, no qual a capacidade de calcular "*migrou* do consciente sistemático, para o inconsciente automático", após um período de concentrado estudo da parte do paciente (p. 190).

> Meu palpite – prossegue Rimland, ainda citado por Treffert – é o de que, quando essa dramática mudança quântica ocorreu na capacidade calculadora de Langdon, o dispositivo processador migrou do hemisfério esquerdo para algum outro local, possivelmente no direito.

Minha simpatia vai para essa opção não somente porque me parece mais lógica, dado que o esquerdo não teria condição de processar os cálculos, mas porque confere com a minha própria teoria de que, em casos como esse, é a personalidade (leia-se consciente, como, aliás, diz o próprio Rimland) que transfere tal atribuição à individualidade (inconsciente). Ou, talvez melhor, ante a incapacidade do hemisfério esquerdo – sede da consciência – realizar a tarefa, o direito avocou a si a responsabilidade por ela.

Dito isso, o dr. Treffert reitera sua observação cautelar, ao dizer que "a especialização direito/esquerdo não é tão simples ou tão específica como foi originariamente proposta". Duas páginas adiante, contudo, ao insistir na advertência, Treffert ensina o seguinte:

> Embora os dados colhidos até agora não sustentem as noções anteriores e mais simplistas de especialização direito/esquerdo (...) alguma dominância de certas áreas cerebrais sobre outras... apontam nessa direção (p. 192).

Seria, portanto, "prematuro" – na opinião do dr. Treffert – "e muito simplista classificar a síndrome dos *savants* inteiramente como fenômeno hemisfério direito/hemisfério esquerdo", dado que diferentes funções *tendem* – destaca o autor – a estar associadas a um ou a outro hemisfério. Certamente, contudo, há uma clara predominância do direito em funções como as simultâneas, concretas, espaciais, intuitivas e as que ele rotula de 'alta fidelidade'.

Conclusão essa com a qual me sinto bastante confortável, dado que, na hipótese por mim formulada em *Alquimia da mente*, o hemisfério direito opera intuitivamente, pensa por sínteses (a simultaneidade de Rimland) e funciona fora do alcance da consciência localizada à esquerda. O que não quer dizer que seja inconsciente e sim que constitui uma consciência autônoma plugada à direita.

De qualquer modo e a despeito das justas cautelas recomendadas pelo dr. Treffert, ele próprio conclui esse módulo do seu livro com a seguinte observação:

Das teorias até agora propostas pelos investigadores a respeito disto, a da especialização cérebro direito/cérebro esquerdo é a mais abrangente e a que chega mais perto em ajudar a explicar o que parece inexplicável (p. 193).

Ademais, Treffert cita mais adiante (p. 194) o dr. Sano, que observou, na autópsia em Pullen, o gênio do asilo de Earlswood, marcante subdesenvolvimento do hemisfério esquerdo, o que parece ser uma constante nos autistas e *savants*. Insuficiências no hemisfério esquerdo dessas pessoas foram notadas também pelos drs. Stephen L. Hauser e G. Robert Delong e N. Paul Rosman, em estudo publicado em 1975, em quinze de um total de dezessete pacientes analisados. Os cientistas detectaram "distinta deficiência de substância cerebral no hemisfério cerebral esquerdo" daqueles pacientes. Concluíram a dissertação lembrando a significativa incidência de canhotos entre os *savants*, que "sugere" – escrevem (p. 196) – "que a mais severa anormalidade situa-se à esquerda e resulta na tomada de algumas funções motoras e de linguagem pelo hemisfério direito".

Também em Leslie Lemke, cuja história vem contada com mais detalhes no capítulo oitavo do livro do dr. Treffert, a ressonância magnética detectou "inequívoca lesão no cérebro esquerdo" (p. 197). J. Griffith Steele e outros, responsáveis pelos testes, acrescentaram ainda que as "funções preservadas" em Lemke "foram especialmente as da região posterior *direita* do cérebro" (p. 198).

Continuo, pois, com a minha hipótese. Autistas e *savants* não conseguiram ou não quiseram organizar adequadamente a personalidade. Estariam com ela em condições de interagir de modo aceitável com o ambiente em que vieram viver na terra e com as pessoas com as quais têm de conviver. Ou – condição que também ocorre – , tiveram o hemisfério esquerdo danificado por acidentes – como o menino que levou um tiro – ou problemas outros, como a rubéola da mãe no período da gestação ou, ainda, doenças mutiladoras como a paralisia cerebral, a encefalite e outras.

Você me perguntaria, então, se mesmo tais acidentes seriam programados em cumprimento a responsabilidades cármicas de cada um. Pelo que sabemos, sim. De experiência pessoal, em primeira mão, sei de um caso em que a criança abortou espontaneamente, porque a mãe foi acometida de rubéola. Acontece que a entidade espiritual que ali se preparava para reencarnar-se, não tinha compromisso algum perante a ordem cósmica que a expusesse a assumir as aflições de uma deficiência mental. A mãe voltou a engravidar, no mês seguinte, da mesma entidade espiritual. Só viemos a perceber que algo estranho se passara porque a menina nasceu dez meses depois, em vez de nove.

Eu poderia até deixar, aqui, um espaço aberto para acomodar o sorriso talvez irônico dos descrentes, dos agnósticos e dos religiosos de variados matizes que têm suas crenças postas em diferentes formulações. Limito-me a colocar a marca do meu respeito pelas suas convicções, tanto quanto tenho eu pelas minhas. A gente desempata, um dia, do outro lado da vida... Lá, não confrontamos meras opiniões, mas realidades experimentadas que não podem mais ser ignoradas. Como você percebe, continuo insistindo teimosamente em reinterpretar o drama do autismo e o dos *savants*, no contexto da realidade espiritual paralela e subjacente.

Vemos, por exemplo, à página 232 do livro do dr. Treffert, a opinião do dr. Leon Miller, da Universidade do Illinois, em Chicago, sobre o caso de Eddie, um *savant* musical, que começou a tocar piano aos três anos. Aos sete adquirira a segurança e a competência de um profissional.

Este foi um dos casos em que o desenvolvimento do talento musical foi acompanhado por desenvolvimento equivalente da linguagem. Uma criança inicialmente não-verbal, chegou a expressar-se adequadamente em inglês e espanhol. Dotado de fantástica memória, Eddie repete textos musicais ouvidos uma só vez e os complementa, quando ouve apenas parte das peças. O que revela nele capacidade de "codificar as notas musicais, incorporando-as e as articulando com estruturas significativas numa memória de longo termo e cognitiva" (p. 231). Traduzindo o jargão do especialista em linguagem de nosso melhor entendimento, podemos dizer que, na sua opinião – correta, a meu ver –, Eddie, como tantos outros *savants*, traz consigo uma estrutura inata de conhecimento musical, aprendida, logicamente, em algum tempo e lugar, obviamente no passado. Mas que passado, se a gente não admitir vidas antes da vida, como propõe a dra. Helen Wambach?

Por isso, o dr. Miller declara que "muitas perguntas persistem" e sugere o aprofundamento das pesquisas naquilo a que chama eruditamente de "velocidade de codificação e nas estratégias para subsequente recuperação (da música mentalmente composta), uma vez que ambas as tarefas são críticas no desempenho da amplitude da memória".

Vamos ver se entendemos sua linguagem. Para fazer o que faz com as músicas que compõe e com as que executa somente de ouvi-las, Eddie precisaria de uma memória não apenas operacionalmente muito veloz, mas também de ampla capacidade temporal e não apenas aquela que nos habilita a repetir uma frase que acabamos de ouvir. Como se fôssemos capazes de repetir uma peça musical, um texto, uma sequência numérica, semanas ou meses, e até anos, depois de os haver conhecido.

Sem explicações para o fenômeno, o dr. Miller se confessa (Atenção!) "perplexo quanto à fonte do implícito conhecimento de harmonia existente nos *savants* musicais" (p. 232).

Em outras palavras: de onde vem um conhecimento superior que a pessoa certamente não teve como adquirir na sua breve existência e, ainda mais, prisioneira de vários mecanismos biológicos inibidores? Enquanto os estudiosos não resolverem prestar atenção à realidade espiritual continuarão perplexos.

Até lá, ainda temos algo mais a estudar no dr. Treffert acerca da interface dos hemisférios cerebrais. Trata-se do módulo de seu livro (pp. 232-234) dedicado à velha questão da predominância cerebral.

Quando de minhas pesquisas para escrever *Alquimia da mente*, consultando livros da década de 70 e 80, pude observar que ainda predominava o conceito de que o hemisfério esquerdo era o dominante, ficando o direito como uma espécie de sobressalente, quase que sem função específica e que até nem faria grande falta se, porventura, entrasse em colapso. A situação revisitada pelo dr. Treffert – lembremos que seu livro é de 1989 – não é mais exatamente a mesma e difere bastante da que ele conheceu quando estudou medicina.

Para colocar suas reflexões em ordem, o dr. Treffert lembra seu tempo de interno, quando um paciente foi trazido ao hospital queixando-se de dor de cabeça. Era um sujeito "extremamente interessante" – depõe –, "um escritor que adorava seu trabalho". Gostava de ler e demonstrava ampla faixa de interesse por numerosos assuntos culturais. Seu instrumento de trabalho era a linguagem – falada e escrita. O paciente era destro – usava a mão direita – e a radiologia revelou a existência de um tumor fatal no hemisfério direito.

Havia uma esperança a ser explorada nesse caso aparentemente desesperador – o tumor estava do lado direito e, portanto, no hemisfério *não-dominante*, como durante muito tempo se acreditou. Por conseguinte, poderia ser simplesmente extirpado sem que ele perdesse o uso da palavra, sediada, como sabemos, no hemisfério esquerdo. Ele, certamente, ficaria paralisado do lado esquerdo. Era uma decisão dificílima para o paciente, mas ele optou pela ablação do hemisfério direito, o que foi feito. Ficou, realmente, paralisado do lado esquerdo, como se previra, mas, para surpresa dos médicos, a memória, a linguagem e o processo de pensar revelaram-se intactos.

Amparado por aquele episódio e pelos conhecimentos mais avançados da matéria hoje, o dr. Treffert está convencido de que o conceito direito/esquerdo deva ser considerado de modo mais flexível, dado que, em suas palavras,

> (...) a lateralização e a especialização cerebrais constituem assunto complexo, não absoluto e não pode ser reduzido a conceitos simples como habilidades do hemisfério direito e habilidades do esquerdo. Na melhor das hipóteses – prossegue (p. 234) –

pode-se falar mais adequadamente, em dominância cerebral de certas funções do que em exclusividade cerebral, em vista da tremenda complexidade do cérebro humano.

Consultado, mais adiante (p. 234-237), Treffert nos passa o conceito de "patologia da superioridade", formulado pelos drs. Norman Geschwind e Albert Galaburda, perfeitamente aplicável, na opinião do autor, à síndrome dos *savants*. Não há como nos demorarmos aqui no estudo daqueles dois pesquisadores. Contentemo-nos com algumas observações fundamentais.

> O cérebro humano – escrevem – é assimétrico, mesmo na vida fetal. Tal assimetria favorece o hemisfério esquerdo, particularmente o lobo temporal. Acrescento, por minha conta, que o achado favorece, a seu turno, a minha hipótese da instalação da personalidade à esquerda, enquanto a individualidade fica à direita.

> A predominância de um hemisfério sobre o outro não significa que um deles seja ativo, dominante, mais importante, em contraste com outro, passivo, não-dominante, menor, mas que cada um deles é superior em determinadas funções.

> A predominância fica limitada às estruturas corticais, mas se reflete em algumas subcorticais também.

> O hemisfério esquerdo se desenvolve, no feto, mais tarde que o direito, e, corre, por conseguinte, maior risco de influências pré-natais por mais dilatado período de tempo. (Mais uma informação que sustenta a hipótese da formação da personalidade à esquerda, mediante supervisão da individualidade instalada no hemisfério direito. Este precisa, portanto, organizar-se antes, a fim de passar para a esquerda os comandos necessários à estruturação e à programação funcional previstas para a personalidade.)

> Este item discorre sobre influências hormonais que parecem influir substancialmente para que o autismo e a síndrome dos *savants* ocorram com relevante frequência em crianças de sexo masculino. Os dados indicam que a testosterona "pode reduzir o ritmo de crescimento cortical e prejudicar a arquitetura e a montagem do cérebro esquerdo, mais vulnerável, causando verdadeira migração e ampliação do hemisfério direito e um deslocamento da dominância para o lado direito."

> Os autores discorrem, aqui, sobre as consequências de tal deslocamento

> Cria-se uma "patologia da superioridade" – prosseguem – pelo crescimento compensatório de algumas partes do cérebro (direito) como resultante do desenvolvimento inadequado ou lesão real em outras áreas (no esquerdo). (Meu palpite: incapaz de criar um mecanismo adequado à esquerda – ou decidida deliberadamente a não criá-lo – a individualidade parece determinar um refluxo dos comandos não aceitos, ou que deixaram de ser expedidos, a fim de acomodar alguns deles na sua própria estrutura de apoio à direita.)

Como conclusão, os autores informam que "a assimetria fetal favorece o hemisfério esquerdo e suas específicas funções em todos os seres humanos.

No feto, contudo, o hemisfério direito *desenvolve-se completamente antes do esquerdo*" (p. 236). O destaque é meu e tomo-o como confirmação a mais da hipótese de que a predominância do direito sobre o esquerdo na fase formadora constitui o lado visível da ação da individualidade (leia-se espírito), empenhada na tarefa de programar a personalidade para viver a existência terrena imantada a um corpo físico.

Mais uma informação conclusiva é a de que os exames de ressonância magnética em autópsias "apontam, nos *savants*, e neles implicam, lesão ou disfunção no cérebro esquerdo" (p. 237).

Precisaríamos falar ainda da maciça morte de células cerebrais e no que Geschwind e Galaburda chamam de "aprendizado antes do nascimento", mas isto nos levaria ainda muito longe.

Proponho encerrar aqui – por mais que o lamente – a proveitosa visita ao valioso livro do dr. Darold A. Treffert. Espero e desejo que o leitor interessado possa ter acesso a esse competente e sensível autor, a fim de expandir seus conhecimentos acerca do enigma dos *savants*.

Antes disso, porém, vamos ler o texto de uma brilhante (e não identificada) paciente do dr. Treffert. Diz ela:

> Vivemos num planeta redondo e, por isso, admitimos que todos os planetas sejam redondos como aquele no qual vivemos. Deus, contudo, ao espraiar seu olhar pelo universo, vê planetas de todos os tipos – redondos, quadrados, oblongos, ovais, uma enorme variedade de formas. Não são todos redondos, como aprendi nas aulas de ciência. O que acontece antes de você nascer é que Deus escolhe sua alma. Se você tem uma alma redonda, Ele o coloca num planeta redondo; se você tem uma alma quadrada, Ele o põe num planeta quadrado; e se você tem uma alma oval, espera-se que Ele encaminhe você para um planeta oval. No meu caso, Ele cometeu um equívoco. Tenho alma oval e Ele me botou num planeta redondo. A escola, meus pais, e até o senhor, dr. Treffert, insistem na tentativa de encaixar minha alma como se ela fosse redonda, como a dos outros. Estou me decompondo na escola e, quando me formar, simplesmente cederei meu lugar a um novo futuro cadáver de olhos brilhantes.

Tenho algumas observações acerca desse belo texto. Primeira: louvar a intuição da autora ao dizer, não que Deus *cria* uma alma, mas que a *escolhe*. A diferença é fundamental, dado que escolher pressupõe um grupo já existente, do qual uma é destacada. Exatamente o que ocorre. Segunda: não se trata de uma escolha pessoal de Deus, mesmo porque Deus não é uma pessoa. Ele age pelas suas leis. E é o nosso procedimento perante a lei que determina que tipo e condição de vida terrena teremos. Terceira: consequentemente, Deus não se equivocou ao colocar a autora oval em nosso planeta redondo. Alguma coisa ocorreu na sua pré-história espiritual que a programou, embora oval, para viver num planeta redondo. Talvez um modo didático de ensinar àquela alma oval a enfrentar situações adversas, a fim de expandir sua experiência no complexo ofício de viver.

Quanto ao mais, o texto é irretocável, na poética e melancólica beleza de suas brilhantes metáforas.

Passaremos, no capítulo seguinte deste livro, ao prometido exame de alguns casos de autistas adultos. Antes, porém, desejo trazer para a discussão o toque humano que o dr. Treffert colocou na sua visão do problema, tal como se lê, à página 314 de seu livro.

O objetivo, então, ao trabalhar com as especiais habilidades do savant – bizarras, monótonas e antipráticas como possam ser – não é o de erradicá-las. Consiste, antes, em direcioná-las, pacientemente e criativamente, para uma boa utilização, sem receio de que, assim fazendo, o desenvolvimento global fique prejudicado ou inibido. Ao contrário, tais habilidades se tornam instrumento de expressão, através do qual os outros podem ter acesso ao *savant* e interagir com ele, e, consequentemente, aquelas faculdades acabem conseguindo suscitar o desenvolvimento de outras habilidades, bem como da comunicação humana. As habilidades servem ao *savant*, de janelas para nós outros. O treinamento dos talentos pode acarretar a redução dos defeitos.

# DOZE

# Ser e fazer

Virginia Walker Sperry reuniu e comentou, em *Fragile success,* a documentação de nove autistas, acompanhados da infância à idade adulta. A despeito do título – *Sucesso frágil* – não se trata de livro pessimista. É um estudo realista do que aconteceu com nove pessoas marcadas pelo autismo, "como elas mudaram, mesmo permanecendo muito na mesma, num período de vinte e cinco anos" (p. IX). É o que diz o prefácio da dra. Sally Provence, do Centro de Estudos Infantis da Universidade de Yale. Provence conceitua o autismo como "um distúrbio que reflete anormalidades na maturação e nas funções do cérebro". Para anotar, mais adiante, que "o autismo não é uma única entidade mórbida proveniente de uma só causa" (p. X).

O livro se propõe a mostrar que tipo de adultos se desenvolveram a partir de "nove crianças afetadas por diferentes manifestações de autismo, onde vivem, que trabalho podem realizar, que deficiências foram atenuadas e quais as que permaneceram inalteradas" (p. XVIII).

A estratégia terapêutica adotada evidenciou os recursos mais indicados para cada caso, em termos de intervenção paterna e materna, bem como em serviços médicos, educacionais, vocacionais e recreacionais. Além disso, caracterizou-se como fator decisivo no sucesso relativo obtido, uma concentração de esforços tão cedo quanto possível. O diagnóstico precoce é de fundamental relevância, como temos visto repetidamente em outros autores.

Na Ives School as crianças sob estudo foram admitidas para tratamento entre os três e os sete anos de idade e todas já haviam sido diagnosticadas como portadoras de tendências autísticas ou atípicas. De uma forma ou de outra, as principais características do autismo estavam presentes em todas elas – hiperatividade, problemas de linguagem, dificuldades motoras e de coordenação, reduzido senso de autoidentificação, comportamento arredio, às vezes violento. De modo geral, já haviam passado por jardins da infância e consideradas 'ineducáveis'. "A maioria dessas crianças" – assinala Sperry (p.

21) – "não sabia distinguir o lado direito do esquerdo de seus corpos." Viviam como que atrás de uma parede invisível que os isolava do resto do mundo.

O capítulo seguinte (III, pp.31-34) identifica, ainda, nessas crianças, uma "incapacidade para pensar logicamente", tarefa habitual do hemisfério cerebral esquerdo, o da personalidade.

Começa, daí em diante, o desfile dos casos.

Tom Brown, por exemplo, nascido em 4 de fevereiro de 1960. Foi para a Ives School aos cinco anos. Conseguia apenas sussurrar pequenas frases de duas ou três palavras. Irritável, chorava demais, calando-se apenas quando embalado. Mostrava-se agudamente sensível a temperaturas, sons e odores, o que o colocaria na categoria própria imaginada pelo dr. Delacato. Mesmo já adulto, mais tarde, ainda teria dificuldade em pensar logicamente. Aos treze anos de idade, seu Q.I. foi avaliado em 55.

Tom aprendeu a realizar pequenas tarefas, como andar de bicicleta ou escolher o que comer, no menu de um restaurante. Mais que isso, aprendeu a lavar pratos e, com modesto salário, a viver sua vida limitada e solitária. Sabe comprar fitas de música, revistas e roupas. Aos trinta anos tinha mais de quinze mil dólares depositados na conta bancária. É um rapaz louro, alto, forte, sadio e dono de um sorriso tímido. Incapaz, ainda, de encarar uma pessoa olho no olho, limita-se ao olhar oblíquo característico dos autistas em geral. A família tentou colocá-lo num condomínio para pessoas com esse tipo de problema, mas não deu certo, ainda que supervisionado por especialistas em orientação pessoal. Sem autonomia suficiente para viver sozinho, Tom continua junto dos pais.

Jimmy Davis, nasceu em 22 de setembro de 1962. Foi para a Ives School aos três anos de idade. Seria basicamente uma pessoa não-verbal pelo resto da vida e "insuportavelmente temeroso do mundo" em que vive. Depois de aprender a comunicar-se por meio de sinais, "sua inteligência liberou-se" (p. 63). Adquiriu conhecimento suficiente para trabalhar numa oficina mecânica. Tornou-se um rapagão de um metro e oitenta, ombros largos. Veste-se bem, usa óculos de lentes grossas, tem um sorriso travesso, mas a linguagem continua limitada – Jimmy é "apenas ligeiramente verbal" (p. 65).

Polly Daniels, nascida em 16 de outubro de 1959 é um dos casos de autismo em meninas. Foi para a Ives School aos dois anos e meio. A autora a caracteriza como uma "perfeccionista frenética", enquanto uma de suas professoras informa que o procedimento da menina "vai do angélico ao impossível". Como costuma acontecer com os autistas, foi uma criança bonita, fisicamente robusta e, como de esperar-se, canhota. Conseguiu desenvolver-se o suficiente para exercer modesta atividade remunerada. O Q.I. é baixo – 61, e as dificuldades de comunicação persistiram na idade adulta; no entanto, fala sem parar durante horas, dia e noite, acordada ou adormecida. Extrema sensibilidade para ruídos, capaz de ouvir sons que ninguém mais percebe à sua volta. Tornou-se uma jovem atraente, elegante, mas tensa, insegura e com enormes dificuldades de relacionamento social. Vive com a família.

Em atualização feita em 1995, quando o livro já estava seguindo para a gráfica, a autora verificou que Polly vivia num condomínio supervisionado, tomava sozinha o ônibus para ir trabalhar, controlava sua própria conta bancária e vivia razoavelmente bem sua limitada vida. Os especialistas que a examinaram entendem que ela sempre teve um grande (e não-desenvolvido) potencial.

Praticamente todas essas crianças conseguiram, como adultas, moderado grau de autonomia, mas não dispensam certo nível de supervisão e acompanhamento. Estão longe, portanto, do que se poderia considerar independência. O sucesso delas é realmente frágil, mas o suficiente para livrá-las do isolamento total e da internação para o resto da vida.

O quadro geral não deixa de ser melancólico ao demonstrar a irreversibilidade de algumas das disfunções autísticas, impossíveis de serem removidas por causa de lesões irrecuperáveis em importantes centros nervosos. Procedimentos educacionais adequados, no entanto, apontam para a criação de um mínimo de recursos pessoais que permitem tolerável convivência social.

Seria temerário dizer-se que não se venha futuramente desenvolver técnicas terapêuticas mais avançadas capazes de recuperar funções cerebrais danificadas ou redirecioná-las para outras áreas do cérebro. Já estamos testemunhando alguns resultados animadores nesse sentido. Na minha visão pessoal, contudo, o roteiro da esperança, na eventual eliminação do autismo, passa muito mais pela prevenção do que pelo tratamento depois que o distúrbio se instalou.

Como seria isso possível? Precisamente numa profilaxia de natureza ética, uma espécie de vacina moral. Em outras palavras: é o comportamento inadequado perante as leis cósmicas que cria matrizes de sofrimento retificador. Tais leis inescritas – muito mais eficazes, porém, do que as que temos nos papéis do mundo – são mais severas e abrangentes do que se supõe. A harmonia universal não admite ser ultrapassada, ignorada ou contornada. Aquele que erra – ensinou o Cristo – torna-se escravo do erro. Se os erros não são compensados no decurso da existência terrena em que foram cometidos, transbordam para as seguintes como dívidas pessoais ativas, compromissos a resgatar. Quando a gente entender que isso não é mera pregação religiosa e sim um princípio natural, as coisas começarão a mudar para melhor.

Não se encontra nos casos relatados por Virginia Sperry nenhum exemplo de mãe ou pai geladeira. O que vemos, ali, é incansável dedicação, luta sem tréguas, amor sem reservas em plena ação, na busca de um destino melhor para filhos e filhas deficientes.

Não encerraremos nossa conversa aqui com uma palavra de desalento e pessimismo. Vamos retornar ao dr. Darold A. Treffert para ouvir o que tem ele a dizer para nutrir nossas esperanças.

Autistas e *savants* não são pessoas irremediavelmente ineducáveis que precisem ser despachadas como sucata inservível para depósitos de gente. Seriam, no máximo, "almas ovais" vivendo, sem saber por que, num planeta redondo, no dizer da talentosa cliente de Treffert. O doutor tem, aliás, um respeitável arquivo de *savants* que conviveram satisfatoriamente com suas excentricidades. Não estão eles convivendo com o que consideram *nossas* excentricidades? Por que razão todos têm de ser redondos, ovais ou oblongos?

*Savants* e autistas têm produzido um volume considerável de desafios e o real entendimento do que eles têm tentado nos dizer poderá ser – como acreditam, aliás, o dr. Treffert e outros – de indiscutível relevância ao entendimento de alguns dos muitos e ignorados segredos da vida. O doutor não hesita em afirmar que esses "gênios entre nós" poderão, eventualmente, levar-nos a entender o "gênio em nós".

Se em pessoas tão severamente bloqueadas por lesões neurológicas irreversíveis, "ilhas de brilhantismo" manifestam-se através de estreitas frinchas de expressão, creio podermos depreender que a genialidade em potencial pode estar contida em muitos de nós, apenas à espera de um concentrado esforço. E quem sabe se não é precisamente por causa das limitações impostas pelo autismo e pela síndrome dos *savants* que os seres lúcidos que, evidentemente, estão por trás dos biombos do chamado retardamento, resolvem demonstrar que não têm nada da imbecilidade ou da idiotia com as quais têm sido, há tanto tempo, rotulados?

> Você e eu – proclama o dr. Treffert (p. 267) – e também os *savants*, temos uma tremenda quantidade de material guardado na cabeça, no disquete de nossas vidas. Simplesmente não podemos ter acesso à maior parte disso a maior parte do tempo.

Contestaria eu, no texto do doutor, a ideia de que tudo isso esteja arquivado *na cabeça*. Prefiro dizer a mesma coisa de modo diverso, pois os arquivos, depositados no que costumo chamar de "memória integral", não dependem exclusivamente do cérebro físico. Antes de aí se estabelecerem e depois da desintegração pela morte, recolhem-se ao seu local de origem, nos campos biomagnéticos do espírito, entidade imortal.

O dr. Darold Treffert está certíssimo, portanto, em considerar os *savants* e, por extensão, os autistas, como pessoas extraordinárias. Ele até agradece, na dedicatória do livro, o privilégio de ter trabalhado junto deles e deixou bem clara a sua convicção de que tais pessoas têm muito a ensinar-nos acerca de alguns enigmas do ser humano.

O que eles têm a nos ensinar, contudo, tem tudo a ver com a realidade espiritual comum a todos nós. Quer sejamos 'almas ovais' ou 'redondas' vivemos, morremos e sobrevivemos. Chegaremos, certamente, a esse entendimento mais amplo da vida e esta pode ser até uma das mais importantes lições que autistas e *savants* tenham a nos ensinar, se – um dramático 'se' – cultivarmos em nós determinação e suficiente humildade para aprender com os fatos e a lidar com essas pessoas extraordinárias com o melhor de nossa capacidade de entendimento e de amor.

Ficamos, neste ponto, com o dilema posto pelo dr. Treffert e outros especialistas e que se coloca entre a tentativa de eliminar os defeitos ou desenvolver os talentos.

Com o devido respeito pela experiência do modesto professor William Carlock, tutor de Temple Grandin, Treffert reitera que o dilema não tem esse conteúdo quase maniqueísta que se lhe atribui. Em outras palavras, a coisa não se resume em somente desenvolver os talentos natos do autista ou do *savant*. Há outros ingredientes que precisam ser levados em conta. Para colocá-los sobre a mesa de debates, Treffert reproduz a opinião manifestada por Carlock no prefácio ao livro da dra. Temple Grandin e que está assim redigido:

> Temple demonstrou que há esperança para a criança autista – e que profundo e constante interesse, compreensão, aceitação e esperança adequadamente elevada, apoio e encorajamento pelo que a criança tem de melhor em si mesma, constituirão a base a partir da qual ela poderá crescer na medida de seu próprio potencial.

William James, considerado o sistematizador da moderna psicologia, declarou, certa vez – a propósito da excelente mediunidade da sra. Leonora Piper –, ser desnecessário provar que nem todos os corvos são pretos, bastaria exibir um único corvo branco. Temple Grandin é o corvo branco do autismo. Ou seja, autistas e *savants* também podem expressar o conteúdo de genialidade que tragam em si, desde que corretamente assistidos. Barry Neil Kaufman propõe, nesse contexto, uma atitude não crítica, sem julgamento, proporcionando à criança autista o estímulo para que desenvolva suas faculdades inatas. Deve-se, desde o início, conviver com ela no seu próprio mundo isolado, em vez de arrastá-la à força para o nosso. Construída essa ponte, estabelecer sobre ela um tráfego de mão dupla. É certo que, inicialmente, o tráfego de lá para cá será escasso e errático, mas, aos poucos, começará a desenvolver-se o que, futuramente, será um intercâmbio.

Escrevendo sobre o artista *savant* japonês Shyoichiro Yamamura, o dr. Akira Morishima declarou, *apud* Treffert: "O segredo no desenvolvimento do talento de Yamamura estava em partilhar seu espírito" (p. 315). *Par-ti-lhar*, não impor normas e regulamentos a serem cumpridos, mas trabalhar com ele, dentro do seu contexto, de suas limitações, tanto quanto de suas potencialidades.

Após repassar algumas dessas ideias, o dr. Treffert (p. 314) resume assim seu ponto de vista:

> O objetivo, portanto, no trato com as faculdades especiais do *savant* – bizarras, monótonas e impraticáveis como possam ser – não está em erradicá-las. É preciso, ao contrário, paciente e criativamente, pô-las em uso, sem o temor de que, assim fazendo, o desenvolvimento global seja prejudicado ou bloqueado. Ao contrário, tais habilidades tornam-se um meio de expressão através do qual os outros possam ter acesso ao *savant* e interagir com ele. São precisamente essas habilidades que facultarão o desenvolvimento de outras do mesmo tipo e da comunicação social. As habilidades funcionam no *savant* como janelas para o mundo, e servem a eles de janelas para nós outros. O desenvolvimento de seus talentos pode minimizar a deficiência.

Uma postura dessas, contudo, como enfatizam o dr. Treffert, bem como Carlock, Barry Neil Kaufman e o dr. Delacato, entre outros, precisa ter em si mesma, um fator x de amor, solidariedade, compreensão e aceitação. Aceitar a pessoa tal como é, mas, simultaneamente, trabalhar *com ela*, num esforço conjugado de mudar o que pode ser mudado. E o desenvolvimento dos talentos existentes é, positivamente, algo que pode, deve e precisa ser mudado. Para melhor, naturalmente.

O dr. Treffert sugere até um novo enfoque de abordagem ao conceito e à dinâmica do amor em nós. "Muito do nosso amor" – lembra (p. 295) – "é condicionado, voltado para o que *fazem* aqueles junto de nós, em vez de se dirigir ao que eles *são*."

É chegado o momento de nos despedirmos – você e eu. Julguei oportuno, antes de fazê-lo, alinhar algumas das mais relevantes conclusões a que possamos ter chegado a respeito do autismo.

- A partir da década de 80, o diagnóstico do autismo tornou-se mais preciso, o que faculta uma identificação mais cedo do distúrbio, em crianças que ofereçam melhores chances de recuperação, mesmo que parcial. O tratamento deve ser iniciado, de preferência, antes dos vinte e quatro meses de idade.
- A despeito da melhor explicitação metodológica vigente, o modelo clínico de abordagem ao autismo ainda precisa ser refinado e enriquecido com a introdução de conceitos que permitam caracterizar o envolvimento do autista com a síndrome da personalidade múltipla e a dos *idiot-savants*.
- Há que se considerar, ainda, o problema ainda não examinado, de um componente mediúnico no autista, ou seja, a existência nele ou nela de faculdades extrassensoriais. Destaco esse aspecto para item especial porque sua abordagem implica adoção, muito mais traumática para o ambiente científico, da realidade espiritual, que tem sido sistematicamente ignorada.
- Estou convencido de que avanços mais significativos na melhor definição da etiologia do autismo continuem na dependência da aceitação do ser humano como entidade espiritual preexistente, sobrevivente e reencarnante. Essa realidade constitui, a meu ver, um conjunto inseparável de fenômenos e conceitos insuscetíveis de utilização isolada. Ela precisa ser aceita em bloco, sem mutilações. Isso não significa que a ciência deva adotar conceitos teológicos. E nem precisa fazê-lo, ainda que isto seja desejável. Que trabalhe apenas com as evidências que, certamente encontrará.
- A terapia do autismo, como tivemos oportunidade de observar, ainda se ressente de consolidação em um modelo mais consistente, sem contradições ou conflitos entre os diversos tipos de abordagem. Creio oportuno ressalvar-se que esse modelo deve ser suficientemente flexível e abrangente para atender às peculiaridades de cada caso, pois, segundo opinião dos especialistas, não há dois casos de autismo absolutamente iguais.
- Entre os casos que aqui estudamos, creio oportuno destacar, de cada um deles, as contribuições mais relevantes que oferecem: a) o trabalho do dr. Delacato, por exemplo, que se concentrou nos *sensorismos* e demonstrou a possibilidade de reparação de danos existentes na rede neurológica, o que, durante algum tempo, foi considerado com muitas reservas no contexto científico. A experiência de Barry Neil Kaufman com o menino mexicano Robertito Soto confirma o achado do dr. Delacato. Não consegui apurar de quem seria a prioridade, mas isso é

irrelevante; o que importa é o fato em si de que a rede nervosa também promove autorrecuperação, quando adequadamente estimulada; b) a despeito de sua infeliz doutrina da "mãe-geladeira", o trabalho do dr. Bruno Bettelheim com os autistas deve ser considerado com respeito. Ele tem *insights* valiosos nas suas reflexões sobre a formação do eu; c) no caso de Temple Grandin, é digna da melhor atenção a contribuição do professor William Carlock, de Ann Brecheen, tia da menina, e da sra. Grandin, mãe; d) nenhum deles, contudo, me impressionou mais do que o trabalho de Barry Neil Kaufman e sua equipe. A estratégia terapêutica desse grupo gira em torno de uma filosofia de denso conteúdo humano. Ela se mostra não-invasiva, não-impositiva, sem julgamentos, explicitamente participativa, no pressuposto de que o paciente autista está fazendo o melhor que pode, dentro de suas limitações. Tanto quanto me foi possível apurar, Kaufman é a única pessoa que tem, no seu currículo, pelo menos uma cura radical do autismo – a de seu filho Raun Kahlil.

- Autistas não radicalmente curados – e ainda são esmagadora maioria – não precisam, necessariamente, ficar dependentes pelo resto da vida, atirados às instituições que apenas 'acompanham' o caso, sem nada a oferecer além disso. Paul McDonnell é um destes. Temple Grandin constitui dramático exemplo de pessoa que, trabalhando seus autismos, conseguiu alçar-se a um elevado patamar de competência e realização pessoal, *sem deixar de ser*, basicamente, autista.
- O desenvolvimento do vocabulário no autista deve ser considerado como uma das prioridades da terapia. É esse, pelo menos, o testemunho de Temple Grandin, que lamenta o tempo perdido com as explorações em torno do seu id, em lugar de uma concentração de esforços na tarefa do desenvolvimento linguístico.
- A palavra, contudo, transita em sistema de mão e contramão. Se é importante ajudar o autista a criar condições adequadas para usá-la satisfatoriamente, ela serve também para que o mundo se comunique com o autista e leve até ele ou ela a mensagem da esperança. Quando circula do 'nosso mundo' para o 'mundo' pessoal do autista, a palavra precisa estar impregnada de um genuíno sentimento de amor fraterno. A palavra em si, esvaziada desse conteúdo mágico, não chega até o coração da pessoa em crise. Os dicionários estão repletos de palavras, das mais simples e humildes às mais eruditas e pomposas, mas sem conteúdo emocional, que somente podem adquirir (ou não) no contexto em que forem empregadas. Vimos, ainda, que, na abordagem ao autismo, nem mesmo a palavra adoçada pelo amor é suficiente – ela parece necessitar

do apoio dos gestos, que transmitem – como observamos em Kaufman – um conteúdo de solidariedade, de entendimento, de partilha. Vejo nessa terapia gestual complementar características que fazem lembrar a técnica homeopática, no sentido de que o autismo pode ser tratado a partir dos gestos e autismos do próprio paciente, como se observa no caso Robertito Soto.

- Parecem dotadas de pouca chance de sucesso sessões terapêuticas espaçadas – uma ou duas vezes por semana, por exemplo. Kaufman argumenta convincentemente, com uma terapia maciça, praticamente vinte e quatro horas por dia, que ocupa uma equipe bem treinada, humanizada e disposta a enfrentar com devotamento total o desafio proposto pelo autismo.

Tenho apenas uma derradeira sugestão a oferecer. Se você não puder curar a criança autista, ame-a. De todo o seu coração, com todo o seu amor e toda a sua aceitação. Alguma tarefa importante ela está desempenhando junto de você, certamente em proveito de ambos. Não é por acaso que alguém renasce com a marca da deficiência em nosso contexto. Você pode até ignorar a razão disso tudo, mas esteja certa ou certo de que, cuidando daquela pessoa especial que veio conviver no seu ambiente doméstico, você estará corrigindo alguma coisa que não ficou bem feita no passado, a fim de que a luz volte a brilhar no futuro. Uma luz transcendental que irá iluminar uma felicidade com a qual você nem imaginou que pudesse existir. Confie, trabalhe e espere. E como se costuma dizer em inglês, *God bless you all*. Muita gente não se dá conta de como Deus faz falta em nossas vidas...

# Referências

BETTELHEIM, BRUNO. *A fortaleza vazia*. Trad. Maria Estela Heider Cavalheiro, Livraria Martins Fontes, 1987, Rio de Janeiro, RJ.
BURR, HAROLD SAXTON. *Blueprint for immortality*. Neville Spearman, 1982, London.
DELACATO, CARL H. *The ultimate stranger – the austistic child*. Academic Therapy Publications, 1974, Novato, California.
DOSSEY, LARRY. *Space time & medicine*. Shambhala, 1982, Boulder e London.
FIORE, EDITH. *Possessão espiritual*. Pensamento, 1990, São Paulo, SP.
FRITH, UTAH. *Autism: explaining the enigma*. Basil Blackwell, 1989, Oxford.
GRANDIN, TEMPLE. *Thinking in pictures*. Vintage Books, 1996, New York.
_____. *Emergence labeled autistic*. Warner Books, 1986, New York.
GROVE. *Dictionary of music and musicians*. MacMillan, 1953, New York.
HAPPÉ, FRANCESCA. *Autism – an introduction to psychological theory*. UCL Press, 1995, London.
HAWKSWORTH, HENRY & SCHWARZ, TED. *The five of me*. Pocket Books, 1977, New York.
HODGSON, DAVID. *Mind matters*. Oxford Press, 1991, Oxford.
IRELAND, W. W. *The mental affections of children*. P. Blaksiton's Son, 1900, Philadelphia.
JAYNES, JULIAN. *The origin of consciousness in the breakdown of the bicameral mind*. Houghton Mufflin, 1990, Boston
KARDEC, ALLAN. *O livro dos espíritos*. FEB, Rio de Janeiro, RJ.
KAUFMAN, BARRY NEIL. *A miracle to believe in*. Ballantine Books, 1991, New York.
KEYES, DANIEL. *The minds of Billy Milligan*. Bantam, 1982, New York.
KREVELEN, D. VAN. "Early infantile autism and autistic psycopathy", in *Journal of Autism and Childhood Schizophrenia*. 1, 82-6. LEBOYER, MARION. *Autismo infantil – fatos e modelos*. Trad. Rosana Guimarães Dalgalarrondo, Papirus, 1995, Campinas, SP
MCDONNEL, JANE TAYLOR. *News from the border*. Ticknor & Fields, 1993, Nova York.
MIRANDA, HERMINIO C. *A Memória e o tempo*. 5a. edição, Lachâtre, 1996, Niterói, RJ.
_____. *Alquimia da mente*. Lachâtre, 1995, Niterói, RJ.
_____. *Condomínio espiritual*. Editora 3 de Outubro, 2011, Bragança Paulista, SP.
_____. *Eu sou Camille Desmoulins*. Lachâtre, 1995, Nterói, RJ.

NOVÁCS, MARIA JÚLIA. *Autismo: visão multidisciplinar*. Monografia do GEPAPI, Mennon, 1990, São Paulo, SP.

PRINCE, MORTON. *The dissociation of a personality*. Longmans, Green, 1930, Londres, New York, Toronto.

ROBERTSON, JOHN W. *Edgar A. Poe. A psychopatic study*. Putnan, 1923, New York.

RODRIGUEZ, LUÍS. *Muito além da morte*. Trad. Herminio C. Miranda, Freitas Bastos, 1965, Rio de Janeiro, RJ.

SACKS, OLIVER. *Um antropólogo em Marte – Sete histórias paradoxais*, trad. Bernardo Carvalho do original inglês An anthropologist in Mars – Seven Paradoxal tales. Companhia das Letras, Editora Schwarcz, 1995, São Paulo, SP.

SALVADOR, NILTON. *Vida de autista*. Editora AGE, 1993, Porto Alegre, RS.

SANO, F. *"James Henry Pullen, the genius of Earlschool"*, Journal of Mental Science. 64:251-267, 1918

SCHREIBER, FLORA RETHA. *Sybil*. Henry Regnery, 1973, Chicago.

SIZEMORE, CHRISTINE & PITILLO, E. *I'm Eve*. Doubleday, 1977, New York.

SMITH, ANTHONY. *The mind*. Vicking Press, 1984, New York.

SPERRY, VIRGINIA WALKER. *Fragile success*. Archon Books, 1995, North Haven, CT.

THIGPEN, CORBETT & CLECKLEY, HARVEY M. *As três faces de Eva*. Trad. Frederico Branco, Ibrasa, 1958, São Paulo, SP.

TREDGOLD, A. F. *Mental deficiency*. William Wood, 1914, New York.

TREFFERT, DAROLD A. *extraordinary people*. Ballantine Books, 1990, New York.

WAMBACH, HELEN. *Life before life*. Bantam, 1979, New York.

WEINTRAUB, S. & MESULAM, M. M. *"Developmental learning disabilities of the right hemisphere – emotional, interpersonal and cognitive components"*. Archives of Neurology. 40, 463-5

WICKLAND, CARL. *Thirty years amont the dead*. Spiritualist Press, 1971, London.

WOOLGER, ROGER J. *Other lives, other selves*. Bantam, 1988, New York.

# Hermínio C. Miranda

Herminio Corrêa de Miranda é um dos campeões de venda da literatura espírita do Brasil. Aliás, raros escritores nacionais conseguem tiragens tão expressivas quanto o autor de *Nossos filhos são espíritos* (mais de trezentos mil exemplares), de *Diálogo com as sombras* (cento e cinquenta mil) e de outros quarenta e três títulos, cuja vendagem já ultrapassa um milhão de exemplares. Devem-se computar ainda centenas de artigos e ensaios em revistas e jornais especializados, que dariam mais alguns volumes.

Nascido onde hoje é a cidade de Volta Redonda, RJ, em 1920, Herminio formou-se em ciências contábeis, tendo sido funcionário da Companhia Siderúrgica Nacional de 1942 a 1980. Nesse período, passou cinco anos no escritório da empresa em Nova Iorque. Originário de família católica, Herminio aproximou-se do espiritismo por curiosidade, mas sobretudo por insatisfação com as religiões. Tendo por guias a razão e a curiosidade e auxiliado por uma sólida cultura humanística, tornou-se uma das maiores autoridades no campo da mediunidade e da regressão de memória no país e, talvez, no mundo.

Hermínio Miranda faleceu a 8 de julho de 2013, no Rio de Janeiro, RJ.

Esta é a terceira reimpressão da quarta edição desta obra e foi impressa em novembro de 2024 pela Assahi Gráfica e Editora Ltda., de São Bernardo do Campo, SP, para o Instituto Lachâtre, sendo tiradas duas mil cópias, todas em formato fechado 160x230mm e com mancha de 110x180mm. Os papéis utilizados foram o Off-set 75g/m² para o miolo e o Cartão Supremo Triplex 300g/m2 para a capa. O texto foi composto em Times 11/12,85, os títulos foram compostos ITC Berkeley Oldstyle Bt 24/28,2. A programação visual da capa foi elaborada por Andrei Polessi.